U0097615

進步國民的素養與智識

台灣的品格

李學圖 編著

獻給

我的父母親
傳枝與金葉

【序一】

開拓知識與教養的視野，邁向台灣自由之路的新境

邁入新世紀的2000年夏天，我曾以「一個詩人的心靈之旅和時代見證」爲副題，出版了《彷彿看見藍色的海和帆》以及《漫步油桐花開的山林間》兩本隨筆集，收錄二十世紀末的大約120篇文章，觀照了台灣的自由之路發展情境。

那時際，民進黨政府執政，但轉型正義並未實現。新政權，舊體制，權力敵意的對峙極爲嚴重。新政治並沒有出現。外來的中華民國由在地產生的政黨經營。事實上，並沒有克服國家的病理：殘餘、虛構、他者性。

我的心靈之旅和時代見證，交織著詩和政治，是我見證詩學的實踐。《漫步油桐花開的山林間》收錄的一篇〈路〉，談到社會學家華倫道夫(Ralf Dahrendorf, 1929-2009)以四封寄到華沙的信寫成的《新歐洲四論》，並以他引述的東歐巨變得以成功的見解爲鑑。

「儘管共產主義專政化，但他們並沒有去除『國民』(Citizen)和『公民』(Civic)這樣的詞彙，因此『公民權』(Citizenship)和『公民社會』(Civic Society)能夠存在，並成爲自由的明燈。」

華倫道夫認爲眞正的道路是自由之路，三個支柱是「民主」——以非暴力更換政府的制度；「市場經濟」——供需兩種力量的自由發揮；「公民社會」——建立在公民權的自主團體多元並立。

對於這樣的觀點，我提及：「我們國家的重建運動，是不是也應該建構這樣的支柱？在以選舉來進行革命(Revolution)時，有一個語字：『Refolution』很有意思，它實際是改革(Reform)或重建(Re-form)的意思。」

台灣的新的道路，也就是台灣的自由之路，應該建立在這樣的願景上。我並以自己的〈如果你問起〉這首詩的結尾：「爲美麗島嶼／踏出希望的旅程／爲美麗國度／踏出重建的道路。」做爲這篇隨筆的結尾。

這一直是我的願景。如果問我爲什麼介入政治，這會是我的回答。以一位詩人身分，我在爲改變中國國民黨統治的2000年總統大選的文化政策白皮書裡，以「近現代公民意識」和「文化生活志向」爲兩大主軸的相關提案，懷抱的就是走向自由之路新國家的知識與教養的形塑。

不無遺憾的是，台灣的政治改革運動以選舉爲主要形式，對於國民近現代公民意識養成和文化生活志向的培育並不那麼重視。這也是我曾憂慮的我們國家的重建運動缺乏文化肌理深度與厚度，不能像1980年代末的東歐諸國：幾乎毫無例外的在一次選舉就改變了共產黨統治。

這幾年來，看到在美台灣學人李學圖，風塵僕僕往來於美國與台灣爲推動台灣國民人文閱讀而努力的形影。

2007年，他推動的《孕育台灣人文意識——50好書》(前衛)，以50位國內外作家、學者、意見領袖，共同推薦的50本包含文學、歷史、傳記、論叢書籍，展現了他致力的文化運動。他的新成果《台灣的品格：進步國民的素養與智識》出版之際，索序於我，讓人感動他的熱誠。

《台灣的品格：進步國民的素養與智識》是李學圖新編著的一本書，他以「文化」、「文學」、「藝術」、「人文」、「歷史」、「教育」、「媒體」、「司法」、「政治」、「社會運動」、「兩性族群」、「經濟」、「環境保護」、「科技」、「國防外交」15個領域，邀集65位相關領域參與者撰寫專文，並在每一領域自己撰寫了一篇導讀，做爲提呈給台灣人的贈禮，目的是爲了國家的憧憬。

重要的不只是一個國家，而還要是一個什麼樣的國家。這雙重的課題是台灣這個共同體人們正面臨，而且仍然思考如何以對的。有著悲情歷史的台灣人，在這美麗之島有文字記載的歷史裡，從荷據、清治、日治，國民黨中國入據統治，一直在被殖民與自我重建之間發展著。二十世紀的世界史，近現代國家在經歷右翼法西斯與左翼共產黨的雙重困厄時，台灣一直缺乏自我主體性的國家建構與形塑。重物質，輕精神；重經濟，輕文化。台灣社會的偏頗化致使近現代國家的意義未能充分形成。即使自由化和民主化的形式初具，選舉的公民意志展現並不充分。我想，這是李學圖在《台灣的品格：進步國民的素養與智識》這本書投入的心意。

我曾在序介李學圖努力促成的一本書中之書：《孕育台灣人文意識——50好書》的序言〈重新諦聽台灣文化心靈跳動的聲音〉，期待更多台灣人閱讀台灣的經典之書，做爲一種參與，一種自我重建的參與；做爲一種社會運動的促成。在這本新書的序介，我仍然要這樣呼籲，並且從書中的篇章開始。

爲了一個國家，爲了一個好的國家，爲了對台灣共同體的民族新想法，爲了台灣共同體的民族新意涵，廣泛地探觸各種領域的知識與教養，讓台灣不只在經濟發展有成果，也在文化發展有成就。厚植人文精神，充實知識，提升教養，建構「民主」、「市場經濟」與「公民社會」的健全支柱，開拓我們的自由之路。

李敏勇

(詩人、評論家)

【序二】

國家藍圖的建構與實踐

1921年，蔣渭水認為台灣人生病了，患上文化營養失調症，唯有增強文化涵養，創造台灣新文化，才能趕上日本，與日本人平起平坐，因此創立台灣文化協會，致力於提升台灣文化的工作。

90年過去了，我們回顧過去的歷史，台灣人為了打破被支配的命運，脫離外來政權的統治，推動各種政治、社會和文化運動，企圖建立獨立自主的國家。這個願望要落實達成並非易事，其間的挫折困頓，時時考驗台灣人的耐心與意志。

在國民黨政府長期威權統治下，台灣已是「國不像國，民不像民」，尤其馬英九上台之後，聯合中國打擊台灣，使得國家尊嚴喪失，自由民主倒退。今日之處境遠比過去險峻，因此建立台灣國家願景、加強主權在民觀念、深化民主內涵、創新台灣文化等更是當務之急，需要大家共同打拚。

李學圖先生在2007年出版《孕育台灣人文意識——50好書》，同時進行「最能提升國民素養與國家認同的100本佳作」的評選工作，於2008年3月正式對外發表，並在國立台灣文學館舉辦書展。李先生身在海外卻心繫台灣，著手選錄孕育台灣意識的書籍，希望能藉此喚起台灣人共同爲台灣努力。

李先生並不以選錄作品爲滿足，更邀請各領域的菁英，以他們的經驗、學識，撰寫如何促進台灣成爲「正常而安康的國家」的文章，歷經年餘不斷聯繫與催稿，終告完成。全書分成15章，其實就是15個部門，從人文、藝術、經濟、政治、媒體、司法、外交，到科技、環保、國防等，涵蓋範圍極廣，幾乎是建構國家的必備要件。撰寫人又是一時之選，所寫文章不只出自肺腑，更洋溢著熱情，期盼台灣能成爲獨立自主的國家。

2000年民進黨贏得總統大選，結束國民黨的長期執政，首次建立本土政權。這是破天荒的政治變革，是台灣歷史上的大事。台灣人受此鼓舞以爲從此漸入佳境，台灣將成爲民主自由的獨立國家。怎知在國民黨舊勢力反撲下，民進黨政府處處受到干擾阻撓，使得正名制憲無法落實，台灣未能成爲眞正獨立的國家。

2008年馬英九當選總統，國民黨舊勢力復辟。兩年來，馬英九費盡心思削弱台灣人的力量，去除台灣國家意識，壓制自由民主的聲音，並實施傾中媚中政策，一味討好中國，卻看不起台灣民眾辛苦努力建立的「台灣價值」。這些舉措是想以「一個中國」壓制「台灣中國，一邊一國」，以虛構的中華民族淡化台灣人意識，使台灣不像個國家，台灣人不像個主權獨立國家的人民，藉此宰制台灣、統治台灣。

在舊勢力復辟之際，台灣人最急迫需要的就是國家意識。國家意識的產生，是自然的，也是培養的。聆聽土地的聲音、親近人民的感情、了解台灣的歷史文化，是產生台灣感情和國家意識的最佳方式。

這本書所列舉的15個部門，其實就是建構台灣國家的藍圖。其中有宏偉的建構，也有親身的體驗，句句眞誠感人，但如流於文字敘述，仍無法建設台灣成為正常而安康的國家。唯有付諸行動，才能完成建國的理想。這股浪漫熱誠最能撼動人心，鼓舞大家克服萬難，向目標挺進。

張炎憲

(前國史館館長)

【序三】

台灣文化的立與中國文化的破

(一)

台灣要成為一個獨立的完全國家，若只知對台灣文化的立而不知對中國文化的破，而欲求建立一個完全的國家，則戛戛乎其難哉！

本來，台灣是東亞大陸外的一個海島，住民與其南方的菲律賓等許多後來皆獨立的國家一樣，都是南島民族，而台灣尚且是這些國家主要民族的原鄉。只因近四百年來，大陸政權及閩客的移民來台，改變了台灣平埔原住民的語言、文化地圖之色彩，包括漢字、漢姓、儒道釋與民間信仰。其實也就是漢化，而產生對大陸漢文化、漢民族的認同，經日治五十年亦未變，中國國民黨據台，北京話與中原中心的黨國教育，企圖將漢文化認同注入所謂「中華民國」的國家認同，雖有成效，但台灣與中國本土的空間始終是疏離的，「中華民國」在那裡呢？

愈來愈多的台灣人在長期反抗中國國民黨外來政權的過程中，逐漸醒悟他們所追求的自由民主政治，與西方、日本的價值是合流的，這也是蔣政權過去所宣揚的「民主陣營」，而蔣政權所要消滅的暴政「共匪」，弔詭的竟然成爲今日國民黨政權的靠山，共同來對付台灣人。形勢的發展，今日台灣人已看破了虛構的「中華民國」，也大致顛覆了所謂「中國」的國家認同。

我們看這幾年的民調，主要還是統派媒體，台灣住民自以爲是唯一的台灣人而非中國人者，已是過半數(2009年，《天下雜誌》62%，政大選舉中心52%)，而其中年輕人尤高(《天下》75%)。特別是自以爲是中國人而非台灣人者已不及一成(《天下》8%，政大4%)，亦即自認爲是中國人的是極少數，這也是馬政府急著要投共促統的因素。

(二)

這樣的趨勢，二十年來有外在的政治動能，而內在動能則是學術界、民間社團積極推展本土文化教育的積累，台灣歷史、文學、語言、文化，經由媒體、出版、活動而風起雲湧。1994年台師大首創台灣文化的國際會議，李喬與筆者開始論述台灣主體性與台灣文化理論。

2000年民進黨執政，本土教育文化終有較具體的落實，促進了台灣意識的提升。其後，國民黨復辟，除是因緣巧合造就了舊勢力與媒體全力反撲之機外，同時，亦顯示台灣人雖不認同中國，但對台灣的國家認同卻是脆弱的。

且看另一個民調：台灣人自認爲是「中華民族一分子」的高達七、八成(《遠見雜誌》2009，80.2%。2010，79.6%)，其中「泛綠選民」亦高達七成(2010，70.1%)。這些數據，即使折半也是驚人的，「中華民族」是不存在的虛構民族，是清末少數革命黨人叫出的，今天已成爲中國對外擴張所打出來的民族主義口號，爲國民黨所附和來向台灣人統戰。

我們慨嘆，對台灣文化的打拚成果居然被這個「中華民族」的認同所破功。這就是本文所要論述的主題，只有經營建立台灣文化是不足的，必須同時來破解中國文化。中國政府的汙名，台灣人已乏對中國國家的認同，但因尚不能破解對中國文化、民族的情結，而影響到台灣國家認同的成長。假設萬一中國能民主化，將是否會造成台灣認同的更加倒退呢？我呼籲當下學術界必須認識到中國文化之破，要比台灣文化之立更爲迫切。

(三)

就整個文化大戰略布局理論言，我們最該立的是台灣言語及其文字，語文是一個語族地域的堤防，而東亞民族並沒有發展出一套如羅馬拼音字母，隨語言而可以輕易造字，如波羅的海三國早就保有自己的語文。而形音義兼備的漢字，卻挾武力而淹沒了廣大的土地、無數的民族。在中國邊陲的韓、越早通行漢字，幸能在保有自己語言的年代擁有主權及時推行了自己語言系統的文字，最接近北京的北韓1949年即廢除漢字，先於南韓(1963年)終於築起保衛國土文化的防波堤。而不幸的台灣，沒有自己特有的共通語。HOLO(河洛)、客語是古越語的漢化語，接近中原中古音成爲中國今日的「方言」，而眞正的台語——南島語只殘存山區，奄奄一息。尤其戰後的北京話，創歷史速度的攻占千萬人的土地成爲唯一的共通語。台灣的立基盡失，已不能挽回，大大增加北京併吞台灣的危機。

我們所要建立的台灣文化，是處在淹大水的災區中，我們必須要搶下被中國文化占領的高地，其實就是要破解身軀內化的中國文化情結與自卑。取得文化自主權的山頭，台灣才能免於被淹沒，這個巨大的工程還沒有正式開工。台灣只知財經法政的政治菁英，對此可能陌生，不曾認識。常聽到有人甚至於學者說：「中國文化垃圾兼無衛生。」凡有任何壞事：「都是中國文化嘛。」所說的也許多爲事實。但只知彼之短，己之長；不知彼之長，己之短，台灣將沒有希望。

(四)

中國文化是無孔不入、厲害無比的，否則怎能吞下那麼大的土地、那麼多的民族？孫文、康有爲、梁啓超等不爲說粵語的廣東爭獨立，卻爲遙遠的北京中國憂思獻計。漢字及其經典文化的滲透力、感染力是舉世無雙的。其天朝、華夷思想、大一統、儒教、科舉，使「中國」不斷擴大，被同化的民族，又甘被驅使去征服四方，如被中原王朝征服的畬族，其子孫藍廷珍、藍鼎元，來台鎭壓朱一貴之抗清，殺戮台灣原住民。中國版圖愈大，人種愈多，滋生複雜的矛盾，中國必須恃中央集權壓制民主，才能苟延政權，這也是自我崩解的病灶，唯台灣不能心存僥倖。

同時，我們也不應否認漢字文化形成了東方的文史、哲學，足以左右人的大腦，讓人信仰，而且也創造了美術工藝與農工技術，是人類重要的文明之一。南島民族後裔的台灣人，經過幾百年後，已命定的不知不覺的接受這些傳統的生活方式，而不單是語言和信仰而已。

我們必須冷靜的面對自身、家族、社會中甩不掉的漢文化成分，筆者以為台灣人不可能也不必去切割，一如美洲諸國不必去切割英格蘭、西、葡等語言文化一樣，我們有更多元的文化基因：南島、歐美、日本，可以更客觀篩選保存或轉化來自大陸的傳統成為台灣文化的成分，筆者稱之為「台灣特色的漢文化」。我們要袪除封建父權、階級倫理、人治私情和具有國家意涵的文化規範，如簡體字、官僚文化價值，建立一個具有理性精神與公民意識的民主法治社會。

(五)

筆者曾提出：過去做為中國邊陲的台灣人心中，普遍內化「中國正統中心信仰」，這是清、日以來，台灣士紳階級對漢文化源頭「母國」的卑微、孺慕之情。而隨著蔣政權的「中華民族」「孔孟思想」教育的普及，更深化了這個「中心信仰」。然而歷史辯證的發展，相對的產生「台灣中心信仰」的價值觀以對抗，我們的努力是瓦解中國、壯大台灣(見拙作〈台灣精神史緒論〉)。而當前可為的斯為兩端。

首要是去中國中心化。在中國反儒批孔的文化大革命時，台灣儼然成爲漢文化的重要中心，可惜毫無台灣的主體性。今日中國又返回尊孔的封建舊路，資本主義化而迫害人權宗教依舊，台灣在漢文化的諸領域應自立中心，尤其是民間信仰不該以中國爲中心，向中國進香、交流。媽祖文化，是台灣海洋文化發展出來的，是全球媽祖的信仰中心，可以向UNESCO申請無形的世界遺產，我們應效法韓國將古漢文化韓化，將江陵端午祭申請世界遺產。此外，去漢姓運動是可以思考的，最近西拉雅族人復籍正名行動已熱烈展開。漢姓，也多是一個虛構的血緣譜系、是同化異族的鐵籠，甚多的南島系台灣人簡直認賊爲父，知識分子是可以推動去漢姓的運動來促使台灣人認同的反省。

其次是中國文化的新論述與新教育。台灣人長期在文、史、哲等人文學科研究者的偏枯，後來本土派人文學者又多投入台灣文學、歷史的領域，使對中國文化的研究的發言權格外顯得薄弱，尤以中國文化爲主體的教育體制始終如一，即使民進黨時代亦然。台灣學生從小就接受缺乏台灣中心的知識，影響對台灣國家的認同。而當今國共同流，謀我台人，爲數不多的漢學者、中國問題專家，應思如何合作奮起集體新的論述，包括以民主、自由主義去瓦解虛構的「炎黃」「中華」民族主義，和孔儒禮教封建主義。以多元與人權的價值，去破解一元的文化霸權、政治神話，並重寫中國與東亞歷史的著作。這是非常龐大的台灣漢學漢文化學術整建，最先只能綱領式的書寫，並能結合教育推廣。個人漢學研究長久皆在做「破」的工作，雖然無奈無力，卻有些信心。希望能集更多朋友的力量，以愚公精神眾志成城，能如韓人一般，將中國文化的山頭化為台灣文化的秀峰。

(六)

回顧二十年來，台灣民主運動以至民進黨執政，皆以為駕一葉扁舟能抵淨土，殊不知又陷入可能面臨變局的噩夢。多數台灣人竟無知的任由一小撮舊王朝的王孫擺布。台灣人當家作主的主體性沒有建立，我們只打拚做台灣文化的立而沒有做中國文化的破。韓國國家條件比台灣好，但漢化更深，而能在獨立運動中立與破並行，終於使韓國走出來。台灣必須還要有知識去改造思想，不只是靠激情的選舉運動，才能眞正破解活在台灣人體內的中國異形，台灣才能眞正的成為完全的國家。

莊萬壽
(長榮大學講座教授)

【序四】

跟台灣土地站在同一邊

2008年3月22日，晚上十點，我就去睡，是多年來最早上床睡覺的一天。那天是總統大選投票日，晚間七點多，選舉勝負已定，台灣大敗在台灣人自己手裡，因爲素養不足、神智不清，又一次輸給「中華民國」。民進黨執政八年，許多建國工程不及實施，已進展的政策無緣貫徹，關於台灣的一切，就像建了一半的大廈要被拆除，將來就算有機會重建，工程勢必變得比在建地上開挖興建要來得更艱困；但若不面對現實，只是書空咄咄，於事終歸無補。想到這裡，覺得台灣人毫無怨嘆、責怪、懊惱的餘地，能做的就是趕快睡覺，明天一早起床，就立即加倍振作地工作。第二天一早，我從台南搭高鐵北上，依約九點半在台北六福客棧會商「閱讀台灣．人文一百」的出版和展出計畫，召集人就是李學圖先生。當時，他已經先後爲「台灣五十」「台灣一百」的計畫費神多年，而成果與效應也令人振奮。記得當日的十天前我在日本向作家黃文雄先生請益，席間談的也是台灣國民文化運動和台灣國民文庫的話題。這個話題，平常跟趙天儀、張炎憲、林衡哲、莊萬壽、張良澤、彭瑞金、曾貴海等先生也經常談及，然而最專注持續行動的，我覺得是我個人最後認識的李學圖先生。我在「閱讀台灣‧人文一百」的序〈海角七號裡的馬拉桑〉一文中，已經約略提到。

我們目前最需要的雖是勝利，而日復一日該採取的卻是行動。行動讓我們創造勝利所需要的能量，勝利才能讓台灣邁向正常而安康的國家。台灣的歷史條件和現實處境充滿了矛盾，以致「正規教育」陷入「反常」的機制裡，一般國民的土地意識越離譜的越受「中華民國」肯定，輾轉惡性循環，像是「瘋泉」的寓言那樣。有個寓言故事說有一國的人民都飲用瘋泉邪水而全瘋，只有國王不飲而得健全。但全國認爲國王與眾不同，舉止怪異，強以瘋泉邪水「救治」國王，國王果然也瘋了，於是大家認定國王跟大家一樣「正常」了。這就是「中華民國在台灣」的故事。台灣人在「中華民國」一甲子來的緊箍咒下，絕大部分飲用或被強灌了瘋泉邪水。

「中華民國」在台灣，不但要求所有的人要唸「三民主義」、「國父思想」；「政府」規定的全年各項紀念日、節日，通常跟台灣的土地族群文化無關；歷史從鄭成功趕走荷蘭人、「收復」台灣、反清復明講起；民族英雄沒有台灣人；國歌、國旗、國名全部照國民黨規定，台灣人不能有意見；都會城鎮的重要街道、公共設施和公營事業機構，全部用中國的概念元素命名而廢斥台灣元素；民眾生活語言，只許用僅能描寫現代北京話，而絕不可能充分描寫本土各族語言的ㄅㄆㄇㄈ注音系統。即使經過時代的抗爭而有了一些改變，但三民主義、國父思想換成「中華民國憲法」的結果，致使「我國」仍然不是指台灣，而台灣仍然沒有憲法；正規教育的課本還是根據「我國」憲法，於是中國佛教星雲大師公開宣稱：「台灣沒有台灣人，台灣只有中國人！」而台灣教師認爲「井田制度」當然是我國古代的制度，就這樣訂出考試評分的「標準答案」。

當「中國國民黨的中華民國」被「中國共產黨的中華人民共和國」取代繼承，原先中華民國政府的一部分失權人員和民代，因爲失去國土和政權而流亡到原本不屬於中華民國的台灣時，他們想要獲得喘息、安定，重新「反攻大陸」甚至「光復大陸」也是可以被理解的。如果提供這個流亡政府一個辦公空間，讓他們設立「光復大陸設計委員會」、「蒙藏委員會」、「僑務委員會」，讓他們陳列固有疆域地圖、緬懷先烈先賢、舉行元旦升旗、溫習各個紀念日、經營故宮博物院、照顧兩蔣陵寢；讓他們慶祝建國百年或惕勵流亡六十年，並無不可。但不能反而視台灣爲無物，或說成台灣天經地義活該爲此而生爲此而活，且竟由流亡而來短暫借住者以殖民統治者之姿來宰制一切。至於爲了達成這項霸王硬上弓的目標而對無辜的、無力抵抗的台灣實施恐怖屠殺、戒嚴統治，再控制教育，透過教材貶抑台灣。更隔離隨軍來台的二百萬基層人士對台灣的認同，而形成族群對立的社會問題，這些就全然更甚於上述的「瘋泉」效應了。經過六十年了，事情不是更減輕而是「中華民國」回不了中國、進不了聯合國，反而變成共產黨用飛彈、國民黨用黨產，在裡外交煎著台灣的命運。爲今之計，破除瘋泉之病，挽救台灣之道，只有透過台灣元素的滋養從容培植台灣意識，才有可能恢復健康、邁向正常的吧。

最近因爲民進黨蔡英文主席複述了一句幾十年來許多不瘋的人說過的眞話：「中華民國是流亡政府。」於是引起一陣眞假瘋泉患者的騷動和批判，而且話題立刻轉成：「既曰流亡政府，綠爲何也要參選？」坦白說這種詰問從時機上說，證明了蔡英文未演先轟動的身價；從邏輯上說，詰問的一方已詞窮，表示承認確屬流亡，只是不理解綠爲何要參選；從效應上說，已經大大啓動了認清「流亡政府」事實、振奮台灣人心的契機。參選，是戰鬥的一環；戰鬥，是救亡圖存的現實手段，更是掌握方向盤的必要承當。在電影《捍衛戰警》裡被歹徒裝置定時炸彈遙控要脅的巴士，就是藉由警方、司機、乘客、科技，從地面、空中、近距、遠距，全方位跟歹徒展開鬥智和救援而終於得救的。父母病，不可不醫；台灣命，不能不救。在瘋泉效應之下，不瘋的人本來更應各就各位，在所有的崗位上奮戰到底，改善泉水拯救更多的生靈，豈能任由瘋泉肆虐反而拱手奉送一切？

何況選舉之外，日日夜夜該做的工作還很多。俗話說：「做生意不能靠別家倒店。」「台灣性」靠自信靠自覺，我們不能怠惰或軟弱地只等「中國性」發生弱敗；而選舉有輸贏，沒有黨產可賄選的，只有平日台灣基本功下得深，才能贏得選舉、贏回台灣，終結「中華民國」。台灣話說：「飼牛的去飼牛，割草的去割草。」各有任務各有貢獻，凡事趕快行動就對了。有人在台北開一家「台灣的店」；有人在台中開一家「台灣本土文化書局」；有人在大學開授「台灣學」、「台灣文獻選讀」；有人推出「台灣演義」、「台灣百年人物誌」、「台灣文學全集」、「台灣詩人選集」等等，對於促進發現台灣、珍惜台灣，其實已有非常多元而豐富的要領和綿密通連的頻道。現在我們特別需要的，只是一支開啓這座寶庫的鑰匙，和鼓舞自己好奇好讀的動機而已。

李學圖先生洞見於此，奮力獻身催生此書；台灣各界知識菁英，各就所學深入淺出，導引民眾穿越「中華民國流亡政府」籠罩的天空和「瘋泉邪水教科書」的蔭谷。這本簡易的台灣素養入門書，各篇可以單獨看，也可以跳著讀，讀者一定會感動和受益。有了這本，就像擁有一片刷卡，隨處都是任意門，可以輕鬆自在地發現台灣、增長知識，跟誠實的土地站在同一邊，幫助台灣邁向正常安康的國家！2008年台灣敗選日的早睡，是一次深刻的覺悟，我當下靜心決定更持久專注地爲台灣打拚。後來經歷一次死亡車禍，竟又存活，可見上蒼的庇佑和叮嚀。今天能爲這本書作序，實在是我莫大的榮幸！

鄭邦鎮

(前台灣文學館館長、靜宜大學教授)

自序

(一)編寫本書的動機

學校教育對一個人知識的形成或價值觀的塑造，有不可否認的影響；離開學校之後，一個人對事物的觀察、對是非的判辨就常受媒體的影響。很不幸，在過去五、六十年跨越二個世代的長時間，台灣人民所接受的學校教育，是以統治者的大中國思想爲主體的教育；而媒體的一言堂，也是以衛護外來政權的持續統治爲目標的言論。這樣的教育和媒體是要將台灣國民塑造成統治者的順民。

這種思想牽制，雖然隨著近十幾年來台灣主體意識的抬頭而略有鬆弛，但經過這五、六十年的黨國統治，它已在台灣根深蒂固的制度化，即使經過八年的民進黨執政也無法澈底的改變它。如今，面對中國併吞台灣的加速動作，我們必須喚起民眾，認清事實，掙脫黨國控制下的教育制度與媒體影響。既然無法以體制內的教育改革來施行以台灣爲主體的教育，那麼，我們就該跳出體制，設法推動以台灣爲主體的教育。這豈不是當代台灣智識分子的責任？

本書的編寫就是基於這樣的信念：推動在教育體制外施行以台灣為主體的教育。

(二)本書的構想

本書的目的是要幫助台灣邁向正常而安康的國家。現在的台灣只被認為是一個「事實上獨立的國家」(De facto independent state)，也因此難於加入國際組織，在國際上遭受不公不平的待遇；今後我們要做的是將台灣推向正常的「法理上獨立的國家」(De jure independent state)。這還不夠，我們不但要一個「正常」的國家，我們也要這個國家是個「安康」的國家，有國防安全、有經濟安全、有人權、有自由、有公義、有法治、有兩性平權，亦有社會福利權。當然，這有賴全體國民的努力來建造這個「正常而安康」的國家；而建造這樣的國家需要素養與智識。本書就是集結專家學者的看法，試圖擬出這些素養與智識，描繪出明日台灣人的圖像。

本書將智識分成十五個領域：文化、文學、藝術、人文、歷史、教育、媒體、法律、政治、社會運動、兩性族群、經濟、環境保護、科技、國防外交。雖然涵蓋面寬廣，但都是台灣邁向正常國家的過程中，台灣國民所應該了解的基本智識。

本書用「智識」二字而不用「知識」，是要強調知識本身固然重要，但知識的適當應用更為重要。很多的事務都有其適用的範圍，超越這個範圍，其適用性就值得商榷。譬如，一加一等於二；一桶水加一桶水，就不見得是二桶水，可能是一個大桶的水；再如，我們要對待萬物仁慈，這個觀念能否應用在與敵人厮殺的戰場上？所以我們在應用這些知識的時候，必須考慮在當時的環境中的適用性，否則生性善良忠厚的台灣子民，容易被似是而非、以偏概全、不合時空、輕重緩急顛倒的言論所誤導。關於知識的適用性，本書第七章「在媒體領域」以及盧世祥先生的文章都有陳述。

(三)撰稿人的選擇

本書的構想：要在教育體制外推動以台灣為主體的教育，獲得北美洲台灣人教授協會及台灣教授協會的支持，因此得以透過這兩個團體，邀請各個領域中的專家學者撰文。在邀請專家學者撰文的過程中，我們堅守二個原則：第一、撰文者必須是台灣主體性的擁護者；第二、旅居海外的受邀撰稿人不得超過全部受邀撰稿人的15%。第二個原則的用意是希望能引進國外的看法，又要避免有過度引進國外看法之弊。筆者以計畫主持人的身分共送出117分邀請函，旅居國外者有16人，占13.68%，在原先預設的15%之內。

受邀請的撰稿人都是在各領域中有相當代表性的人；在邀請撰稿人的過程中，我們也考慮到性別比率及老中少年的合理比率，以期在描繪明日台灣人圖像的過程中考慮到不同觀點的看法。最後，在117位受邀撰稿人中接受邀請而撰文者共65人，接受率是55.56%；其中女性撰稿人13位，占撰文者全數的20.00%；另外還有二位30多歲的年輕世代撰稿人。

(四)本書的簡介

整個計畫自2008年9月開動，至2010年3月完成，歷時一年又七個月。起先是公開徵稿，用意是要讓每位台灣國民有發言的機會；但徵稿信於2008年11月在網路上公布後，到2009年1月底卻只收到一篇，2009年2月便改採邀稿方式送邀請函。

在邀請撰稿的邀請函中有如下的說明：

「……爲喚起台灣國民做爲國家主人翁應有的自覺，我推出一項『研擬台灣國民應有的素養與智識──以助台灣邁向正常而安康的國家』本計畫獲有台灣教授協會及北美洲台灣人教授協會的支持。這個研擬工作的目的是要擬出一分共識，揭示當代台灣國民，爲將台灣建立成正常的國家應有的價值觀、素養與智識，及不應有的觀念與作爲，以做爲國民教育、社會建設與文化發展的藍圖。

「透過台教會等多方面的幫忙，大約有××位的專家學者被徵求意見，您是其中的一位。我將國民智識分成下列十六項：文學、歷史、文化、人文、藝術、政治、經濟、社會、法律、科技、環保、媒體、教育、兩性族群、國防及外交等項。希望您能從××的觀點(根據受邀人的專長而指定)告訴台灣國民應有的素養與智識。……」(註：原預定的十六項於其後合併成十五項)

每一個智識領域都有三至五人撰寫文章，筆者再根據這些文章整理出一篇涵蓋所有重點的導讀，做爲對這個智識領域的綜合報告，十五個智識領域共有15篇各智識領域的綜合報告。於是，65位撰稿人與筆者共66人提供80篇(65+15)文章編成這本書。

這本《台灣的品格：進步國民的素養與智識》有幾個特點：

1. 深信台灣的將來有賴國民的自覺，台灣的建國須有堅實的文化基礎；
2. 研討的重點不在過去，而在設想未來；
3. 涵蓋面寬廣；
4. 是一群66位有不同專長的撰稿人的共同作品。

本書各章的編排大致依照如下的構想：第一至第四章(在文化、文學、藝術、人文領域)多與素養有關；第五至第七章(在歷史、教育、媒體領域)，多在了解外來統治者如何操作台灣的社會及控制國民的思想；第八至第十一章(在法律、政治、社會、兩性族群領域)多是了解今日台灣社會的智識；最後四章第十二至第十五章(在經濟、環境保護、科技、國防外交領域)，多和台灣明日的經濟安全、環境安全與國家安全有關。當然，這不是很細緻的分類，讀者不須依著章節順序閱讀，前後章節並無緊密的關聯性，只是由前面較與個人日常生活有關的章節，進入後面較與國家社會安定與發展有關的章節。

讀完全書，讀者應可看出貫穿各章節的是，台灣邁向正常而安康的國家的過程中所需要的素養與智識，諸如了解台灣的歷史、台灣文化的多元性與特殊性，培育公平正義、人道、公民參與的素養，建立對台灣的信心，衛護台灣主體性、經濟安全、環境安全與國家安全等等。當然，我們不敢說我們提供了完整的答案，這只是拋磚引玉，企圖在台灣的國民教育體制外推動台灣主體教育，掙脫外來統治者的思想控制。

祈望我們對台灣未來的關心所產生的共振能引發台灣國民的共鳴，譜出台灣建國的交響樂。

李學圖

於美國華盛頓州2010.03.18

CONTENTS

目次

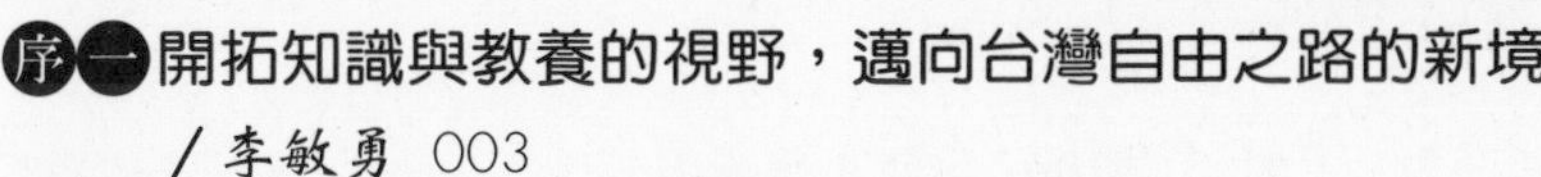

自由
教育
國正常家
民主
人權
公義
科技
和族諧群
發文展化
安環全境
安國全防
經濟

第一章

在文化領域

【導讀】

莊萬壽：理性精神與公民意識
黃文雄：如何培育近代國民
葉治平：台灣民族的形成與文化的特殊性
范文芳：看出中國文化的虛華，起造台灣文化的工程

一、台灣有無文化？

猜想有不少台灣國民不能肯定的回答這個問題：台灣有無文化？這個困難可能導因於二：(1)不了解文化的定義，以爲文化的內涵就是語言與文字；(2)對台灣文化的誤解，以爲只有中國文化，不知台灣文化之異於中國文化。

一群生活在一起的人爲適應環境、和諧相處、實現群體意念而形成的，融合外來的或創造的有形或無形的文物，都屬文化。換句話說，文化包括爲適應環境的語言文字、風俗習慣，爲和諧相處的思想與行爲模式、典章與道德規範，以及爲實現群體意念而創造出來的藝術與科學創作，或衍生出來的價值觀與群體意識。很重要的一點：文化不但包括有形的文物，如語言文字、行爲模式、典章規範、藝術與科學創作，更包括無形的認知與意識，如風俗習慣、思想模式、道德規範、價值觀與群體意識。這些

無形的認知與意識，事實上是形塑一個族群文化特質的動力。

了解文化的定義之後，我們可以了解任何群居的族群經過一段時間之後自然會形成文化，台灣也因數百年來族群的群居生活而形成台灣文化。我們該探討的是：台灣文化是否有其特殊性與自主性？

二、台灣文化的特殊性與自主性

台灣的地理環境、台灣民族的形成與台灣國民的意念，使台灣文化有異於周邊民族文化的特殊性，也賦予台灣文化的形成強大的潛力；但由於外族的占據，台灣文化的自主性並未完全成形，而是正在形成的過程中。

從台灣文化的形成可以看出台灣文化的特殊性。李喬在《文化．台灣文化．新國家》(春暉，2001)中指出，台灣文化有五要素：(一)原住民敬畏天地、達觀率眞、團結合作的美德；(二)漢人的原鄉文化傳統；(三)漢人在移民過程中培育的冒險犯難、熱情浪漫、友愛互助的精神；(四)基督教與西方人士播種的博愛平等、尊重本土、堅持民主的精神；(五)日人建立的法治精神與合理正直的性格。筆者的觀察認爲：近幾十年來台灣民族意識的覺醒，台灣人民對人權、自由、民主與法治的追求，勢必成爲台灣文化的另一要素，也必將成爲建構台灣文化主體性的動力。這些素質形成了台灣文化的特殊性：多元的、進取的、富有人道精神的。

至於台灣文化的自主性爲何說它並未完全成形，而是正在形成過程中？從文化的定義我們可以了解文化對個人與社會有指導性與規範性，而且文化本身又有可塑性，也因此文化常被統治者操弄以統治相異的族群。日治時代，日本人以皇民化運動來壓抑台灣文化；國民黨政府據台之後，也極力剷除日本文化的痕跡，並以各種手段試圖以中國文化掩蓋台灣文化的顯現、扼殺台灣文化的成長。譬如說，學校教科書多年以來不排入台灣歷史及台灣文化，2009年竟將「民主紀念館」再恢復爲「中正紀念堂」，企圖借助獨裁者的威權嚇阻民主的訴求。因此，台灣文化的成長尚被有外族本質的政治力所壓制。不過由於近幾十年來台灣民族意識的成長，台灣文化形塑的自主性正與外族統治者展開搏鬥，閃靈樂團專輯《十殿》的單曲MV「鬼縛」中，落地的蔣介石血流滿面斷頭像就是一個好例子：台灣人民要奪回台灣文化形塑的自主性。

三、台灣文化的願景

既然文化有可塑性，我們應該探討台灣文化的願景，要將台灣文化形塑成何種願景台灣國民才能有所追尋。如上節所述，經過數百年的群居生活，台灣文化已顯露了如下的特殊性：多元的、進取的、富有人道精神的。除了這些優質的文化素質之外，我們還需要培育何種文化素質？

莊萬壽教授在〈理性精神與公民意識〉(2009)中指出：「……二十年的本土政權又中道崩殂。……簡單的結論是台灣人何以那麼容易任人擺布、受人欺騙呢？……其內在深層的原因是缺乏理性精神的本質與公民意識的能量。」他呼籲台灣人要有理性的精神，要培養符合邏輯推理的能力與思維的方式，不要感情用事不識大體；他也呼籲台灣人要有公民意識，應勇敢的走入社會，參與公共事務、社會運動，不畏懼的捍衛公義。旅日台僑作家黃文雄在〈如何培育近代國民〉(2009)也強調理性精神的重要；他說：「台灣的本土政權提高了台灣人的意識是自然的，可是大都是屬於感性的，如何從感性的台灣意識提高到理性的或悟性的意識，必須透過國民文化的運動來培育。」

於是我們可以譜出一個願景：台灣文化的形塑應朝向：

1. **包容多元的**：包容本土文化與篩選過的西方及東方文化；台灣是個移民國家，我們可以接受非本土的但對台灣有益的文化，2009年高雄世界運動會的成功就是包容多元的好例子。
2. **海洋性進取的**：台灣地處西太平洋海陸中樞，歷代島民擅於航海貿易接觸外界，相對於大陸性文化的保守封閉，台灣應有勇氣擁抱海洋性的開放變動的世界。

3. **富有人道精神的**：尊重人權、自由、民主與法治的生活方式與價值觀；拒絕獨裁霸道的威脅利誘。

4. **理性精神與公民意識的**：要有理性的精神，不貪圖私利而致損及群體；要有公民意識，關懷公益，參與公共事務。

四、台灣國民對台灣文化應有的認知

第一、對台灣文化要有信心。台灣有傑出的音樂家與藝術家、有輝煌的經濟成果、有由獨裁走向民主的經驗、有忠實厚道進取的民族性，這些都是文化的表現與潛力。只要我們能剷除有外族本質的政權統治，台灣文化就不再被扭曲、不再被壓抑。

第二、要充實歷史的智識，以正確的史觀來建立命運共同體的理念。文化是群體生活在一起經過一段長時間而形成的，葉治平教授在〈台灣民族的形成與文化的特殊性〉中指出：「要樹立台灣人的國家觀念，首要落實台灣人的歷史認同。確切的認知，『台灣人』是具有共同歷史背景的族群，不是基於血緣，……因為這段特有的生活經驗與共同記憶，才造就出今日台灣人之生活方式、文化傳統等特有的形貌。」這種命運共同體的認知，可以凝聚社會建設與文化形塑的動力，可以剷除有外族本質的政權統治。沒有命運共同體的理念，沒有關懷鄉土人民的心懷，對八八颱風的救援就會表現得「比畜牲還不如」。

第三、要小心篩選中國文化，因為大部分的中國文化無助於台灣的社會。前面說過，文化是一群生活在一起的人為適應環境、和諧相處、實現群體意念而形成的，融合外來的或創造的有形或無形的文物。中國固然有悠久的文化，但因台灣地理環境、社會情況的不同，沒有意義全盤的把它和台灣牽在一起；萬里長城、火藥、印刷術，會比新竹科學園區、MP3及手機對我們更有意義嗎？何況從現代生活的觀點而言，誠如范文芳教授在〈看出中國文化的虛華，起造台灣文化的工程〉(2009)所言，中國文化在語言、道德、政治、信仰等層面都有它的黑暗面，不適合現代的台灣社會，也無益於現代的台灣人。

第四、要了解台灣文化的弱點。我們必須了解台灣文化的弱點，才能提升台灣文化的素質。從社會的層次而言，李喬認為台灣人的心靈被雙重文化帝國主義所控制：「中國中原一元中心」及「資本主義(流行)文化帝國主義」只要我們能認清中國文化多無助於現代的台灣社會，以及剷除有外族本質的政權統治，前者的問題應可迎刃而解。至於後者，則有賴我們增強對台灣文化的信心以及對西方文化取優去劣的智慧。從個人的層次而言，我們聽過的台灣人愛錢、愛面子、怕死、不團結、不識大體、賣選票等；黃文雄的《台灣人的價值觀》(前衛，2000)有更完整的解說。在諸多的個人弱點中，罪惡之大的莫過於直接的或間接的、明的或暗的賣選票。為了區區幾千元，會殘害我們自己和後代子孫。我們要有理性精神糾正這些個人的與社會的弱點。

第五、要有公民意識參與公共事務、社會運動。台灣的文化與您、我息息相關；優質的文化可以指導、規範您我，讓我們和平相處，幫助我們成長，讓我們引以爲豪。很不幸，文化常被外族操弄用以統治他族，一旦文化自主性落入外族或有外族本質的政權手中，我們的思考與行爲將受到統治者所設計的思想模式與行爲模式所規範，您、我的成長與社會的進步將受抑制。在這樣的情況下，我們應有公民意識、參與公共事務，抵制外族的文化壓迫。

延伸閱讀

《文化・台灣文化・新國家》，李喬，春暉，2001。
《台灣人的價値觀》，黃文雄，前衛，2000。
《廿世紀台灣代表性人物(二冊)》，林衡哲，望春風文化，2007。
《台灣文化論——主體性之建構》，莊萬壽，玉山社，2003。
《台灣人四百年史》，史明，蓬島文化出版社，1980。
《台灣漢文化之本土化》，前衛，2003，台教會主辦論文集。
《台灣歷史閱覽》，李筱峰、劉峰松，自立晚報，1994。
《東方與西方》，黃天麟，桂冠，1992。
《寒夜三部曲》，李喬，遠景，1981。
《解析中國》，Frank J. Goodnow，蔡向陽、李茂增合譯，北京國際文化，1998。
《槍炮、病菌與鋼鐵：人類社會的命運》，(*Guns, Germs and Steel : The Fates of Human Societies,* Jared M. Diamond)，王道還譯，時報出版公司，1998。

理性精神與公民意識／莊萬壽

國民素養是一國國民所具備的智能，簡單的說是一般生活中起碼處理人際關係、語言、文字、計算與使用生活工具的能力。就二十一世紀社會言，包括了道德、人文、藝術、科學技術等等素養。它是超職業專業性的，是現代國家爲提升全民知識品質，以各種形式的教育方法，來促進國民的福祉與國家競爭力爲目的。其中科技的物質文明有普遍性的價值，國家之間所追求的國民素養差異性不大，若國家不民主或半民主，或是被制約、扭曲的民主，則精神層面的素養會有較大的歧異。

莊萬壽

現任長榮大學講座教授。曾任台灣師大國文系教授、師大台文所創所所長。日本京都大學招聘教授。九〇年代在師大極力推動台灣文化教育與研究，並指導社團及參與社會民主改革活動與論述。任報社主筆、中學教科書主編、台灣教授協會會長(2002)。長期致力於中國反儒的思想史、台灣文化思想的學術研究。師大退休後，籌設長榮大學台灣所。著書有《台灣論》、《中國論》、《台灣文化論》等十餘種，主編《台灣文化事典》等書。

台灣不是完全的國家，法理上台灣尚不是國家，台灣人尚未能建構台灣主體性的國民素養之價值。尤其2008年中國黨復辟，台灣主體性、主權立即萎縮。使國民素養的內涵看似更加漫漶不清，然而，須知台灣的成長一向都是從苦難中的辯證中發展出來的，這一大波的苦難，乃是足以刺激台灣人更醒悟、更奮起的契機。首先必須探尋台灣最需要而台灣人又最缺乏的素養是什麼？台灣人的劣根性是什麼？過去常談台灣人愛錢、愛面子、驚死、不團結，這只是浮面現象。二次戰後全球殖民地獨立殆盡，台灣不能置身於這股巨流之中；而二十年的本土政權又中道崩殂，我們總有許多理由去粉飾。簡單結論是台灣人何以那麼容易任人擺布、受人欺騙呢？個人所見，其內在深層的原因是缺乏理性精神的本質與公民意識的能量。

理性是符合邏輯推理的能力與思維的方式，是全面辨識、判斷事理的原則。如果理性與理智並列，可以與感性、情感相對稱。理性思維，促使科學及其眞相的出現。十七、八世紀歐洲的啓蒙運動便是理性時代的發軔，開始擺脫威權、神權，走向民主、科學。伏爾泰、孟德斯鳩、笛卡兒、洛克……，而台灣的統治者孔孟儒學，雖有人文精神卻是封建的階級教條，缺乏正反思辨、推理批判的方法。至於宗教信仰，台灣並無一神教或本土神明爲核心的信仰可以支撐台灣的國民意識。佛教一千多年在東方扮演穩定帝王權位的角色，數以百萬計的台灣人信眾願意匍匐在不知尊重本土語文的外來僧侶腳下，夫復何言？而融合三教的民間信仰也成爲政治黑金的樂園，說實話，三百多年來被封爲天后的媽祖婆，是統治者手中麻醉台灣人的玩偶，迄今方興未艾。人類學以巫術、宗教、科學爲社會進展的三階段，三者雖無零和關係，但台灣民間信仰似只有巫術，缺乏宗教理性的提升。不可思議的是連台灣的總統，也隨封建的中國黨崇尚命理風水而不知理性爲何物。台灣人的覺醒度不能較快的從量變而保持穩定的多數，進而獲得眞正的質變，與台灣人的感情用事、不識大體攸關，亦即理性精神，是台灣人是否能自贖的重要關鍵。

公民意識是現代公民社會的精神力量，而台灣雖有脆弱的民主，卻尚未有成熟的公民社會。台灣長期的儒教倫常束縛眾多異語族群的分居，沒有一體共通化的空間，一切以家族爲中心；沒有群己關係的理念，社會政經、分配、禮儀、風俗等皆以階級親疏爲處世做事的原則。中國黨蔣氏及其官宦家族，世襲的蟠踞在台灣土壤上吸取資源。台灣人害怕政治、輕視公義、投靠權貴，寧爲「太平犬」，這種心態又如何形成公民社會呢？如今，台灣人應勇敢的走入社會，參與公共事務、社會運動，不畏懼的捍衛公義，讓這一波的台灣危機匯集台灣公民的意識。

總之，理性精神與公民意識是台灣思想革命的大工程，本來是可以從教育與社會結構的改造入手，然而台灣人已失去政權，唯賴廣組民間社團推展社會運動。在宣揚、建構理性精神與公民意識的同時，我們堅信一定可以再喚醒民心、贏得選舉，從而樹立台灣國民素養的新指標。

如何培育近代國民／黃文雄

以往在台灣的各種群眾運動中流行著一種極爲有力的說法：「只要取得了政權，所有的問題就一切解決了。」自2000年以來，民進黨確實取得了8年政權，可是政治、經濟、社會、文化等所有的問題卻舊態依然。以陳水扁爲首的民進黨政權反而成了中華民國體制的守護神，台灣還是內外問題山積。近代國家政府的最大任務，在於物質上如何使所有國民能享受更富有的生活，在精神上取得更多的自由。政黨政治的競爭原理，也來自國民對政黨能力的

黃文雄

思想家、文化史家、評論家。1938年出生於高雄岡山，1964年赴日留學，早稻田大學商學部學士，明治大學西洋經濟史學碩士，曾任拓殖大學日本文化研究所客座教授。以《中國的沒落》一書聲名大噪，有長期旺盛的寫作生涯，作品涵蓋文化、政治、經濟、歷史、社會等，獲得巫永福評論獎、台灣筆會獎。日文著作逾100種，漢文著作逾40種，為活躍於日本，深具影響力的台籍暢銷作家，曾選入日本言論界500名人錄。曾任世界台灣同鄉會副會長、日本台灣同鄉會長、台獨聯盟日本本部委員長等。

評估所作的支持與否。可是台灣的問題與課題並不僅限於以上的政治或經濟問題，還有主權等等的問題存在，而且國家正常化更是一大課題。台灣內部各族群對國家、民族、社會、文化的認同意識又有分歧，所以即使本土政權成立了，連最基本的國家正常化都無法解決，其他更免談了。

近代的所謂「近代民族或國民國家」，是自產業革命或市民革命以後才誕生的，其歷史不過數百年而已。人類有史以來有都市國家，也有封建王國；近世至近代也有睥睨歐亞大陸的所謂「世界帝國」或「天下帝國」，比如大蒙古帝國、土耳其帝國、俄羅斯帝國、大清帝國等等。可是到了二十世紀初葉，這類的多種族、大版圖的「世界帝國」，都因國內的革命相繼崩潰連奧匈帝國也難倖免於難。近代國民國家以「一民族一國家」爲理想，當然所謂「近代民族」並非來自相同的血統，而是由相同的語言、宗教，共有的歷史或利害關係所形成的。所以「近代民族」的概念是心理的，同法律概念的「國民」不同。可以說是近代的歷史產物。

「近代民族」或「國民國家」，數百年來自西歐向世界擴散以來，已經成爲世界的巨流。即使人類進入二十世紀以後，有「世界革命・解放人類・國家死滅」的社會主義的吶喊，歷經冷戰世界革命並未成功，世界帝國、殖民帝國連社會主義帝國卻不斷繼續瓦解，近代國家不斷的繼續增加。至少從國家數目來看，自第二次世界大戰後六十年來，國家數目已從六十左右急增到二百，大部分是來自大國的瓦解，當然這也是時代的一大潮流。近代以來所誕生的「近代國家」的類型，並不一定是「國民國家」，也不一定是理想類型的「一民族一國家」，特別是亞非的國家大都是多民族國家。比如中國、越南、緬甸都有五十個以上的民族，印度、印尼更多。中國百餘年來，雖然壓抑大漢民族主義或「地方民族主義」試圖締造「大中華民族」，可是尚未成功。只有「生民」或「人民」，尚無法創造出近代的「國民」或「國民國家」。

綜觀歐日近代國民的締造，大都由政府或先覺大力推行國民文化的運動。培育獨自的語言、文學、文藝等等精神的文化，創造出獨自的民族、國民。連自然國家的日本自明治維新以來，不但提倡「文明開化．殖產興業」，也鼓吹國風、高唱日本主義，皇民化運動在本質上也是國民文化運動。

台灣自兩蔣外來政權沒落以來雖然有本土政權的出現，國家正常化卻遙遙無期，原因很多不少是來自文化面的，特別是精神面的。台灣的本土政權提高了台灣人的意識是自然的，可是大都是屬於感性的，如何從感性的台灣意識提高到理性的或悟性的意識，必須透過國民文化的運動來培育。有了理性或悟性的民族自覺，必然能產生實踐性的強烈民族意識。近代的國民意識或民族意識不同於自然的鄉土愛意識，並不是天生的而是培育出來的。奧本海默(F. Oppenheimer)和米契里希(W. Mitscherlich)兩人以下的主張值得參考。「並不是有了民族的存在才有民族，而是在民族意識中有民族。」可見民族並不是客觀的存在，而是主觀的、心理的、精神的存在。「並不是有了民族才有民族意識，而是在民族主義之中存在著民族意識，民族意識之中存在著民族。」

如何培育理性或悟性的台灣人意識，欠缺不少獨自的國風，特別是近代國民所必有的文化，也是國家正常化不可或缺的長遠問題，不是速成的。

台灣民族的形成與文化的特殊性／葉治平

台灣人民認同「我是台灣人，不是中國人」的比率雖大幅提高，但對台灣歷史的認識卻普遍缺乏，不能將「台灣人」這個觀念落實於「民族」的基礎之上，因而無法凝聚全民一致的國家意識，這是台灣邁向正常國家的主要障礙之一。

例如，許多人主張「台灣人不是中國人」，卻又認同「台灣人也是華人」。本土政治人物也常有類似的說法，陳水扁前總統在對世台會致辭時即表示：「台灣和中國同是華人建立的國家。」但何謂「華人」？是否就是

葉治平

美國西北大學生醫工程碩士，德州農工大學電機碩士與博士。曾服務國防工業界，現任密西根偉恩州立大學工程科技主任。在專業之外熱愛鑽研歷史，常在報章發表論文，並受邀在台灣人及學生社團演講台灣歷史。曾任北美洲台灣人教授協會(NATPA)總會會長及密西根分會會長、會訊主編、《颱風眼》雜誌社長，並曾主辦「NATPA青年學者計畫」。

「中華民族」？卻含糊籠統，似是而非。若將陳前總統所說譯成英文，則是："Both Taiwan and China are countries built by Chinese."這等於是告訴國際人士："Taiwanese is Chinese."正好和「台灣人不是中國人」背道而馳。

諸如此類之混淆連本土政治領袖也都如此，顯示出台灣人的民族觀念十分鬆散。「民族」一詞可朗朗上口，卻不知其眞實意義；贊成台灣獨立多因厭惡中國，而不是基於民族獨立的立場。所以，在高呼台灣建國之同時，也能接受中華民國的體制，或希望成爲美國的一州。人民的國家觀念如此模稜兩可，難怪台灣的國家無法正常。因此，要構築台灣建國的基礎，必先充實人民歷史的知識，以正確的史觀來強化台灣民族的理念。唯有如此，台灣人才能徹底擺脫「中華淵源」的糾葛，確實建立起民族自信心，台灣也才能踏實的走出自己的安康之路。

(一)認識台灣人的歷史

所謂「台灣人」，並不是泛指過去到現在曾住在台灣之各族群，而是這些族群融合形成的「命運共同體」。這共同體的形成，有其特有的發展過程。在葡萄牙人發現「福爾摩沙」之前，這島嶼鮮爲外人所知，島上居住的族群各自爲政，各有不同的語言、文化與傳統，在那時，並沒有「台灣」或「台灣人」的整體意識。荷蘭人在Taiyuan(大員)建立了城堡之後，「台灣」這個地名首次登上世界歷史的舞台。自此，荷蘭的「大員」、大清的「台灣縣」與「台灣府」、日本總督管轄的「台灣地區」，以至於今日之所謂「在台灣的中華民國」……，「台灣」的涵義隨著歷史的造作而逐漸確立。而原本爲生存進而相互殺伐的各個族群，也在鬥爭中體驗出和解共生的必要，並從一次次爲「共生」而聯手反抗壓迫，齊力抵抗侵略的過程中，經驗到休戚與共的集體命運，因而孕育出相同的社會價值觀與共有的族群意識。「台灣人」的存在，因此從一個鬆散的概念，逐漸凝聚形成一個「結合共同命運之族群」的存在實體，也就是結合四大族群的「台灣民族」。

認識台灣人的歷史，就是要由這段從「不打不相識」到「冤家變親家」的過程中，看清台灣民族形成的脈絡，並從這脈絡中看清祖先們所共同打拚，並留給我們繼續完成的遠景與目標。

(二)落實台灣民族的認同

誠如許多民族學者所指出：「民族是歷史的產物，血緣與地緣只是促其形成的客觀條件。」台灣民族之所以不同於所謂的「中華民族」也是歷史之使然。因爲兩者歷經數百年截然不同的生活經驗，而產生不同的生活習性與社會價值觀。更因不同的社會條件以及互不相干的政經體制，而面臨完全不同的族群命運與需求，這不是抽象的概念，而是活生生的生活現實。因爲這個現實，所以兩個民族必須要針對各自所需獨立發展，才能謀求民族最大的幸福。這就是我們堅持台灣「民族獨立」與「國家獨立」的基礎。所以，要樹立台灣人的國家觀念，首要落實台灣人的歷史認同。確切的認知，「台灣人」是具有共同歷史背景的族群，不是基於血緣，更非意識形態。造就台灣人不同於「華人」的基因，就是其不同於「華人」的民族歷史。因爲這段特有的生活經驗與共同記憶，才造就出今日台灣人之生活方式、文化傳統等特有的形貌。

落實台灣民族的認同，首要之務是徹底抛棄外來政權在長期以來，以「炎黃子孫」、「漢文化」等種族血緣論的誤導，將民族的概念建立於台灣歷史的基礎之上，讓人民回歸現實，重新思考。

看出中國文化的虛華，起造台灣文化的工程 / 范文芳

自人類个(的)文明史來看，歐洲眞濟(很多)現代國家，是對(從)拉丁羅馬文化、奧匈帝國等大勢力之中獨立起來；中亞、南亞也有不少現代國家，是對俄羅斯、印度、中國以及近代歐洲殖民帝國之中獨立出來。台灣个歷史、地理、物產等等客觀條件，未輸頂頭所提著个眞濟現代國家，眞不幸个是，到今猶未建立成功一個正常、健康个現代國家。我認爲，其中上重要个一個原因，是猶原有眞濟台灣人包含台華、台福、台客、台原，無自覺家己一直處在中國固有个認知方式以及價值認同之陰影之中。

范文芳

背離中國文化的台灣客家人。1942年出世在台灣新竹的竹東庄下。在師大國文系所讀了七年的儒家經典，在中學、專科、學院裡教了四十年的中國文化。由於喜好閱讀，在接觸古今中外各種有獨到見解的書籍之後，自信能夠客觀地認識中國傳統文化。認為台灣愛(要)建立成為一個正常、健康、有尊嚴的國家，必須背離中國文化，塑建台灣文化。

(一)看出中國文化个陰暗面相

1. 語文層面个觀察

語文个形成基礎是生活內容加生活方式，漢語、漢字是眞古早就形成，方言眞濟。文字統一，用古文所寫个古書無一定代表當時个語言，經過簡略、濃縮，流傳落來个經典古籍，是中國文化引以爲傲个珍寶。經過將近二千年，讀冊人日夜記誦苦讀，主要目的是學習做人、做事个道理，提升個人、家族个社會位階，並無一定學習著求知、認知个方法。

中文，尤其是文言文，一直是中國文化愛好者推崇備至的，其實伊个陰暗面，就是典雅精鍊有餘，不過是樸實準確不足。文言文旨在精簡，就不免忽略語法頂面个邏輯因素，過分省略語詞，尤其是連接詞、介詞、助詞，加上主動、被動不分，時態不辨，單、複數不明……，造成中國古文雖有修辭之美精鍊之巧，卻貧乏於分析、定義、推論、辨證。

2. 道德層面个觀察

中國歷史以儒家爲主个道德觀，大體建立在尊卑之間應該謹守个禮規頂頭，所謂三綱五常、忠孝節義、敬老尊賢、尊師重道，此種道德觀立基在家族封建架構之上，至於尊卑之形成只能推究到天命。將冠冕堂皇个德目、教條，灌輸到平民、子弟、晚輩之上，美其名曰禮儀之邦、重視道德教化，培養出來个子民，以聽話、乖順、服從爲最高目標，此即忠、孝、禮、義个本質。

儒家經典乃聖人之言，讀書者只需記誦、遵行即可得功名、利祿，至於經典中之思維、觀念是不容懷疑个，就結果來看，此種傳統文化教化出來个子民，自然無法建立自主个思考同價值判斷。只要是皇帝官方、古聖先賢、師長長官所說，即爲善惡、眞假、美醜个判定準則。

3. 政治層面个觀察

從中國古文个思維習慣，政事、政治就是統治、施政之技術、手法，並無思考治權取得个原理，只強調如何施政方才得民心，進一步穩固其統治之權勢。在神權、君權時代，此種論述有其理想性同實用價值，假使放到今日个人權、平權時代，中國古代帝王賢臣、儒家道統所講个德政、以禮治國、政者正也、以身作則、上行下效……，全是治術、統御術，可以同尊卑、忠孝、禮教配合，無法度形成自由、平等个人權政治。

心懷恢復中國傳統固有文化情感个人，不論其血緣、籍貫，甚至不論其所受之現代教育取得之學位，眞困難接受民主、人權、自由、平等个現代觀念，這兜人無法接受台灣可以獨立，進而建立理想个，有別於中國文化个國家。

4. 信仰層面个觀察

從人類文明發展來看，古老个醫術、禁忌、迷信到後來个宗教、科學，係人類演化个大勢。回顧中國歷史，尤其係漢族文化个信仰層面，假使用現代知識來探討，會當難區辨信仰同迷信；儒術同儒學；儒家同儒教，簡單來講就係毋清楚，認識抑認同，了解抑相信。

台灣社會，在今晡日還看得著盡多信仰取代認識，相信取代了懷疑等社會現象，我認爲這係受著中國傳統文化影響个結果。表面上，台灣社會有藍綠對立个情況，我个觀察，泛藍个支持者並毋係企(站)在省籍、政黨个立場，實在是受著中國文化个教化結果。假使你問佪兜，爲麼个不贊成台灣獨立，佪兜不會講理由，只會立即反應：「台獨是不對的！」假使再問佪：「不對在那裡？」佪兜也懶得同你討論下去，因爲對佪兜人來講，這是信仰問題。佪兜个古聖先賢、帝王將相、國父蔣公、老師教官等一致个教訓全係如此，不必懷疑、不必自己思辨，該係信仰个情懷。

(二)結語

因爲篇幅个限制，其實還有教育、法律、媒體等層面个觀察，經過以上各方面个觀察，係我講个認知、認識問題，透過對中國文化个認識，正做得認清中國文化烏暗个一面。最嚴重个問題係台灣眞不幸，受到這種烏暗虛假个文化洗腦，大部分人無法覺醒、掙脫，少部分人有自覺又無公平个機會，分(給)佪兜公開表現，顚倒會分自家个同胞汙衊爲思想有問題。

台灣想愛建立做一個現代化、健康、幸福个國家，必須認識中國文化个烏暗面、具體个步數，有支持台灣本土个政黨，其次係對教育、法律、媒體等公共政策上改革。中國式个教育其實係教化，到現在，還有人主張高中國文應加強文言文、四書五經之教學，這係迷信，這毋係教育。中國式个法治，係用法治人，法是工具，毋係遊戲規則，在廿一世紀个台灣，絕大多數受中國式教化培訓出來个司法人員，用信仰來處理法律事件，佪兜相信某些人係壞人，佪兜相信某些人無可能做壞事。泛藍个支持者，就算藍黨个政治人物做出犯法、私德不好个事情，佪兜一來毋相信，二來也毋會改變佪兜投票取向，這一點泛綠个政治人物、支持者遠遠比不上，台灣本土風格个政治人物同支持者，必無將認知个問題誤爲信仰問題。本土政黨之政治人物同其支持者，會爲行事錯誤或私德瑕疵感覺見笑(丟臉)，這是台灣文化比中國文化高明之處。

行出中國文化个烏暗，行向台灣文化个光明，係台灣愛建立現代化國家个基礎工程。

第二章

在文學領域

【導讀】

李敏勇：文學魂，精神建構，文化力，形塑正常而安康的國家

彭瑞金：從公民養成觀點建置文學教育

李勤岸：寫予未來台灣國民的一張批

曾貴海：台灣人的人文旅路

一、台灣國民為何需要有文學的素養

台灣曾創造出經濟奇蹟而成爲亞洲四小龍之一，也曾以「寧靜革命」迫使專制統治轉型成民主體制，但幾百年來台灣卻始終都在外族的統治下掙扎，未能形塑出全體住民共同的建國願景，爲什麼？

共同的建國願景必須有堅固的文化基礎，才能形塑成功、才有能量推動。詩人李敏勇在〈文學魂，精神建構，文化力，形塑正常而安康的國家〉(2009)一文中說：「生活在(台灣)這塊土地的人們經濟志向遠大於文化志向，缺乏對自己國度的文學想像，……社會缺乏經由文學閱讀形成的文化觀照，無法眞正形塑出台灣『想像共同體』的國民意志和感情。」這說明了沒有深耕的文學素養，難以激發追求共同的建國願景的意念。

再有，彭瑞金教授在〈從公民養成觀點建置文學教育〉(2009)中指出：「過去的台灣，只有依統治集團的統治

目的和需要而建置的文學教育，從教科書的編製、教學綱領、目標的訂定、師資之培訓，包括考試等教育機器的運作……，都一概無視於公民之需要和存在。」教科書中，沒有台灣土地、沒有台灣人民，只有虛幻的「中華民國」。這樣培育出來的國民，難於形塑一個爲斯土斯民而奮鬥的、共同的建國願景。

假若台灣人民要有富裕、自由、民主與尊嚴的生活，台灣必須掙脫外族的統治與剝削，必須有建國的願景。形塑這樣的共同願景，有賴文學培育出堅固的文化基礎。

二、台灣文學作品能培育個人、強化社會

文學作品描述土地、人民、生活與情感；台灣文學作品描述台灣人在這塊土地上的經驗與情境。對個人而言，文學作品能增強一個人對周遭事物的敏感度，對善惡眞僞的分辨力，能激發自我的提升和對鄉土人民的關懷；對社會而言，文學作品能表現一個社會的感情，能形塑一個社會的「想像共同體」。閱讀台灣作家與台灣文學的作品，能了解我們祖先在這塊土地上的經驗，能培育台灣國民的素養，培育台灣人民對土地與社會的關愛，形塑台灣的想像共同體，建構台灣國民的精神堡壘。李勤岸教授指出，台灣是一個多語言與多元文化的國家，台灣國民應有母語與母語文學的薰陶(〈寫予未來台灣國民的一張批：關係台灣語言、文學、文化的素養〉，2009)。這些都是透過文學作品的閱讀可以

培育的素質，也是一個安康的社會所應有的素質。

三、台灣文學的典範

做爲一個台灣國民如何去探索台灣文學呢？國立台灣文學館於2008年12月出版一本《閱讀台灣．人文100》，該書介紹經由一個16人書選委員會選出的，「最能提升國民素養與國家認同的100佳作。」(筆者為該計畫主持人)這100本佳作分成四種文類：文學、歷史傳記、文化藝術、政經社會及其他。其中，文學類的33本呈現出台灣文學的典範；閱讀這些作品，無疑的會培育我們的文學素養與智識。這33本作品陳列於本文後的「延伸閱讀」，而撰稿人李勤岸教授也提供二本參考書目附於其後。

這些作品，讓我們了解台灣文學與社會變遷的關連性。曾貴海醫師在〈台灣人的人文旅路〉(2009)中指出：「日本殖民時期的文學運動，大都與當時的社會文化運動有強烈的連結，作品的特質是社會性強、批判和反抗精神也相當濃厚，這些作品奠定了日後台灣文學的發展與軸線。」如賴和、楊逵、呂赫若等人對殖民統治發出抵抗的心聲。

筆者認爲：一個台灣國民在高中畢業之前，應該要看過十本的台灣文學作品；其後每年應看至少一本的文學作品，這些作品當然也應該包括外國的經典文學作品。

延伸閱讀

《亞細亞的孤兒》，吳濁流，前衛出版社，1993。
《賴和集》，賴和，前衛出版社，2002。
《寒夜三部曲》，李喬，遠景，1981。
《台灣文學史綱》，葉石濤，文學界，2003。
《台灣人三部曲》，鍾肇政，遠景，2005。
《浪淘沙》，東方白，前衛出版社，1994。
《鍾理和集》，鍾理和，前衛出版社，2004。
《心的奏鳴曲》，李敏勇，玉山社，1999。
《台灣新文學運動40年》，彭瑞金，自立晚報，1991。
《吳新榮回憶錄》，吳新榮，台灣出版社，1989。
《楊逵集》，楊逵，前衛出版社，2002。
《原鄉．夜合(客語詩集)》，曾貴海，春暉出版社，2000。
《阮若打開心內的門窗》，王昶雄，前衛出版社，1998。
《辛酸六十年》，鍾逸人，前衛出版社，1995。
《張文環集》，張文環，前衛出版社，2000。
《燕心果》，鄭清文，玉山社，2000。
《呂赫若集》，呂赫若，前衛出版社，2004。
《蕃薯之歌》，鄭炯明，春暉出版社，1987。
《工廠人》，楊青矗，文皇或敦理，1975。
《打牛湳村》，宋澤萊，遠景，1978。
《莎喲娜啦．再見》，黃春明，皇冠，2000。
《黃昏的意象》，李魁賢，台北縣立文化中心，1994。
《蕃薯仔哀歌》，蔡德本，遠景出版社，1995。
《黑面慶仔》，洪醒夫，爾雅，1978。
《大學女生莊南安》，林雙不，前衛出版社，1991。
《玉蘭花》，陳秀喜，春暉出版社，1989。
《施明正集》，施明正，前衛出版社，2004。

《媽祖的纏足》，陳千武，笠詩社，1974。
《燕鳴的街道》，吳錦發，敦理，1985。
《向陽台語詩選》，向陽，金安，2002。
《金水嬸》，王拓，遠景出版社，1976。
《台灣文學正名》，蔡金安編，金安，2006。
《茉里鄉記事》，胡民祥，金安，2004。
《李勤岸台語詩選》，李勤岸，真平企業有限公司出版，2001。
《鄉史補記》，陳雷，開朗雜誌事業有限公司出版，2008。

文學魂，精神建構，文化力，形塑正常而安康的國家／李敏勇

～文學是一個國家的靈魂

(一)

就以台灣常常引喻的愛爾蘭來看，從被大英帝國殖民到愛爾蘭自由邦的成立，進而愛爾蘭除北愛爾蘭維持與英聯合王國共構，愛爾蘭獨立為共和國，愛爾蘭文藝復興運動所呈顯的文學力量，詩人葉慈(W. B. Yeats, 1865-1939)象徵的

李敏勇

台灣屏東人，1947年在高雄縣出生，成長於高高屏。大學時代修習歷史，短期居住台中，現為台北市民。出版過《雲的語言》、《暗房》、《鎮魂歌》、《野生思考》、《戒嚴風景》、《傾斜的島》、《青春腐蝕畫》、《島嶼奏鳴曲》，以及漢英對照詩選《如果你問起》、漢日對照詩選《思慕與哀愁》。除了詩創作外，也出版詩解說、研究，譯讀當代世界詩，並著有散文、小說、文學評論和社會評論集等約五十餘冊。曾獲巫永福評論獎、吳濁流新詩獎、賴和文學獎、國家文藝獎(2007)。

重要性可以想見梗概。

> 國家、民族、個人，得以藉由一個或一串意象凝聚統合爲一，那些意象微顯或喚起一心靈狀態——會激勵意志力臻達飽滿。
>
> 偉大的詩人所看見的每一件事物，都有它與國家生命的關係，經由這一層，又看見它與宇宙的神聖生命的關係，但要企及這宇宙性，要目睹無所不在的一貫性，唯有透過你的國家、民族。
>
> 沒有國家，便不可能有偉大的詩。人只能以戴手套的手伸向宇宙——那手套就是他的國家。

這三則葉慈的語錄，彰顯了愛爾蘭之所以能從被殖民狀況獨立爲國家，以文學爲核心的文藝復興扮演的角色。

看看愛爾蘭，想想台灣。從被大清帝國割讓給日本，到二戰後在祖國的迷惘中沒有確立自己的獨立國家條件，台灣在顚沛的歷史中發展，仍然追尋著主權獨立國家的憧憬而未眞正實現，爲什麼？

(二)

從明清時期，台灣早期的唐山移入者以墾拓爲主，著重經濟性利得；荷蘭人來，荷蘭殖民；鄭成功驅走荷蘭人，但鄭氏王朝並未確立獨立國家條件，終至被大清帝國收編；甲午戰爭，台灣成為被割讓地，在日本殖民統治時期發展出近代社會條件，但囿於祖國之夢，二戰結束後國民黨中國進占統治，從日本化而中國化倒退發展。

特殊的歷史構造讓台灣的主體性形成困難而遲緩，語言文字的連續性中斷，未形成傳統。生活在這塊土地的人們經濟志向遠大於文化志向，缺乏對自己國度的文學想像，本國本土作家、作品並未成為人民心靈印記，台灣人民與台灣作家的感情連帶是薄弱的。因為教育並未形塑台灣的國家條件，也因為大眾傳播並未形塑台灣的國家文化風景，台灣人民對台灣作家是陌生的、是疏離的。台灣文學作品形塑的歷史與現實情境，沒有印記在人們的心靈。

台灣的國家重建和社會改造運動，反映的努力常常只是法政的面向。投入選舉、競選政治公職。但是社會缺乏經由文學閱讀形成的文化觀照，無法眞正形塑出台灣「想像共同體」的國民意志和感情。物質志向，消費社會，迷惑於金錢遊戲，國家的建構課題被視而不見，被殖民症候群的病理瀰漫，政治改革的成果沒有堅固的文化基礎，以致無法眞正成功。

(三)

沒有任何一個獨立國家，是缺乏對自己國家的文化想像的。愛爾蘭獨立運動奠基於他們國家的文藝復興，奠基他們國度文化的我族想像，即使與殖民者一樣使用英語，但「英語屬於愛爾蘭，但愛爾蘭不屬於英國」的文化執著，以及愛爾蘭人民與愛爾蘭作家的緊密閱讀關連，從葉慈到當今的黑倪(Seamus Heaney, 1939-)，愛爾蘭詩歌與詩歌愛爾蘭交織的亮光與火花，讓他們的國度被看見。看看以色列和巴勒斯坦的緊張關係，兩個復國運動的鮮明例子，也有詩人、作家的積極觀照。而東歐國家在一九八〇年代末期的自由化、民主化，改變了共產統治體制，不也有許許多多作家與文學作品見證了時代嗎？

一個追尋國家眞正獨立，從被殖民體制中眞正站起來的國度，台灣不能夠沒有自己國家的文學觀照。台灣作家與作品：從原住民口傳神話、早期唐山移民祖先的漢語傳統文學、日治時期發展出的新文學，以及戰後作家作品，已然形成文學的台灣精神史軌跡，反映了根源的基礎與開拓時代和被殖民時期的歷史經驗，應該被生活在台灣這塊土地的人們面對。要邁向正常而安康的國家，台灣的想像共同體要形成，生活在這個島嶼，對獨立國家有憧憬的人們不能只依賴法政條件的政治工程，要能夠尋求關連於文學的精神建構，閱讀台灣作家與台灣文學作品，建構台灣國民意志與感情的精神，才能從空洞的人而充實做爲人、台灣人、台灣國民，以至世界公民的條件。

從公民養成觀點建置文學教育／彭瑞金

戰後台灣的文學教育，長期受到殖民性文化教化觀念的宰制被當作愛「國」思想教育的工具。在國家、民族認同被嚴重扭曲的時代，黨、國不分，國文教科書固然明訂了「研讀中國文化基本教材、培養……愛國淑世之精神」爲課程制定之「綱要」、「目標」，卻未必能培養出忠黨愛國的公民，但可十分肯定這種目標、綱要下制定的文學教材，一定製造出國家、民族認同混淆錯亂的國民。六十年來，台灣各級學校的「國語」、「國文」教科書，沒有

彭瑞金

1947年生，台灣新竹縣人。任教於靜宜大學台灣文學系，並擔任《文學台灣》雜誌主編。曾獲巫永福文學評論獎、賴和文學獎、行政院文耕獎等。著作以文學史、文學評論及作家傳記爲主。著有《台灣新文學運動四十年》、《瞄準台灣作家》、《台灣文學探索》、《文學評論百問》、《台灣文學論文集──驅除迷霧找回祖靈》、《鍾理和傳》、《葉石濤評傳》等。編有：《台灣作家全集》(戰後第一代)11冊、《李榮春全集》10冊、《李魁賢文集》10冊及《國民文選：小說卷》4冊等。

台灣、沒有土地，也沒有人民，只有虛幻的「中國」，完全未善盡台灣社會公民養成教育中的文學教育功能和職責。

代表一個國家或民族的文學，是該國、該民的靈魂所在，但可以稱作該國該民的文學，一定是建立在該國、該民的土地、人民和生活，有自己靈魂的文學。以「中國文化」或「中國傳統」爲依歸的「文學」，不僅是離土離民的「死靈魂」，於台灣人民而言更是天外飛來的怪物。奉「死靈魂」爲神祇、崇怪物爲圭臬，就是這六十多年來台灣的文學教育未能善盡台灣公民文學教育的病灶。

易言之，過去的台灣只有依統治集團的統治目的和需要而建置的文學教育，從教科書的編製、教學綱領、目標的訂定、師資之培訓，包括考試等教育機器的運作……，都一概無視於公民之需要和存在。把公民視爲飼料雞、飼料鴨，只用他生產的飼料餵食。雞鴨養肥、養大只有宰殺一途，公民卻不僅要在自己的土地上生活，不是做土地的肥料，公民需要從文學——先人的靈魂結晶，獲取的是在這塊土地上生存的智慧。說得更明白一點，被餵食中國文化、中國文學的飼料雞鴨，不可能成爲台灣土地上的公民，只能供統治政權食用或當肥料。只有建立在公民爲本位、從公民需要的文學，才能有助於公民的涵養，培養出有公民自覺、公民意識、有責任感的公民，造就公民社會。

過去十多年來，國內不乏有識之士推動教科書的部編本解禁，呼籲編製有民間、公民觀點的文學課本，也有民間出力編輯的各種台灣文學讀本，更大力促成了台灣的大學設立台灣文學系所。在這漫長的改革、革新過程中，固然遭遇到積弊太甚、積重難返的困窘，整個文學教育體制從教育主管機構、教師、考試制度，乃至中毒甚深的社會大眾、家長，都逼得所有的改革行動只能採取零星出擊的游擊戰。短期的台灣人執政，既不想也不能又無力去建立公民文學教育。誠然，公民立場、公民爲主體、公民養成爲綱領的公民文學教育，放眼現實似乎看不到願景在哪裡，是頗令一路走過來的改革人士失望的，的確也茲事體大。但是否就可因此放棄這樣的改革理想？除非我們放棄台灣。

基本上，建立台灣公民養成教育中的文學教育藍圖，是早已畫好了，從公民在這塊土地上生存所需的立場去設定教學綱領，從這樣的綱領編製教材培訓師資，讓所有的公民從小就可以就文學教育中獲得啓迪，學習、思考怎樣看待生存所據的土地，以及如何和土地上的一切相處共存。公民觀點的文學教育不做這些又做什麼呢？所以，最大的困難也是最亟待突破的是，我們的公民不去要求這項公民的基本權利，放任公民文學教育倒行逆施數十年。其實，也並不那麼令人絕望，一旦公民的文學教育理念覺醒了，懂得要求有土地、有人民、有生活的文學，教科書、考試、教師教學一夜之間翻轉也不是不可能。「公民文學教育」就是培養公民意識最佳的治劑、良方。

寫予未來台灣國民的一張批
關係台灣語言、文學、文化的素養
／李勤岸

我用寫遺書的心情來寫，因為眞可能你讀著這張批的時，我已經離開這个國家眞遠眞久矣……

我用台語文書寫，我假設經過hiah-niāh(那麼)久，你已經眞慣勢(習慣)閱讀台語文，我使用的文字攏是2006年教育部公告的台灣羅馬字拼音方案以及建議漢字，相信這攏是你已經眞熟練的文字矣。

2009年的5月，台灣猶佇風中飄來搖去。我tsit-tsūn(這時)愛用眞短的時間共你寫這張批，寫了我愛緊趕去台北街

> **李勤岸**
>
> 1951年生，台南縣人。夏威夷大學語言學博士。現任台灣師範大學台灣文化及語言文學研究所所長；世界台灣母語聯盟總召集人。曾任美國哈佛大學東亞語言文明系Taiwanese Preceptor、《台文通訊》總編輯、《海翁台語文教育季刊》總編輯、教育部國語會常委兼台語組主任、九年一貫課程綱要台語組召集人。得過榮後台灣詩人獎、南瀛文學傑出獎等。出版《李勤岸台語詩集》、《咱攏是罪人》等9本詩集及《哈佛台語筆記》、《台灣話語詞變化》、《語言政治kap語言政策》、《母語教育：政策及拼音規畫》等。

頭，佮咱追求台灣欲成做一个獨立國家的兄弟姊妹徛鬥陣(站在一起)，阮欲用眞強烈的聲音共傾中的國民黨政權唱聲(抗議)。

因爲我是台灣文化及語言文學研究所的老師，我欲就這三項主題來講：

(一)語言方面

台灣既然是一个多語言的國家，你就應該具備多語言的能力。第一个語言一定愛是你的族群母語——你若是原住民，一定愛先會曉你的族語；你若是客家人，一定愛先會曉客家語；你若是Holo人，一定愛先會曉Holo語。我講會曉，就是會曉規个(整個)語言，會曉聽、講、讀、寫。按呢(如此)，你才會有你語族文化的自信，會tàng(可以)佮你的先民智識結合，閣有法度(辦法)發揮出你最好的潛能，就親像聯合國教科文組織(UNESCO)佇1951年呼籲，全世界的國家攏應該使用母語來教育in(他們的)的子弟按呢。若是母語完整學習好勢(好了)，用這个基礎閣來學第二語、第三語就攏無困難，因爲人類的語言其實是有共通的。語言學習愛佇10歲左右(crucial period)就開始，因爲根據語言學家的研究，若是佇人類天生具備的語言學習能力猶未喪失以前學習二、三个語言，攏是自然習得(aquire)，攏眞輕鬆著學會曉，袂成做負擔。當然，除了母語，你應該學習另外一个族群的語言，這个語言應該是你隔壁族群的語言，比如Holo人愛學客家語，若是花蓮應該學Amis(阿美語)。會曉其他族群的語言，就較會曉欣賞in的文化，較袂產生族群歧視的心理，族群之間較會和樂做夥，這是咱這个多語族國家的國民愛養成的文化素養。你自然會閣學英語、學華語，這就免我共你講矣。有三、四語能力當然是你的資產，而且一个語言就會開一个世界觀，按呢你看待代誌(事情)的角度、解決問題的方法就會加較濟(多)。

(二)文學方面

你應該自細漢(從小)就接受現代國民的現代語文教育，毋是文言文的崇古教育，所以到國中的時你應該就有受眞好的母語文學教育，無管詩、散文、小說、戲劇你攏有讀袂少，這攏是養成你做一个台灣人眞重要的人格養成教育。你嘛已經透過兒童文學、青少年文學的閱讀養成閱讀的習慣。無管坐捷運、坐高鐵你攏有閱讀的習慣；無管是透過母語翻譯抑是原文，你攏眞知影(知道)世界文學名著所帶予你的世界是開闊是美妙的。你若是愛文學創作著使用母語寫作，這是上界(最)適合的，因爲你的母語上會tàng表達你內心微妙的感覺。使用母語書寫，豐富咱台灣人的母語文學，眞有可能咱就會出現諾貝爾文學獎的得主，無定著(說不定)，彼个人就是你ooh！當然，咱早前使用日語、華語遮的(那些)殖民語書寫的台灣文學作品，你嘛攏愛佇高中進前著讀過，因爲這已經是咱台灣人共同記憶的一部分矣。

(三)文化方面

台灣是多文化做夥存在的海洋國家，咱有原住民文化、西方文化、日本文化、漢文化佇遮鬥陣，成做新閣獨特(unique)的文化。雖然是多文化拼盤出來的文化，但是攏看會著in的模樣，毋是「濫濫熔溶」做一个文化。無管按怎，你的族群文化應該是你的文化拼盤內底上明顯、上大塊的彼塊文化，毋thang(不能)予別个文化同化去。你若是會tàng予你的族群文化突顯出來成做你的記號，別人一認就認會出來，按呢才是標準的台灣人。欲按呢，你愛慣勢生活佇你家己族群的文化內底，毋thang看無起家己的族群文化，掠家己的文化做見笑，按呢就眞悲哀。

台灣人的人文旅路／曾貴海

30多年來經常去日本，以一個愛書人的角度來閱聽，日本給我最深的印象是地下鐵車廂內旅客的閱讀習性，擁擠的車廂內大多數旅客看著報紙、雜誌或書。台灣的捷運或火車廂只是把旅客一車廂一車廂載往目的地，結束暫時的旅途。日本地鐵穿過了一百多年的時光，載送了幾千億的人，也載送了幾千億的「讀本」。這些閱讀者和文本日以繼夜的共同形塑國民普通性的人文價值觀。

除了日本外，歐美許多國家的閱讀傳統更久更遠更廣泛，因此國民的文學與人文素養在經過長時間的培養，才

曾貴海

胸腔內科醫師。曾任台灣南社創社社長，現為台灣社副社長、鍾理和文教基金會董事長，並曾為《文學台灣》社長、台灣筆會會長。已出版《高雄詩抄》、《原鄉．夜合》、《孤鳥的旅程》、《浪濤上的島國》、《湖濱沉思》等詩集。曾經出版《戰後台灣反殖民與後殖民詩學》等文化評論及《被喚醒的河流》等環保生態的書寫。

能形成社會集體的穩定性的價值與知識力量。國民的閱讀習性牽涉到下列幾個環節：

1. 閱讀要成爲多數國民日常生活的習性。
2. 創作者文本(作品)能引發的讀者反應及回響。
3. 文學與社會文化間能產生活潑的連結關係。
4. 文學的閱讀所產生的社會價值能回饋創作者。
5. 提升國民買書藏書的風氣。

在日本殖民時期，台灣文學的火種在被統治者壓制的狀況下仍然充滿了野生的生命力，在這片土地上開出了許多燦爛的花朵。台灣的白話文學在日本統治時代因受到當時世界思想的影響，作家大都堅守寫實主義路線，產生了不少感人的作品，日治時代的文學作品依兩種意識形態發展對當時的時代產生聯結，一類作品是社會主義寫實風格的作品，如賴和、楊逵、呂赫若等人，是對殖民統治書寫抵抗心聲的文本；也有少數作家很早就接納了超現實主義和其他現代主義文學的影響，在詩的創作上表現出著重於藝術表現的作品。日本殖民時期的文學運動，大都與當時的社會文化運動者有強烈的連結，因此文本的特質是社會性強、批判和反抗精神也相當濃厚，這些作品奠定了日後台灣文學的發展與軸線。

中國國民黨統治台灣後實施了38年的嚴酷戒嚴，在戒嚴時期，吳濁流寫下了台灣文學極具代表性的文本《亞細亞的孤兒》和《台灣連翹》等作品，展開了台灣大河小說的先河，其後的鍾理和、鍾肇政、葉石濤、李喬和鄭清文等人，對台灣文學的建構開拓了更廣闊的視野，呈現了更豐美的內容。戰後的台灣現代詩在量與質上雖然沒有小說那麼豐富，但詩人堅持台灣主體的文學立場與創作，與小說可以說是相輔相成、互相輝映。

台灣文學在教育體系、市場上、網路上及書店都是冷僻的商品，這牽涉到整個台灣的社會歷史與文化環境。台灣文學發展的最大困境是國家機器透過教育體系及典範的作品的樹立，再加上學院內台灣文學系所遲至2003年才開始設立，因此台灣文學雖然充滿生命力，但在教育體系、意識形態的管控文化和市場，仍屬於一種「被壓制的知識」，這種知識只能夠透過地方性局部的政治社會力讓學生和人民接受，而大部分的台灣文學對多數台灣人而言是一種絕緣體，因此台灣文學是一種不被彰顯的文學，很少成爲國民價值觀、素養和智識的養分。更何況，台灣人普遍缺乏閱讀及買書的習慣，因此要培養台灣人成爲一個愛讀書又有素養的知識分子，必須在整個社會文化上更加平等多元、更加自由化，學院內研究台灣文學的質量也必須提升，台灣政治的主體性更要確定，才能逐漸提升文學對國民價值觀與素養的影響。

因此文學外部的因素，似乎比文學本身更具有決定性。外部關係包括政經社會及讀者的閱讀習慣；而內部關係更是與文本及作者有關。台灣作家對於文本創作的知識素養和信念是文學最根本的資產，因此作家的視野和關懷時代的敏銳性以及作品的藝術品質，往往決定文本的好壞或在作家中產生正面的影響。

台灣人成爲眞正的現代國民，才能將台灣建構成正常及富有文化生命的國家，因此在文學方面，我個人認爲下列幾點是本來應做的工作：

1. 使台灣文學的文本成爲教科書的選文。
2. 鼓勵台灣人在各地組織讀書會，選讀台灣文學文本及全世界其他國家的一流文本。
3. 地方政府應以台灣文學文本做爲學生課外延伸閱讀的文本，解放教科書的霸權文化。
4. 地方政府引用新任教師及公務人員時，應加強台灣文學知識。
5. 支持台灣文學館，並強化其推展功能。
6. 台灣作家必須結合媒體與視覺藝術，使文本能透過媒體的傳播激勵台灣人的閱讀興趣和質量。
7. 作家必須以創作爲人生的志業，寫出更多具有水準的文本，再透過文本從事台灣文學運動。

台灣人應從自己做起，廣泛的閱讀文學、哲學、藝術、政治、社會及歷史等書籍，一代一代的養成追求知識的積極習性。台灣人如果不具有整體性的思考，不想成爲一個有豐富知識的人民，不抵抗壓制台灣文學的政治及社會力量，台灣文學及文化很難成爲台灣的主體文學與文化。但是反過來說，如果多數台灣人對台灣文學、藝術與文化產生覺醒，再經過台灣文學、藝術和文化來提升全國國民的文化力量和主體思想，才是一種可行且堅實的路。

第三章
在藝術領域
【導讀】

蘇振明：台灣人的藝術文化觀
顏綠芬：從音樂中追尋台灣靈魂
陳郁秀：台灣藝術文化的核心價值
黃根深：認識「台灣美術」
林昶佐：把台灣的文化厚度轉爲個人的創作高度

「在文化領域」所談的文化多從民族的觀點探討文化的自主性，本章「在藝術領域」的討論因爲美術與音樂各是文化的一支，也因此會觸及文化，但本章談到的文化是藝術文化，是文化的藝術表現，與前述者略有不同。

一、為什麼需要了解與推廣台灣的藝術

大概不會有人懷疑我們應有藝術的素養，但是有人會問：在這全球化(Globalization)的聲浪中，爲什麼需要特別去了解、推廣台灣的藝術？這種疑問導之於二個原因：對全球化定義的誤解與對本土藝術重要性的忽視。

第一、全球化是因爲資訊與交通的發達，不同國家的人員、公司或政府增加接觸與聯繫，而這種聯繫多發生在國際貿易與投資方面；但它也有強力的反對聲音，指責它呑併地方性的企業。推動全球化的目的是要物盡其用、貨暢其流，而非尋求各國政治經濟或社會文化體制的一致。

試想，假若全世界的餐館只賣漢堡、全世界的音樂廳只演唱搖滾樂，或全世界的畫廊只展出山水畫，您大概不想上餐館、不想上音樂廳、不想上畫廊。我們在工作上追求一致性，但在生活中，我們需要多樣性。所以，爲迎合全球化而忽視藝術的地方特殊性是對全球化的誤解。

事實上，藝術的地方特殊性與全球化是可以兼容並蓄的。當藝術創作描述一個地方的人物、土地、感情、愛與恨，它必須透過某種觀點或某一時間點來闡釋，這“某種觀點”或“某一時間點”就反映出不同時代的思維，當然也可以反映出全球化的思維。

第二、我們要了解，推廣台灣的藝術並不只是要了解畫作或歌曲的美，而是要將我們的生活空間藝術化，以美化我們的生活環境，吸引高收入、有好素養的人住進社區，以藝術推動經濟發展。這裡所謂的藝術，當然是多元的，可包括當地的、台灣的以及國際的；但因本文的目的是在探討台灣國民應有的素養與智識，以助台灣邁向正常而安康的國家，我們要建立國民對台灣藝術的了解與信心，所以我們的討論會側重在“當地的”與“台灣的”藝術。

爲什麼推動生活空間藝術化需要推廣當地的、台灣的藝術？世界任何一個地方要居民生活得快樂、要吸引人們來旅遊或長住，必須要有其特色。這特色是當地政治、經濟、社會、文化的總體表現；美術與音樂是其中之一。誠如蘇振明教授在〈台灣人的藝術文化觀〉(2009)所說：「如果『台灣文化自覺意識』與『台灣國民美學』能夠被喚醒，每一位國民都會將消除環境髒亂、美化社區環境、維護國土生態平衡視爲不可逃避的居民責任；同時也會將保護文化資產、參與藝文展演、推廣本土藝術視爲文化公民的權力與義務加以捍衛，屆時台灣文化建國的理想將爲期不遠。」

顏綠芬教授在〈從音樂中追尋台灣靈魂〉(2009)一文中指出：「培養對台灣故鄉的愛與認同，人們才願意永遠在此工作、生活，才能爲這塊土地努力。……提升對故鄉的情感和認同，這需要從對台灣的生態、人文的特質認識起，繼而體會、感動而願意作一個永遠的台灣人。透過畫作、小說、歌謠、電影、舞蹈等，一方面認識體會台灣，一方面認識本土醞釀的優秀藝術家，既能學習藝術又能建立典範人物，堅定自己作一個有尊嚴台灣人的信心。」

二、台灣的藝術

在1987年解嚴之前，國民黨以中國文化掩蓋台灣文化，台灣國民看不到台灣的藝術。解嚴之後，台灣文化已形成精采的多元族群文化；台灣的布袋戲與歌仔戲更擠上國際藝術舞台。陳郁秀教授在〈台灣藝術文化的核心價值〉(2009)中指出：「……台灣擁有多樣地理生態環境；……台灣孕育出多元的族群歷史與文化，這些使得『鑽石台灣』發展出音樂、美術、文學、工藝、表演藝術、節慶、族群文化、建築、古蹟、生態、離島等多采多姿的文化藝術之美，並能夠以此豐富的台灣文化涵養與國際接軌、進行對話。」至於地方性的美，她說，我們要：「用走讀台灣的一步一腳印，挖掘、整理各縣市化DNA，讓各地學子在小學、國中階段就能熟悉在地的人文歷史、藝術、古蹟、產業，由熟知在地文化找到在整體台灣文化地圖當中的定位與自信。」

對這「整體台灣文化地圖」形塑的導向，蘇振明教授有如下的論述：「從歷史的角度來看，台灣土地長期有『被殖民經驗』和『基地性格』(潘繼道，2004)。由於被殖民經驗深入台灣住民意識，因此住民對於台灣島嶼的山川、生態、物產和人文景象，無法建立美感認同的自信心；也因爲台灣長期被定位爲反清復明、南進基地、反共抗俄等軍事基地性格，造成台灣島民無法自由的親近自己的家園，這種土地家園被迫成爲政治工具性用途，是造成國民環境美學冷感症的重要因素。……21世紀的台灣已經是一個具有政治實權的國家，當前國家發展的重大要務正如阮銘教授所說：台灣的未來要在寧靜革命的基礎上，轉向政治、經濟、文化、教育、科學、技術、自然與社會環境等全方面的寧靜建國(阮銘，2004)。基於上述理念，筆者認爲當前台灣的文化風格形塑與政策導向有四：從『殖民性文化』轉爲『自主性文化』、從『基地性文化』轉爲『家園性文化』、從『模仿性文化』轉爲『創意性文化』、從『菁英性文化』轉爲『全民性文化』。」他認爲台灣藝術應依上述的方向建基於台灣文化觀、台灣美學觀、台灣藝術觀與台灣價值觀。

三、台灣的美術

黃根深教授在〈認識「台灣美術」〉(2010)一文中指出：「『台灣美術』於1940年代已經形成。啓蒙者是日本人畫家……他們的教導、培養和鼓勵，幫助成長了『台灣美術』的誕生和長大。經過台灣年輕畫家的努力和創造，終於造成了一個獨特的台灣美術形象。這個『台灣美術』形象表現了當時鄉村單純的景象、誠樸的感情和熱情的彩色。『台灣美術』的代表畫家是：黃土水、倪蔣懷、陳澄波、李梅樹、李石樵、楊啓東、李澤藩、鄭世璠、葉火城、吳棟材、顏水龍、楊三郎、郭雪湖、郭柏川、廖繼春、林玉山、陳進、劉啓祥、洪瑞麟、陳慧坤、藍蔭鼎、張萬傳、陳德旺、張義雄。」

國民黨統治台灣之後，推動「大中國文化」政策、操縱媒體、鼓勵抽象畫運動。「中國人年輕畫家生於中國，身在台灣但心不在台灣，因沒有認同的意願產生了矛盾的心理，畫不下台灣的風景、畫不出以台灣為主題的畫，只有向抽象畫發展。1960年代，抽象畫風在台灣的美術界造成很大的風浪。所表現的美術形象、所推動的美術運動，模糊了台灣意識的意義、削弱了年輕人的台灣意識的建立。促使人民盲目的崇拜『國畫』和西洋畫，而忘記了

『台灣美術』。」

他認爲台灣人要尋回自信心、自尊心、榮譽心，必須認識台灣美術。「美術是感情表達的工具，美術品是感情表現的形象。美術是一面鏡子，看見『台灣美術』就是看見台灣，也就是看見了自己。台灣的風景是美麗的，環境是怡人的；台灣人民是善良的，社會是親切的。『台灣美術』是提高台灣意識的途徑之一，『台灣美術』能帶回台灣人的自信，我們每一位台灣人都要認識『台灣美術』。」

四、台灣的音樂

在音樂方面，顏綠芬教授指出：「我們有優秀的音樂家，他們也有國際水準的作品，但是大家很少認識，主要是長久以來，……社會普遍的崇洋，對自己人的藝術創作，未審先判、成見在先，認爲沒有傑出的藝術品。我們有必要推展國人的優秀作品，台灣音樂家寫的藝術音樂，管弦樂作品舉例：1. 江文也的交響詩《台灣舞曲》、2. 郭芝苑的交響組曲《回憶》、3. 馬水龍的《廖添丁》舞劇音樂、4. 蕭泰然的《1947序曲》、5. 金希文的《台灣》交響曲。管弦樂合唱曲舉例：1. 錢南章《馬蘭姑娘》、2. 柯芳隆《二二八安魂曲》。以上所舉的例子是深具台灣特質，且已經出版可以獲得影音資料者。台灣作曲家的傑出音樂當然不只上述列舉的，未來應再增加曲目。」

顏綠芬教授以其二十多年的音樂教學研究經驗選出20首歌謠，這些追尋台灣魂的曲子，其旋律優美易學、歌詞反映了台灣的歷史民情、社會變遷、人民感傷、懷念、幽默、快樂等情感。這些歌謠包含民謠、通俗歌曲(流行歌)，以及以詩爲歌詞具有藝術性之創作歌曲。(1至12，適合學童：13至20適合高中生以上者)

1. 《農村曲》：蘇桐／陳達儒(反映從前農村裡農民的刻苦耐勞)
2. 《搖嬰仔歌》：呂泉生(呈現為人父母在戰時憂心、疼愛小嬰兒的心境)
3. 《阮若打開心內的門窗》：呂泉生(台灣社會轉型、農村青年到都會區工作的苦悶和安慰)
4. 《一個姓布》：郭芝苑(急口令的幽默)
5. 《紅薔薇》：郭芝苑(文人的浪漫抒情)
6. 《點心擔》：蕭泰然(呈現台灣最為人津津樂道的小吃，充滿童趣和幽默)
7. 《美國西裝》：蕭泰然(利用同音字將愛賭博的台灣人調侃一下——大輸)
8. 《毋通嫌台灣》：蕭泰然(提醒那些羨慕拿外國護照的人們故鄉的美好)
9. 《螢火蟲》：張炫文(民謠風的可愛歌曲)
10. 《叫做台灣的搖籃》：張炫文(優美的歌詞和感人的旋律)

11. 《風吹》：張炫文(有如一幅畫般的輕巧歌曲)

12. 《伊是咱的寶貝》：陳明章(充滿關懷的抒情歌曲)

13. 民謠《六月茉莉》

14. 《望春風》：鄧雨賢

15. 《望你早歸》：楊三郎

16. 《福爾摩沙頌》：鄭智仁

17. 《台灣》：王明哲

18. 《永遠的故鄉》：蕭泰然

19. 《美麗的稻穗》：陸森寶(卑南族人的創作歌曲)

20. 《飛快車小姐》：呂泉生

顏綠芬教授認爲：「……一個台灣公民至少應能唱熟20首歌謠，說出5個作曲家、5首管弦樂的音樂名作。」

五、對台灣藝術的信心與追求台灣藝術的自主性

台灣的藝術不只在音樂方面有如上所述的成就，在美術、雕塑、表演藝術方面，也都能反映出人民對生活、對土地、對社會的感情。台灣的歷史命運有異於週遭的其他民族，很自然的在藝術上也表現出它的獨特性；台灣的藝術已經掙脫外來政權所加之的桎梏，而能自主的來闡釋台灣人民的感情與憧憬，爲台灣人民發聲。台灣國民對台灣藝術有了了解之後，必然的會對台灣藝術產生信心。對台

灣藝術有信心，才有助於本土藝術文化的傳承與創新。

對一個藝術創作者而言，他／她必須對自己國度的文化要有信心，才能有獨特的創作。重金屬樂團閃靈主唱Freddy(林昶佐)，在〈把台灣的文化厚度轉爲個人的創作高度〉(2009)一文中說：「台灣的文化厚度，提供了身爲台灣藝文工作者的我們有了在國際立足的高度。……十餘年前閃靈成立時，我決定要從最自然的台灣在地故事中找尋感動的元素，我相信，台灣有反對外來入侵的憤怒力量、也有在地文化的厚度，足以承載台灣青年做爲重金屬創作的土壤。……我們這個世代，除了承襲著這島國的文化，也正在開創、定位著台灣的文化，這是我們的優勢，也是我們的專利！」他指出藝術創作者應追求台灣藝術的自主性，台灣藝術絕非日本藝術、中國藝術或西方藝術的一支。

追求台灣藝術的自主性並不只是藝術創作者的責任，台灣國民在美化社區環境、維護國土生態、保護文化資產等活動中也應有追求台灣藝術自主性的思維，讓全世界的遊客一到台灣就能感受到台灣的、在地的、高雅的氣息，而且是舉世無雙的。台灣藝術自主性的表現將有助於台灣的旅遊業與經濟發展。

六、台灣國民對台灣藝術文化應有的認知

1. 對台灣藝術文化要有信心

台灣是個新興的民族，雖然歷史並不久遠，卻已形成

多元的族群文化，且創新的潛力澎湃洶湧；而藝術貴在創新。近幾十年來台灣社會安定、思想自由、對外接觸頻繁，有足夠的潛力建立國家品牌，活躍於世界舞台。

2. 追求台灣藝術的自主性

台灣社會演變有其獨特的歷史背景，有異於其他的社會，藝術家與一般國民應從台灣文化、台灣美學與台灣價值的觀點來創作、來了解台灣藝術、來美化生活空間；台灣藝術是多元的，其中有中國與日本文化的元素，但絕非中國或日本文化的一部分。

3. 追求台灣藝術的全民性

藝術或藝文活動不是少數菁英的特權或責任，全體國民應有藝術自覺意識。蘇振明教授建議四個實踐歷程：(1)自我生活與環境美感的自覺改造；(2)社區生活與公共環境的改造參與；(3)族群文化的維護與傳承的參與；(4)國家形象維護與公共文化活動的參與。

4. 要督促政府推動藝術文化教育與藝文活動

陳郁秀教授建議：(1)經由教育灌溉文化素養，建立一套適合學生由小到大有系統的教材；(2)將文化事業等同其他主流經濟產業一般重視，帶進同等重要的思考與發展模式；(3)發揮創意推動各種文化活動、獎勵國民參與，讓「文化藝術生活化，生活文化藝術化」。

延伸閱讀

如何去了解台灣的藝術文化呢？國立台灣文學館出版一本《閱讀台灣．人文100》，該書介紹經由一個16人書選委員會選出的，「最能提升國民素養與國家認同的100佳作。」這100本佳作分成四種文類：文學、歷史傳記、文化藝術、政經社會及其他；其中，文化藝術類的15本就陳列於下列的前半部。後半部(***後)的11本則是撰稿人所提供的。

《文化．台灣文化．新國家》，李喬，春暉，2001。
《台灣人的價值觀》，黃文雄，前衛，2000。
《廿世紀台灣代表性人物(二冊)》，林衡哲，望春風文化，2007。
《台灣文化論——主體性之建構》，莊萬壽，玉山社，2003。
《日據時代台灣美術運動史》，謝里法，藝術家，1998。
《畫說福爾摩沙》，施並錫，望春風文化，2000。
《風中緋櫻》，鄧相揚，玉山社，2000。
《台灣當代作曲家》，顏綠芬，玉山社，2006。
《台灣歌謠鄉土情》，孫德銘、莊永明，1994。
《台灣美術閱覽》，李欽賢，玉山社，1996。
《台灣福佬系民歌的淵源及發展》，簡上仁，自立晚報社，1991。
《台灣的世界級》，林昌修等，木馬文化，2005。
《看見十九世紀台灣——十四位西方旅行者的福爾摩沙故事》，費德廉著、羅效德譯，如果出版，2006。
《台灣建築史》，李乾朗，雄獅美術，1986。
《台灣原住民文化藝術》，劉其偉，雄獅美術，1997。

***

《台灣美術全集》(陳澄波／陳進／林玉山／廖繼春／李梅樹／顏水龍／楊三郎／李石樵／郭雪湖／郭柏川／劉啓祥／洪瑞麟／李澤藩／陳慧坤)，藝術家，1996。

《台灣樸素畫家》，蘇振明，常民文化事業股份有限公司，2000。
《台灣樸素藝術導論》，蘇振明，2008。
《台灣：藝術與文明》，英文版國家形象專書，國家文化總會，2007。
《走讀台灣》，台灣鄉土DNA系列叢書，國家文化總會，2006。
《看見台灣》，文化紀錄片全套10集，國家文化總會，2008。
《重塑台灣的心靈》，謝里法，自由時代出版社，1988。
《族群與文化發展會議·大會實錄》，陳其南，行政院文化建設委員會，2005。
《新活水雜誌》，台灣十大系列，國家文化總會，2007。
《劃破時空·看見台灣來時路》，國家文化總會，2008。
《Fountain》英文半年刊，國家文化總會，2006。

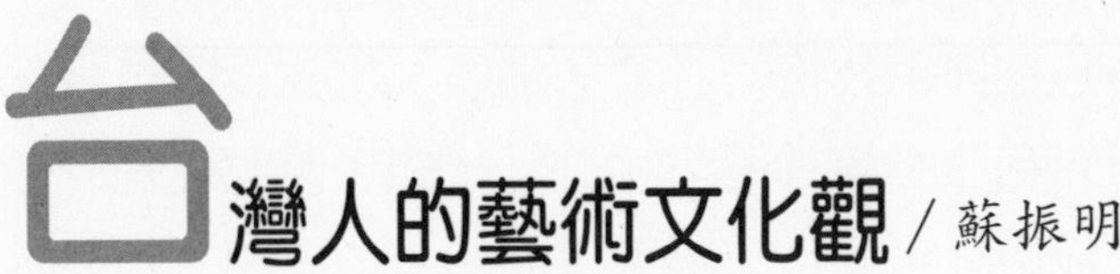

台灣人的藝術文化觀／蘇振明

一、當前台灣文化自覺與文化改造的課題

從歷史的角度來看，台灣土地長期有「被殖民經驗」和「基地性格」(潘繼道，2004)。由於被殖民經驗深入台灣住民意識，因此住民對於台灣島嶼的山川、生態、物產和人文景象，無法建立美感認同的自信心；也因爲台灣長期被定位爲反清復明、南進基地、反共抗俄等軍事基地性格，造成台灣島民無法自由的親近自己的家園，這種土地家園

蘇振明

國立台灣師範大學美術研究所師院班畢業。現任台北市立教育大學視覺藝術研究所教授，主授「台灣美術史」、「藝術鑑賞理論與實務」、「圖畫書欣賞與設計」、「環境美學與公共藝術」、「造形與表現／藝術治療所」等課程。曾兼任行政院農委會「田園之春」策劃主編、文建會、交通部公共藝術審議委員。著作：《兒童美術鑑賞教學的理論與實務》、《台灣樸素藝術導論》、《啟發孩子的美術潛能》、《台灣樸素藝術家群像》、《台灣兒童畫導賞》、《看農夫的畫》、《台灣俗語鹹酸甜》等。

被迫成爲政治工具性用途，是造成國民環境美學冷感症的重要因素。

如果政治是國家的軀殼，文化可視爲國家的靈魂；如果軍事國防是捍衛政權的必須，那麼文化建設則可視爲形塑國家認同意識的精神國防。21世紀的台灣已經是一個具有政治實權的國家，當前國家發展的重大要務，正如阮銘教授所說：台灣的未來要在寧靜革命的基礎上，轉向政治、經濟、文化、教育、科學、技術、自然與社會環境等全方面的寧靜建國(阮銘，2004)。

基於上述理念，筆者認爲當前台灣的文化風格形塑與政策導向有四：

1. 從「殖民性文化」轉爲「自主性文化」。
2. 從「基地性文化」轉爲「家園性文化」。
3. 從「模仿性文化」轉爲「創意性文化」。
4. 從「菁英性文化」轉爲「全民性文化」。

隨著資訊發達與商業需求的因素，台灣文化已具有追隨國際潮流的多元性與現代性，然而「自主性」、「全民性」的文化特質仍有待建立。

以視覺藝術而言，公立美術館可說是歐美前衛藝術當家，中國美術次之，台灣本土美術呈現點綴狀態；相對的大專美術課程中也有西洋美術史、中國美術史必修，台灣美術史多數學校未開，少數學校勉強列爲選修的「反文化自主性」現象。

從「殖民性文化」轉爲「自主性文化」可說是當前台灣文化形塑的首要課題，挑戰這項課題的有力觀點大可引用：「先認識自我，再認識他我，繼而認識群我的學習理論。」筆者深深期待我們應將杜正勝部長的構想——「從台灣看世界的同心圓文化理論」，好好的落實於全國各級學校教育，並引爲公民美學與全民美育的政策推廣理念。

二、台灣國民的文化基本素養與價值觀

隨著地球村時代的來臨，資訊網路縮短了人間的時空距離，「文化無國籍論」的主張，成爲e世代族群追尋國際潮流、抗拒文化主體意識的藉口；面對這股似是而非的文化迷思，筆者提出「科技要世界大同，藝術文化要世界大不同」的理念加以抗駁。並依文化觀、美學觀、藝術觀、價值觀四大面向加以論證如下：

1. 文化觀

(1) 台灣文化是台灣土地、人民、歷史、生活的社會集體記憶。

(2) 台灣文化不是中國文化的翻版，也不是殖民文化的醬缸，也不應是外來文化的實驗場。

(3) 台灣文化的建構，必須在多元中尋求主體性，在原民、移民與殖民文化體系中萃取適切與進步的

元素，形塑出具有創造性的海洋新興文化。

2. 美學觀

(1) 台灣的美學是台灣人對生活、文化、藝術的審美觀。

(2) 台灣人的美學觀不是中國貴族或文人美學的翻版，也不應是全球化資本主義消費美學的浪潮思維。

(3) 台灣人的美學觀建構必須考量族群性、文化性、地域性、經濟性等相關要素的尊重與自主原則。

3. 藝術觀

(1) 台灣的藝術是反映台灣族群、土地、歷史、生活內涵的文化資產。

(2) 台灣人的藝術觀不是中國宮廷後社會主義藝術觀的複製，也不應是歐美藝術列車的追隨者。

(3) 台灣人的藝術觀建構，必須結合台灣各族群的節慶、生活、產業與教育需求，期能讓台灣的音樂、美術、戲劇、舞蹈，轉型爲具有國民美育性與國際文化交流性的優質本土藝術。

4. 價值觀

(1) 台灣價值觀是反映台灣人對自我生命意義、社會公共事務的抉擇與價值判斷。

(2) 台灣人的價值觀不應是中國統治階級的霸權思維，也不應該是歐美資本主義的消費價值觀。

(3) 台灣人的價值觀建構必須植基於人道、正義、自由、平等、尊重的普世價值考量。

三、結語

「自覺」是影響生命成長極重要的精神內趨力，這股內趨力讓停滯的生命經由頓悟→自決→自動的成長歷程展現了生機。

被壓在牆角石頭下的玫瑰需要有迎向太陽的自覺意識，才會有「壓不扁的玫瑰」的讚譽；「被殖民」的弱勢國家人民需要有「反殖民、當主人」的自覺意識，國家才能展現獨立建國的集體光彩。

極被期待的台灣人「文化自覺意識」其實踐歷程有四：(1)自我生活與環境美感的自覺改造；(2)社區生活與公共環境的改造參與；(3)族群文化的維護與傳承；(4)國家形象維護與公共文化活動的參與。

如果「台灣文化自覺意識」與「台灣國民美學」能夠被喚醒，每一位國民都會將維護國土生態平衡、消除環境髒亂、美化社區環境視為不可逃避的居民責任；同時也會將保護文化資產、參與藝文展演、推廣本土藝術視為文化公民的權力與義務加以捍衛，屆時台灣文化建國的理想將為期不遠。

從音樂中追尋台灣靈魂／顏綠芬

培養對台灣故鄉的愛與認同，人們才願意永遠在此工作、生活，才能為這塊土地努力。而前提是，台灣人如何提升對故鄉的情感和認同，這需要從對台灣的生態、人文的特質認識起，繼而體會、感動而願意作一個永遠的台灣人。透過畫作、小說、歌謠、電影、舞蹈等，一方面認識體會台灣，一方面認識本土醞釀的優秀藝術家，既能學習藝術又能建立典範人物，堅定自己作一個有尊嚴台灣人的信心。

顏綠芬

德國柏林自由大學博士，先後主修歷史音樂學、民族音樂學。現任國立台北藝術大學音樂系暨音樂學研究所教授，曾擔任該校音樂系系主任、教務長、校務研究發展中心主任、師資培育中心主任等。亦曾擔任金曲獎、金鼎獎評審、高中音樂課本審定委員會主委、教育部大學評鑑委員等。研究領域：二十世紀音樂、台灣音樂史、歌仔戲音樂、音樂評論、音樂學的理論與方法等。著有《音樂欣賞》、《音樂評論》、《台灣的音樂》、《台灣當代作曲家》（主編）、《台灣的真情樂章——郭芝苑》、《台灣音樂百科辭書》當代篇主編等。

對普羅大眾而言，需以淺顯的文字、故事、歌謠引導，忌諱用大道理、專業知識。在音樂方面，一個台灣公民至少應能唱熟20首歌謠，說出5個作曲家、5首管弦樂的音樂名作。過去的教育中雖然我們也學習了很多好聽的歌曲，但多半是世界名曲、中文藝術歌曲或英文歌，比較能反映社會民情的是流行歌，卻又參差不齊，必須精選一些能從中追尋台灣魂的曲子，其旋律需優美易學、歌詞反映了歷史民情、社會轉變、人民情感(感傷、懷念、幽默、快樂……)等。筆者二十多年來的教學研究選出了約20首提供參考，包含民謠、通俗歌曲(流行歌)，以及以詩爲歌詞、稍具藝術性之創作歌曲，列舉如下：

(一)民謠、通俗歌曲，適合學童的

1. 蘇桐／陳達儒：《農村曲》(反映從前農村裡農民的刻苦耐勞)
2. 呂泉生：《搖嬰仔歌》(呈現為人父母在戰時憂心、疼愛小嬰兒的心境)
3. ──：《阮若打開心內的門窗》(台灣社會轉型、農村青年到都會區工作的苦悶和安慰)
4. 郭芝苑：《一個姓布》(急口令的幽默)
5. ──：《紅薔薇》(文人的浪漫抒情)
6. 蕭泰然：《點心擔》(呈現台灣最為人津津樂道的小吃，充滿童趣和幽默)

7. ——：《美國西裝》(利用同音字將愛賭博的台灣人調侃一下——大輸)

8. ——：《毋通嫌台灣》(提醒那些羨慕拿外國護照的人們故鄉的美好)

9. 張炫文：《螢火蟲》(民謠風的可愛歌曲)

10. ——：《叫做台灣的搖籃》(優美的歌詞和感人的旋律)

11. ——：《風吹》(有如一幅畫般的輕巧歌曲)

12. 陳明章：《伊是咱的寶貝》(充滿關懷的抒情歌曲)

(二)適合高中18歲以上者

13. 民謠《六月茉莉》

14. 鄧雨賢：《望春風》

15. 楊三郎：《望你早歸》

16. 鄭智仁：《福爾摩沙頌》

17. 王明哲：《台灣》

18. 蕭泰然：《永遠的故鄉》

19. 陸森寶：《美麗的稻穗》(卑南族人的創作歌曲)

20. 呂泉生：《飛快車小姐》

以上列舉的歌曲都是已經受到大眾喜愛、音樂家肯定的優美作品，而歌詞的內容有的幽默逗趣、有的激勵向上、有的呈現故鄉風情，如果每位台灣人民都能唱熟這些歌曲，定能增加對故鄉的了解、喜愛和感情。

我們有優秀的音樂家，他們也有國際水準的作品，但是大家很少認識，主要是長久以來位居高位的政府官員、學術界領袖多半是留學西洋的，造成社會普遍的崇洋，對自己人的藝術創作未審先判、成見在先，認爲沒有傑出的藝術品。我們有必要推展國人的優秀作品，台灣音樂家寫的藝術音樂、管弦樂作品舉例：

1. 江文也的交響詩《台灣舞曲》。
2. 郭芝苑的交響組曲《回憶》。
3. 馬水龍的《廖添丁》舞劇音樂。
4. 蕭泰然的《1947序曲》。
5. 金希文的《台灣》交響曲。

管弦樂合唱曲舉例：

1. 錢南章《馬蘭姑娘》。
2. 柯芳隆《二二八安魂曲》。

以上所舉的例子是深具台灣特質，且已經出版可以獲得影音資料者。台灣作曲家的傑出音樂當然不只上述列舉的，未來應再增加曲目。

國家文藝獎近十年來表揚了藝術界的傑出表現者，並爲他們拍攝每人20-25分鐘的短片DVD標題「文化容顏」，每年發行一片。筆者要推薦《文化容顏》讓民眾透過影片認識台灣藝術界的傑出工作者，其得獎者包括文學家、音樂家、戲劇家、導演、舞蹈家、民俗藝人等等，例如鍾肇政、葉石濤、李喬、馬水龍、許王、侯孝賢、林懷民、柯錫杰、郭芝苑、錢南章、賴聲川等等。透過人物的認識也認識了台灣文化：那是多元的、包容性的、廣博的，吸納來自各方元素的。

德國人透過研究、教育、推廣，讓人民閱聽康德、歌德、貝多芬……，並以擁有傑出的先賢爲榮；台灣也有非常值得學習的傑出先人、優秀的藝術文學作品，透過藝術認識故鄉、自我追尋，終能發現台灣是永遠的故鄉。

台灣藝術文化的核心價值

/陳郁秀

(一)為什麼要學習台灣文化

英國人類學泰斗泰勒(E. Tylor, 1832-1917)認為，文化是一切知識、宗教、藝術、法律、道德、風俗，以及做為某個社會成員所具有的稟性和習慣在內的總和。這個觀點，揭示出文化內涵的獨特性與地理性，更重要的是，文化積累的延續與傳承，如何與孕育文化土壤之上的人以及其對待和經營的態度，是何等事關重大。

陳郁秀

法國國立巴黎音樂院鋼琴(prix de piano)及室內樂(prix de musique de chambte)第一獎畢業。現任國家戲劇院暨國家音樂廳董事長、國立台灣師範大學音樂系兼任教授、財團法人白鷺鷥文教基金會董事長。曾任國家文化總會秘書長、外交部(文化事務)無任所大使(無固定駐所的高級外交官)、總統府國策顧問、行政院文化建設委員會主任委員、國立台灣師範大學藝術學院院長、音樂研究所所長、音樂學系系主任、中華民國音樂教育學會理事長。獲「法國國家功勳騎士勳章」(1996)、「台北文化獎章」(1998)，受聘「英國皇家音樂學院榮譽諮詢」(2000)。

台灣文化自1987年解嚴之後，即將蘊含於民間的生猛力量全面發揮，由長久以來獨尊中原文化的一元現象轉為多元面貌。逐漸被台灣歷史學家及文史工作者挖掘與研究的各種史料一一浮現，追溯到大約3萬年前舊石器時代文化，一脈相承至400年前近代史以降，精采的多元族群文化就和台灣令人驚豔的地質與生態環境一樣，令吾人珍惜而自豪。豐富的文化資產內涵，是台灣面對全球化潮流時建立國家品牌最美麗的籌碼，如能善加運用並發展其無可取代的價值，將能夠對內提升文化美學，對外活躍於世界舞台。

文化是一個國家的國格內涵，邁向21世紀的台灣，空有豐富美好的文化資產、擁有排名世界前20大的經濟實力、培育出無數優秀的高科技人才，然而國人對於台灣文化的了解與認同卻非常匱乏，至今仍有不少年輕學子懷疑「台灣有文化嗎」？許多民眾包括社經地位甚高的知識分子遇到外國人士，也經常不知道該如何介紹對方感興趣的台灣文化。台灣人對於本身文化珍寶的視而不見，以及文化主體性的混淆和錯亂，成因於過往歷史及政治上的糾結，因此必須在解嚴後的民主進步歷程中，在台灣文化多元發展所建構的基礎上，積極讓更多人認識、了解、欣賞、珍惜。

(二)國民應該確立的核心價值

1. 國際的

以地球村時代的宏觀格局對照台灣的國家文化，讓

「精緻台灣」成爲一種人人熟用的國際溝通護照，也是一種在國際間形塑國格的優秀文化品牌。

2. 台灣的

壓縮的空間下，台灣擁有多樣地理生態環境；壓縮的時間下，台灣孕育出多元的族群歷史與文化。這些使得「鑽石台灣」發展出音樂、美術、文學、工藝、表演藝術、節慶、族群文化、建築、古蹟、生態、離島等多采多姿的文化藝術之美，並能夠以此豐富的台灣文化涵養與國際接軌、進行對話。

3. 鄉土的

心之所在，就是故鄉；繁花盛開，落地生根。用「走讀台灣」的一步一腳印，挖掘、整理各縣市化DNA，讓各地學子在小學、國中階段就能熟悉在地的人文歷史、藝術、古蹟、產業，由熟知在地文化找到在整體台灣文化地圖當中的定位與自信。

(三)呼籲政府應有的對策與做法

一切由教育做起，在價值取向與觀念上扎根、灌溉文化素養。台灣正規教育體制內的藝術相關科系院所學生人數近年略有增加，對於系務或校務經營也日漸進步，然而一般學校對於文化價值和台灣文化如何加強帶入，做法必須更爲積極，且建立一套適合學生由小到大有系統的教材；同時，教學者的修養與熱情也非常重要，在師資上，不妨借重各種文化藝術領域中的佼佼者或國家級藝師，與莘莘學子面對面進行互動與傳承。

將文化事業等同其他主流經濟產業一般重視，帶進同等重要的思考與發展模式，並且在質與量方面研擬出客觀數據及發展指標。文化事務涉及精神與物質層面，影響國人生活及素質深遠，應該儘快將相關事權統一，讓文建會成爲中央重要甚至是首席部會，如同經建會一般，眞正成爲「委員會」制的運作決策模式，以國家制高點定位文化建設的戰略價值，擬訂可長可久的重大政策，將全國文化經費提高至300億元以上，並且調整「經常門(經常性的、消耗性支出)不得超過資本門(不動產、大型預算的支出)二分之一」的不合理編列限制。政府當以20世紀七〇年代致力發展資訊科技產業的模式來推動文化建設，努力建構完整的產業鏈，制訂稅賦優惠等積極誘因讓更多人投入，才能使台灣由「科技國」變身爲「文化國」。

積極提供國民近身文化藝術之經驗，鼓勵民眾從生活中貼近並享受文化。近年來台灣家庭娛樂教育和文化服務支出比例，隨國民所得增加注意到精神文化方面的需求而增加了一成以上，企業贊助挹注文化團體與相關活動的意願也略有提升，政府應掌握機會，發揮創意推展各種型態的文化活動，多多獎勵國民參與，營造生活美學，讓「文化藝術生活化，生活文化藝術化」。

認識「台灣美術」／黃根深

(一)台灣有「台灣美術」

「台灣美術」於1940年代已經形成，啓蒙者是日本人畫家：石川欽一郎、鄉原古統和塩月桃甫。因爲對台灣的氣候和風景的欣賞，應聘來台灣師範學校和中學擔任美術老師。他們的教導、培養和鼓勵，幫助成長了「台灣美術」的誕生和長大。經過台灣年輕畫家的努力和創造，終於造成了一個獨特的台灣美術形象。這個「台灣美術」形象表

黃根深

台北萬華人，師範大學藝術系學士，Iowa 大學文學碩士和藝術碩士，1973年起 2004年止在 University of Memphis Art Department, Tennessee 任教，作品在美國展出包括：個人、審評、團體展共有130次，公家的永久收藏有：Tennessee State Museum 和 Masur Museum of Art, LA 等。台灣人社團的Logo設計包括：FAPA、人權會、世台會、全美會、台灣基金會、環保會等等，曾任北美洲台灣人權會會長，著作有《台灣人權協會1970–1990年代的故事》。

現了當時鄉村單純的景象、誠樸的感情和熱情的彩色。

「台灣美術」的代表畫家是：黃土水、倪蔣懷、陳澄波、李梅樹、李石樵、楊啓東、李澤藩、鄭世璠、葉火城、吳棟材、顏水龍、楊三郎、郭雪湖、郭柏川、廖繼春、林玉山、陳進、劉啓祥、洪瑞麟、陳慧坤、藍蔭鼎、張萬傳、陳德旺、張義雄 。

(二)「台灣美術」受壓迫

近幾十年來，台灣人民包括中年的美術家不知道台灣自己有「台灣美術」的存在。原因是：

1. 利用教育實施「大中國文化」政策

政府宣稱：中國水墨畫為「國畫」或「中國畫」。「國畫」——國家的畫，是多麼高尚和文雅。所有國家機關和公共場所，都要掛「國畫」以達到教育和洗腦大眾人民的效用。同時，貶低台灣風景畫——一個落後地區的風景畫，是多麼粗俗的東西。

2. 鼓勵中國人年輕畫家的抽象畫運動

中國人年輕畫家生於中國，身在台灣但心不在台灣，因沒有認同的意願產生了矛盾的心理，畫不下台灣的風景，畫不出以台灣為主題的畫，只有向抽象畫發展。1960年代，抽象畫風在台灣的美術界造成很大的風浪。所表現的美術形象，所推動的美術運動模糊了台灣意識的意義，削弱了年輕人的台灣意識的建立。促使人民盲目的崇拜「國畫」和西洋畫，而忘記了「台灣美術」。

3. 媒體的偏袒

中國人所控制的媒體，有中國就捧，有台灣就貶。把中國人畫家的願景和創造讚美無止。中國人的「五月畫會」和「東方畫會」是多麼先進；台灣人的「臺陽美術協會」和「今日畫會」是多麼的落伍等等。媒體充當了打手的角色，在心戰上，有功有果；在整個社會上，幾乎完全控制住台灣人民的思想和感情。

4. 統治者的傲慢

中國人的畫展准許在國立歷史博物館內的國家畫廊展出，台灣人畫會大都只能在私人商業的樓上會議室中展出；高官如教育部長替中國人畫展開幕式剪綵，台灣人的畫展政府高官很少露面。

中國人統治者的心態、政治的因素、政府的政策、媒體所造成的氣候、台灣人恐慌、無力和無能……，「台灣美術」漸漸的被遺忘。

(三)認識「台灣美術」是必要的

一百多年來，台灣人民在日本人和中國人的統治下，台灣失去了自信心、自尊心和榮譽心。台灣人民的心理建設是目前要面對的重要問題和需要解決的難題。尋回這三個心必須首先了解：我是誰(Who am I?)和我來自何方(Where Did I Come From?)

美術是感情表達的工具，美術品是感情表現的形象。美術是一面鏡子，看見「台灣美術」就是看見台灣，也就是看見了自己。台灣的風景是美麗的，環境是怡人的；台灣人民是善良的，社會是親切的。「台灣美術」是提高台灣意識的途徑之一，「台灣美術」能帶回台灣人的自信，我們每一位台灣人都要認識「台灣美術」。

把台灣的文化厚度轉為個人的創作高度／林昶佐

(一)台灣的文化厚度提供了在國際立足的高度

台灣歷史、傳說與神話，是國際媒體訪問閃靈時一定會問到的題目，而樂評在評論閃靈時，也多將閃靈音樂裡面的東方五聲音階、台灣小調特別提出來。媒體與樂評對這些主題的討論幾年來都還未見疲乏，而我相信，未來也不會有停止的時候。

台灣的文化厚度，提供了身爲台灣藝文工作者的我們有了在國際立足的高度。

林昶佐

1976年出生於台灣台北市，為閃靈樂團主唱，台灣的音樂創作者，也是音樂策展人。長期關注公共議題並參與社會運動，於2008年2月創立「台灣青年逆轉本部」至今，積極投入捍衛弱勢人權、社會正義、環境保護等社會運動，透過實際的行動號召台灣青年關注公共事務，為人權、民主發聲，Freddy目前為「台灣青年逆轉本部」會長。

北歐重金屬樂團的創作中，有一種憤怒來自於反對基督教入侵，有一種動力來自於投入北歐在地信仰與文化的復興，這讓他們在國際的搖滾版圖有了一席之地，也讓許多其他國家的樂團開始模仿著他們反基督、撒旦等的創作內容，包括台灣樂團在內。

十餘年前閃靈成立時，我決定要從最自然的台灣在地故事中找尋感動的元素，我相信，台灣有反對外來入侵的憤怒力量、也有在地文化的厚度，足以承載台灣青年做爲重金屬創作的土壤。就這樣，閃靈至今發行的五張專輯，從台灣祖先渡海來台、原住民神話、台灣厲鬼林投姐傳說、賽德克族霧社事件寫到了二二八事件與地獄輪迴，「台灣」成爲我們在國際間的重量。

(二)强大的封建政治勢力抗拒著在地價值

四、五年前，曾有一位德國樂評在他一篇評論閃靈的文章中寫到，雖然閃靈的音樂讓台灣的特色在國際搖滾界被彰顯出來，但卻沒有看到一股「台灣重金屬」的勢力崛起，這讓他相當不解。通常，當具備某國特色的樂團出現時，會接連出現具備相同特色的該國樂團，形塑一種鮮明的音樂風格。例如瑞典旋律死亡重金屬風格、德國的工業金屬風格、英國重金屬新浪潮風格等等，都是由許多該國的樂團揭起的風潮。這位德國樂評感到不解，但身爲台灣人，我們其實都有答案。

幾百年來，台灣人歷經荷蘭、西班牙、日本、中國的外來統治，在地文化受到嚴重的打壓。來到廿一世紀的現在，台灣對內仍有強大的封建政治勢力抗拒著在地價值，對外又受到中國的磁吸效應導致台灣邊緣化。不只是許多搖滾樂團不敢正面接受並融合在地文化、展現台灣特色，在各種文化藝術創作領域都有類似的問題。甚至台灣許多族群的母語正在消逝，許多在地的故事一點一滴被遺忘，這些我們最珍貴的創作泉源正在流失。當它們完全消失時，我們台灣人活在世界上的價值也消失了。

(三)感受自己成長的文化脈絡

當然，藝術創作的核心動力在於抒發情感，而不是高掛道德大旗，要去挽救什麼瀕臨滅絕的文化遺產。我要強調的重點是，當一個人真正面對自己的家庭、族群、社會與國家，感受自己成長的文化脈絡之後，會發現他的內心除了裝有個人的喜怒哀樂以外，還有千百倍的情感要抒發，有更多的靈感將不斷湧現，而這些都早就深植在每個人的細胞中！

廿世紀最廣為流傳的奇幻文學作品——《魔戒》，其作者托爾金(John Ronald Reuel Tolkien)長期研究母語、熱愛歷史，創作《魔戒》的過程也是創作了屬於英格蘭民族的神話。可以這樣說，因為有英格蘭的靈魂而讓托爾金的作品有了重量，同樣的，台灣的靈魂就在每個台灣人的身上。

從事創作的台灣藝文工作者，如果能試著找到這塊土地給你的天賦，那麼它將讓你得以在世界地圖上找到自己的獨特位置，人人都得以將台灣的文化厚度轉爲個人創作的高度。

(四)承襲這島國的文化，開創台灣的文化

如同十九世紀的歐洲各國民族自決的過程，締造了多元豐沛的民族樂派特色，台灣經過幾百年後，現在終於漸漸脫離外來政權的統治，「台灣人」也如同經過自覺一般，形象漸漸鮮明。我們這個世代，除了承襲著這島國的文化，也正在開創、定位著台灣的文化，這是我們的優勢，也是我們的專利！

第四章
在人文領域
【導讀】

李應元：教養的力量
高俊明：理想的台灣國民
趙天儀：做一個現代公民
鄭兒玉：欲「新而獨立的國家」？先克服大中華意識

一、何謂人文素養？

有人詮釋人文素養：「是對人類生存意義和價值的關懷。」在本文中，我們將它定義爲：是做爲一個人的素質、是一種教養。這包含一個人的爲人處世與對群體生活所須的眞理、正義、公益的關懷與尊重。

行政院前秘書長李應元博士在〈教養的力量〉(2009)一文中如此闡釋：「教養是什麼？是談吐、是舉止、是自制、是自律、是同理心、是……，對人的尊重產生教養，教養是一種道德行爲上的自治，推向最高的層次就是『人性尊嚴』。……它的基本概念是尊重個別價值的同時也著重人的社會責任。我們在台灣提倡人民自決、環保永續、弱勢優先、社區主義、文化多元，也都是人性尊嚴下面的概念。」而個人教養的長期累積與廣泛的遵行，就形塑成一種風氣、一種文化而形成一種民族性。

二、偉大的國家的願景

既然人文素養是一種教養，是對群體生活所應遵循的眞理、正義、公益的關懷與尊重，那麼我們應該要了解當今台灣這個國家、這個社會的願景，以及這個國家對個別國民的期待。高俊明牧師在〈理想的台灣國民〉(2009)一文中認爲一個偉大的國家應是：

1. **民主、自由、法治的國家**：國家的主人是人民，不是政府，也不是總統。人民有充分的言論自由、宗教自由、聚會自由、思想自由等。法院要公正、公平、公義；在法律之前人人平等。
2. **均富的國家**：貧富的差距很小。病人、殘障、失業者、窮人、老人等都有各種福利來支助。男女、老幼、族群都平等。
3. **「真、善、美」的國家**：充滿著愛、眞理的熱情。善待眾人與生物。保護、美化大自然與生態環境來造福人類與萬物。
4. **「信、望、愛」的國家**：政府與人民彼此相信、相愛。共同合作來建設更善良、更美麗、更光明、更偉大的國家。並且全國人民都有建設互助共榮的「地球村」的熱望。
5. **關愛世界全人類**：台灣國，不僅要熱愛台灣國民，也要竭力愛全人類而貢獻於世界的正義、和平與人類的得救以及幸福。台灣國也要與全世界一百九十多國建立姊妹關係，並加入聯合國與世界各種國際組織來共同致力於人類在各方面的向上與進步。

三、台灣國民應有的素養

相信上面所揭示的願景應可爲多數國民所接受。爲了建立這種國度，綜合高俊明牧師、趙天儀教授(在〈做一個現代公民〉(2009)一文中)和鄭兒玉牧師(在〈欲「新而獨立的國家」？先克服大中華意識〉(2009)一文中)所提供的看法，擬出下列台灣國民應有的素養讓我們思考。

- 我們要做一個有創造力與競爭力的人！要做一個有能力跟紐約居民、東京居民、巴黎居民、柏林居民、莫斯科居民、北京居民及全世界任何地方的居民做激烈競爭的人。
- 我們不但要有微觀的知識，也要有宏觀的常識！我們不但要追求自己的專業的知識，也要追求自己一生志業的智慧。
- 我們要做一個品德優秀的人，認眞培養誠實、正直、清廉、恨不義之財的品德，唾棄滿口仁義道德，骨子裏卻是假仁假義的背德者；我們要做一個有責任感、守約、守法、可靠的、認眞敬業、認眞建設美滿家庭、認眞促進使命的人。

- 我們要做一個有正義感，行公義、好憐憫、有眞假對錯、有道德價值判斷力、有是非觀念的人！也就是說，要有獨立思考能力、不受惑、不貪圖不義之財而損及社會公益。
- 我們要有人權觀念、要有民主自由的素養、要有宗教情操，但不要有宗教的迷信，更不要有霸權的迷思。要做一個自由人，而不出賣我們的良知、自由與民主。
- 我們要有科學知識、有科學方法、有科學(知識)精神，用現代科學方法治學，而不做方法盲目、學習效率欠佳的人。也就是說要做一個頭腦清楚，爲人做事條理清晰的人。
- 我們要做一個語言能力多元的人，我們要雙語教育，華語與台語、華語與客語、華語與原住民語言，彼此互相尊重、彼此互相學習，成爲一個語言多元的人。甚至學習外國語言多元，如英語、日語、韓語、德語、法語、俄語等等。使國民學習語言正常化。
- 我們要能以母語思考書寫，並應了解語言的功能除了溝通之外，亦是少數民族文化傳承的要件。
- 我們要做一個文學的愛好者，尤其是台灣文學的愛好者。世界文學名著固然要多欣賞，而欣賞台灣的文學、台灣的好詩、台灣的優秀小說也是非常重要的。

- 我們要做一個藝術的愛好者，要有藝術觀、有文化觀、有美學觀，要培養好的品味。也要能欣賞台灣的美術、台灣的音樂、台灣的戲劇、台灣的電影、台灣的民間文學與藝術。
- 我們應了解台灣的史地與文化，也應理解世界各國的建國理念與經驗。

四、結語

我們要培養成一個有創造力與競爭力、有微觀的知識與宏觀的常識、有優秀品德、有正義感、有人權民主的素養、有科學的精神、有多元的語言能力、能以母語思考書寫、有文學素養、有藝術素養、有世界觀的現代公民。我們切望家庭教育、學校教育、社會教育與傳播媒體能負起啓蒙與教育的功能，來培育台灣國民的素養。

延伸閱讀

《台灣國家安全》，楊基銓主編，國際文化基金會企劃，前衛，1998。

《台灣翠青：基督信仰與台灣民主運動詩歌》，台北：望春風，2002初版／再版。

〈我有母語，故我自主〉，《台語文運動訪談暨史料彙編》，台北：國史館，2008。

《希望有一天：充滿喜樂的台灣》，林義雄，玉山社，1995。
《為台灣祈禱》，羅榮光，望春風，2001。
《影響台灣50人》，白文進，圓神，2002。
《撼動台灣50事》，白文進，圓神，2002。
《邁向尊嚴之路：台灣主體性文集》，徐福棟等，台灣主體性聯盟，2002。

教養的力量／李應元

二〇〇四年總統大選，在一場辯論會中，黃崑巖教授問了兩位總統候選人對「教養」的定義，「教養」首度被公開討論。二〇〇八年底，周美青女士也爲文談教養。二〇〇九年三月八日，在台北誠品書店的一場對談，中國旅美畫家陳丹青指出：「中國消失的教養在台灣找到。」教養逐漸流失，才會被拿出來談，台灣要邁向正常而安康的國家，我想先談談教養。

李應元

1953年出生於雲林崙背。台中一中、台大公衛、哈佛醫管碩士、北卡醫療經濟學博士。第三、四屆立法委員、駐美副代表、行政院秘書長、勞委會主委、民進黨秘書長、雲林縣副縣長。列海外黑名單8年，翻牆回台遭通緝14個月後被捕，坐牢9個月，出獄後擔任一台一中運動總幹事，2004年策劃「228百萬人牽手護台灣」運動，凝聚台灣人有史以來最深的感動。

(一)教養是什麼？

教養是什麼？是談吐、是舉止、是自制、是自律、是同理心、是……，因為教養面貌多樣，難以定義，黃教授以英國詩人的一首詩形容他：who has seen the wind? neither I nor you, but when the leaves hang trembling, the wind is passing thro'! 黃教授形容「教養像一陣風」，非常有哲理。

打從嬰兒牙牙學語開始，最先接觸的是父母的身教與家教。舉凡吃飯端碗不出聲、坐臥立行合宜有度、打噴嚏打呵欠要摀嘴輕聲、公共場所不喧譁……，這些是人與人間的禮節，是家庭教育與學校教育的基本課題。禮貌的規範很多，簡單的說就是：「己所不欲，勿施於人；己所欲，施於人。」例如，我們討厭遲到的人，就要守時；我們喜歡令人愉悅的事，就要發揮幽默感。

人若和機器或電腦相處，不需要考慮機器與電腦的感受，因為機器與電腦不會思考，也不會表達喜怒哀樂等情感。惟人不是孤立的個體，人與人間每天都有頻繁的連結接觸，就需要關心他人的感受。教養就是因互動而存在。現在科技發達，網路無遠弗屆，接觸溝通媒介變多了，但互動的主體還是人，本質並未改變，基本的原則如禮貌仍然適用。舉例來說，曾有某網路公司員工於上班時間在MSN用辛辣的文字批評公司的工作守則，員工的做法一來時間不對，二來方式不對，不是自制自律的表現。

(二)個人教養與文化

個人教養的長期累積就形塑一種風氣、一種文化、一種民族性。老一輩的台灣人對日治時期有一種沉重的想望；年輕一代的台灣人則迷戀日本的流行文化。多數台灣人喜好到日本觀光。提到日本，我們正面的形容多是：日本環境清淨整齊、日本人民謙和有禮、日本人工作態度嚴謹專注、日本商品重視美感行銷、日本產品是品質保證。日本家庭重視禮儀、整潔與紀律等家教，社會風行草偃，教養早已內化形成一種日式風格，而什麼是台式風格呢？我們希望塑造什麼樣的文化呢？

(三)尊重個別價值也著重人的社會責任

對人的尊重產生教養，教養是一種道德行爲上的自治，推向最高的層次就是「人性尊嚴」。人性尊嚴從德國引進台灣後，迭受大法官引用，它的基本概念是尊重個別價值的同時也著重人的社會責任。我們在台灣提倡人民自決、環保永續、弱勢優先、社區主義、文化多元……，也都是人性尊嚴下面的概念。

公投是人民自決的方式之一，台灣視公投爲洪水猛獸，「鳥籠公投法」是部分人士傲慢與心虛下的產物，亟待修法讓公投權利眞正回歸人民。隨著氣候變遷能源耗竭，如何兼顧開發與永續逐漸受到重視，得繼續努力。建構完善的社福制度，尤其是因應人口老化的制度設計刻不容緩。台灣在九〇年代中期提出社區總體營造政策，社區主義逐漸形成，從此由下而上的自主性與社區意識逐漸生根，還待深耕。台灣歷經異族統治、通婚與遷徙，發展出多元文化，式微的文化要振興，也要塑造優質的文化內涵。

最後舉一個小小的例子做爲總結。在台灣，機車總數約一千多萬輛，平均約二人有一輛機車。機車騎上人行道或停在騎樓擋住出入通道民眾已習以爲常，無力改變。如果機車騎士有同理心，尊重他人的權益，相信會將車子停在適當的地點以免妨礙他人。別小看停機車問題，這就是教養的內容，文化的一部分。

(四)深化民主的實質內涵

民主除了自主之外還有自律，在台灣，民主的形式已經確立，而要深化民主的實質內涵，就從個人教養做起吧。

理想的台灣國民／高俊明

偉大的國家就是有偉大的國民之國家。為要建構一個偉大的台灣國，我們應有偉大國家的構想。

(一)偉大國家的願景

1. 「眞、善、美」的國家：充滿著愛、眞理的熱情。善待眾人與生物。保護、美化大自然與生態環境來造福人類與萬物。
2. 「信、望、愛」的國家：政府與人民彼此相信、相

高俊明

1929年生。台南人，畢業於台南神學院，肄業於英國Selly Oak College。1957-1970年之間擔任玉山神學院院長。1979年美麗島事件後，被誤為幫助施明德逃亡判處有期徒刑7年。在獄中所寫詩詞〈莿帕ㄚ火燒〉在2006年第17屆金曲獎獲得最佳作詞人獎。1970-1989年任台灣基督長老教會總會總幹事。1989年擔任台灣基督長老教會松年大學校長。2000年任國策顧問。

愛。共同合作來建設更善良、更美麗、更光明、更偉大的國家。並且全國人民都有建設美麗的「地球村」的熱望。

3. 民主、自由、法治的國家：國家的主人是人民，不是政府，也不是總統。人民有充分的言論自由、宗教自由、聚會自由等。法院要公正、公平、公義；在法律之前人人平等。
4. 均富的國家：貧富的差距很小。病人、殘障、失業者、窮人、老人等都有各種福利來支助。男女、老幼、族群都平等。
5. 關愛世界全人類：台灣國，不僅要熱愛台灣國民，也要竭力愛全人類而貢獻於世界的正義、和平與人類的得救以及幸福。台灣國也要與全世界一百九十多國建立姊妹關係，並加入聯合國與世界各種國際組織來共同致力於人類在各方面的向上與進步。

(二)台灣國民的素養

1. 敬神愛人的眞情：創造宇宙萬物的眞神是「眞、善、美」與一切生命的根源。他是公義、慈愛、誠實、全能的神。我們若能經常「盡心、盡性、盡意、盡力愛神」，神也必將「愛人如己」的眞愛賜給我們。
2. 正義感：「行公義、好憐憫，謙卑與你的神同行。」(彌迦6-8)這句話是神對人行「善」的要求。行公義以前，我們也應養成分別眞假、善惡、是非等的判斷力。

3. 誠實：現在的台灣社會，有很多詐騙集團在詐騙人民的金錢財物。不僅是詐騙集團，更可怕的就是有不少政客、高官、媒體記者等，昧著良心歪曲事實，欺騙大眾，而要出賣台灣給中國。台灣國的國民應該認眞培養誠實、正直、清廉、恨不義之財的品德。
4. 眞愛：眞愛是一切美德的基礎。若沒有眞愛，大學者、大美術家、大企業家等人士也不能成爲人生的「得勝者」。
5. 責任感：守時、守約、守法的人是可靠的人。認眞敬業、認眞建設美滿家庭、認眞促進使命的人是可敬的人。

(三)台灣國民的智識

1. 理解世界各國的建國理念與經驗：1948年以來的這60多年之間，已經有一百多個前殖民地，基於「人民自決」的權利獨立建國，並已加入聯合國與其他的國際組織。我們應向他們學習。
2. 對台灣的歷史、地理、文化等的智識：60多年來，台灣的教育部偏重於中國的史地與文化。此後，我們應積極學習有關台灣的史地與文化，並實際去觀摩台灣各地的風俗、習慣、史地、現況與文化。

3. 對世界歷史、地理、文化的研究：這幾十年來，我去過歐洲、北美洲、拉丁美洲、大洋洲、亞洲等的30多個國家，訪問、傳道、開會、旅遊、探親等。通過這些旅行，我學習了很多不同的生活方式、價值觀、人生哲學、世界觀等。
4. 讀「傳記文學」的重要性：世界各地的「傳記文學」能幫助我們更了解人生的悲哀、苦難、危機與要怎樣克服這一切，來成爲人生的「勝利者」。
5. 應受「國際禮儀」的教育與訓練：有一位貴婦人搭飛機，有兩位西裝筆挺又時髦的紳士來坐她旁邊。不久用餐的時候到，她發現他們的吃相非常難看，講話大聲又沒有禮貌。這位貴婦人非常失望，幸好這兩位都不是台灣人。

(四)結語

我切望我們能通過家庭教育、學校教育、社會教育與傳播媒體的啓蒙與教育，來培養理想的台灣國民而建設眞善美、信望愛的台灣國，造福全人類。

做一個現代公民／趙天儀

前中央研究院院長李遠哲先生蒞臨台中市親民技術學院演講，他說有一位校長向學生說：「各位同學，你們每一個人都要給我考第一名！」李遠哲說，這是做不到的，因爲如果一班有五十位學生，只有一位可能是第一名，其餘都不可能，所以這一位校長的要求是做不到的。李遠哲又說：「各位同學，我希望你們做一個有用的人！因爲每一個人都考第一名，這是做不到的，但做一個有用的人，卻是做得到的。」

趙天儀

1935年生，台中市人。台灣大學哲學系畢業、哲學研究所碩士。歷任台大哲學系講師、副教授、教授、國立編譯館編纂；於1991年起為靜宜大學中文系教授、文學院長、後獲聘為靜宜大學中文所講座教授。是《笠》詩社創辦人之一，長期參與《笠》詩刊編務，曾任《台灣文藝》新詩編輯。中年之後，投入台灣兒童文學創作與運動。已出版詩集有：《菓園的造訪》、《大安溪畔》、《牯嶺街》、《壓歲錢》、《腳步的聲音》等九冊。另有評論、散文及兒童讀物等作品。

我進一步要鼓勵你們，做一個有競爭力的人！你們要跟紐約青年、東京青年、巴黎青年、柏林青年、莫斯科青年、北京青年，甚至全世界的青年一樣，做一個有競爭能力的人。

我也要鼓勵你們，做一個有眞假對錯、有價値判斷、有是非觀念的人！而不是做一個價値顚倒、是非不清、黑白不明的人。也就是說做一個不受惑的人，要做一個有獨立思考能力的人。

我也要鼓勵你們，做一個語言能力多元的人，我們要雙語教育，華語與台語、華語與客語、華語與原住民語言，彼此互相尊重、彼此互相學習，成爲一個語言多元的人。甚至學習多元外國語言，如英語、日語、韓語、德語、法語、俄語等等，使國民學習語言正常化。

我也要鼓勵你們，做一個文學的愛好者，尤其是台灣文學的愛好者。世界文學名著固然要多欣賞，而欣賞台灣文學也不可或缺，欣賞台灣的好詩、欣賞台灣的優秀小說，也是非常重要的。

我也要鼓勵你們，做一個藝術的愛好者，要有藝術觀、有文化觀、有美學觀，要培養好的品味。欣賞台灣的美術、欣賞台灣的音樂、欣賞台灣的戲劇、欣賞台灣的電影、欣賞台灣的民間文學與藝術。

有人說：「台灣人，有知識，沒常識！」一個人在專業知識領域中有優秀的知識，有足夠的能力來從事自己的專業，固然不錯！但是做爲一個現代化的公民，也要有足夠的常識來作判斷力。一個人在某種專業是專家，但是，離開了專業，就變成了常識的白痴、常識的侏儒，這是不足取的！我們不但要追求某種專業的知識，也要追求自己一生志業的智慧；我們不但要有微觀的知識，也要有宏觀的常識！

我也要鼓勵你們，做一個品德優秀、有道德價值判斷力的人。我們常常看到有一些滿口仁義道德，骨子裏卻是假仁假義的背德者，我們要唾棄他們！

我也要鼓勵你們，要你們有科學知識、有科學方法、有科學(知識)精神，用現代科學方法治學，而不做方法盲目、學習效率欠佳的人。也就是說要做一個頭腦清楚，爲人做事條理清晰的人。

我們也要鼓勵你們，你們要有人權觀念、要有民主自由的素養、要有宗教情操，但不要有宗教的迷信、更不要有霸權的迷思。寧可做一個自由人，而不要做一個被奴役的奴隸！總之，我們要鼓勵、培養一個有想像力、有創造力、有宇宙觀、有世界觀的現代公民。

欲「新而獨立的國家」？先克服大中華意識／鄭兒玉

(一)以母語做基底——他山之石

以色列子民在族長雅各的時代，中東發生大飢荒，因為他的尾子約瑟在埃及teh做宰相，就移民(BC. 1700)去彼國，後來被該國代代國王壓迫做奴隸四百年。因為按呢，該族人不但已失去族群尊嚴之自主性，連做人的基本倫理道德差不多都不存在。常常露出奴才特有的動物性情，只有追求滿足現實瞬間的「馬上就好」之肉體慾望。(利未記

鄭兒玉

1922年生，屏東縣東港人。曾就讀京都同志社大學文學部、McCormick Theological Seminary, at the Univ. of Chicago; Graduate School of Ecumenical Studies of the Univ. of Geneva; and Evangelisch-theologische Fakultät Universität Hamburg。曾任長老教會牧師、台南神學院歷史神學教授、基督教社會研究所所長、台語文化教室主任等；榮譽教授、榮譽神學博士。以台灣母語起稿「台灣基督長老教會信仰告白」；被列入《世界基督教人名辭典》。曾任世界基督教大眾傳播協會(WACC)中央委員、台灣羅馬字協會發起組織推動人，獲教育部表揚為「本土語言」貢獻者等。著作：台灣母語詩作10餘篇包括〈台灣翠青〉及多本母語寫作。

18：1-18)

當摩西克服法老百般的刁難阻擋，好不容易地領導族人脫出埃及(BC. 1290)的時，上帝看見此款帶奴隸性這呢深的族群，豈可(thài-thó)能建立正常的國度？就命令摩西引導族人不要經地中海邊的平坦沿海路，寧可進入西奈曠野。(出埃及記13：17)步入曠野後無久，天生的奴才面對如煉獄之嘴乾又飢餓，並看見眼前強猛的埃及大軍迫倚來。就一再攻擊摩西講：「阮不願死在曠野，欲回去埃及再做奴隸，生活馬上就好。」(出埃及記14：12)

烏合之眾的以色列人，在西奈半島被嚴厲操練40年久，漸漸被改變其奴才性。在西奈山，耶和華使摩西以該族的母語，就是希伯來話爲基礎，建立嚴厲之〈十條誡〉等各種律法，並嚴格執行：在上主面前，恢復做人應有的人倫、做守秩序的社會公民，及使族人覺醒族群的自主尊嚴性，就是日後要建立正常國家之國民應有的素養。

以色列子民在迦南地所建立的大衛(David)王國，於BC. 587年被巴比倫帝國滅亡，族人漸漸四散遍全球寄腳在他國。總是猶太人並無挫折尚且超越國境，以母語做基底形成猶太教，不但成爲世界文化史上最重要特有無二之一股，同時亦建立該族的特殊性格。

在AD.1948年，聯合國才准以色列復國。使人卬愣(驚奇，gông-ngiahh)的是，國破二十五世紀後，以色列族的象徵——希伯來話——不但仍健在，尚且(iáu-kú)持續在貢獻建設世界文化。這證明猶太人以死守母語，使亡國後之族群親像阿不倒持續生存二千五百年，是其關鍵因素。

(二)“咱是否可能克服天生奴性？”才是關鍵

台灣人四百年來，一代又一代做不同外來國家的殖民，做二等國民欲活落去，各項事志著符合統治者的殖民政策，及其社會生活的價值觀。因此，第一步著拚命學習當代統治國的象徵：即「國語」。在四世紀冗長年月中，本島住民不但習慣被統治，也積極地仰望、模仿統治者一切好歹事，以乖乖的「次等國民」做光榮。其最極端者，逐時代都有的傑出扶仙，做被征服的殖民標本——「國語家庭」。

如此過程中，台灣人如古代在埃及的以色列人，漸漸失去族群的自主尊嚴性並形成天生的殖民心態。在無意識中，以統治者的國語思考模式思想，又凡若書寫之時，於不知不覺中以寫當代「國語」做應該，就是日治時代以日語書寫，現今以中文書寫。連自己的very identity之人名發音，不若干乾以當代「國語」音表達做應該，亦看這做高榮(光榮)。從事獨立運動數十年可尊敬的不少人士，到今仔日iáu-kú以中國語音拼自己的姓名。最近海外留學生發起「台灣正名運動」。本人隨時回應，同時亦提倡應將自己的姓名，由日／中音改做「母語音」之運動。總是除2名母語運動的朋友回信以外，海內外無半人回應來。

現今在學術界或可尊敬、信賴的本土社團所主辦的「台灣主體／主權研討會」，雖然有少數講師有時用母語演講，但是其論文差不多攏以中國話之思考模式書寫。本作者的韓國學者朋友，曾同情並諷刺又挑戰地講：「恁台灣人，有6、7種《台灣共和國憲法草案》，總是其語言不是台灣母語。不可思議的，是全部版本攏使用中國語。台灣若獨立，是否其前提要將中國話做國語？試想南韓憲法豈有可能使用日本話寫嗎？恁台灣人豈不感覺nasakenai(悲哀)？」讓人失望的，就是提倡「建立台灣做一個新而獨立的國家」，並被讚美「最有台灣意識的社團」之長老教會，其神學學者辛辛苦苦以中國話思考書寫，teh建立「本土(化)神學」。巴克禮時代的台語是學術用語，現今爲何不是？不但如此，使人更悲傷的：在日治時代，台灣人用日語的思考模式努力創作的文學作品，現今由東京以「日本殖民地台灣文學精選集」來出版。

(三)母語是自屬族群存在之象徵

親像按呢，對自己的母語就是自屬族群存在之象徵，在生存上不但看做無價值，顚倒看做纏腳縛手。柏林大學的創設者洪堡 (Wilhelm von Humboldt) 的警言說：「若欲侮辱一個人，侮辱他的母語就夠額。」但是台灣人不必由外族來侮辱，自己都看母語親像狗屎。

族群母語是上帝所賜(申命記30：11-14)，並用母語做族群名稱。凡母語存在，代表其思考模式的族群仍存在。母語死亡，該族群在文化上就死亡，所留的只有人種別若定，親像今仔日台灣的「平埔族」按呢。

語言的功能不是單純互相交通，表示族群存在之記號及其思考模式，代表其文化，也是象徵該國家權力的支配等。被外來國家統治的殖民，起初被迫，後來習慣使用該國語言做自己「國語」，象徵該人士的頭殼頂，不時不刻受著統治國無看見之政治支配。若以現今的台灣人來講是：不知不覺中被“大中華政治和文化”所支配的殖民。若母語會曉講，但意識上感覺中文就夠額、不必學寫的人，是大中華文化奴才、母語文盲。民進黨政府的時代亦有一位教育部長曾講：「母語會曉講就好，不必學寫。」這是負責執行大中華殖民教育的本土最高精英。

台灣人現今在其潛在意識中，思考書寫模式以“中國國語做當然”之時，爲何欲獨立？結局是「中華民國」的舊酒，改名入落去新瓶的「台灣共和國」而已。其「高級的」大中華文化iáu蓋在全台灣。下面的實例可做台灣人的鑑戒：大清帝國征服中原了後，漸漸採用漢人的語言和文字。三百年後帝國不但消融做漢族的「清朝」，連滿族象徵之滿洲話也消失。

(四)結語

本作者不反對，寧可鼓勵小國的台灣人，爲生存上亦能以中文思考書寫。總是各族群爲尊嚴上，絕對需要以自己的母語獨立思考書寫，並向世界表示台灣的多元文化。長老教會所提倡的「新而獨立的國家」之方向，應該在此。

台灣人若欲建立一個“正常國家”，其最基底的國民素養是應能以母語思考書寫，並以這建立本國獨一無二的文化，這才是正常化的第一條件。

第五章

在歷史領域

【導讀】

許雪姬：如何成爲一個具有歷史意識的台灣人

薛化元：追求台灣文化主體性的歷史意義

張炎憲：台灣國民應有的歷史素養

正如一個人必須要從自己的和別人的生活中吸取經驗，才能避免重複的失敗，才能創造出成功的、有意義的人生；一個族群也必須要從自己的和他人的歷史中吸取教訓，才能避免歷史悲劇的重演，才能創造出屬於整個族群的榮耀。台灣國民要推動台灣邁向一個正常而安康的國家，也應該探索歷史、從歷史中吸取教訓，形塑台灣的未來。

一、從歷史的夢魘中覺醒

在台灣數易其主的殖民歷史中，外來統治者多以殖民母國的利益爲考量，以統治者所屬的族群爲保護對象，對台灣的社會與人民不多關照。許雪姬教授在其〈如何成爲一個具有歷史意識的台灣人〉(2009)一文中指出：「日本人在政治上雖然承認台灣人是日本籍，但在文化上絕不認爲台灣人是日本人……『差別待遇』是日本統治台灣自始迄終奉行的原則。在日本帝國中，台灣人可算是第三等的日本人，日本內地的日本人是第一等的；琉球人是第二等的。戰後國民政府來接收台灣，台灣人忽然變成『本省人』，……本省人仍然脫離不了差別待遇的夢魘，……這時台灣人在全中國是第四等的中國人，第一等是住在『內地』的中國人；第二等是戰後來台的『外省人』，第三等是日治時期來台的『華僑』(以閩、粵人為多)，台灣人則是第四等的，這是一個經歷澀谷事件台灣人的感觸。在228事變、白色恐怖的浩劫之後，被投票投出聯合國的『中華民國』，與世界重要國家一一斷交，台灣人在這種種的挫辱中更爲堅強，也漸漸地走出自己的路。」

外來統治政權都不會平等對待台灣人。在政治上，打壓台灣人；在經濟上，剝削台灣人；在文化上，歧視台灣人。可是當一個外來政權被消滅後，台灣人卻又擁抱另一個新的外來政權。台灣人能創造「經濟奇蹟」、能建構民主政治，怎麼會沒有意念消滅外來政權的統治，怎麼會沒有智慧、沒有信心抗拒外來政權的侵略，建立自己的國家呢？台灣人應該要從歷史的夢魘中覺醒，要當家作主，捍衛自己在政治、經濟、文化與各方面的權益、捍衛人權與尊嚴，以免被外來政權所迫害。

二、建構我們共同的目標

只有建立自己的國家，才能跳脫被外來政權打壓、剝削、歧視的歷史悲運；而建構自我文化的主體性是建立自己國家的必要條件。從歷史的觀點而言，薛化元教授在〈追求台灣文化主體性的歷史意義〉(2009)一文中指出：「……建構台灣文化的主體性，對於台灣做爲主權獨立的國家則是一個不容忽視的要件。……將文化自覺做爲nation 自決連帶起來早已是社會科學討論國家建構時，經常使用的重要概念。……1921年10月17日台灣文化協會成立，創會的領導者蔣渭水等人就意識到，台灣人必須在文化領域深耕，才得以建立台灣人自主的主體性與(日本)總督府的殖民統治對抗。因此，一方面促進台灣人文化的自覺，以建構台灣人自我認同的基礎；一方面則積極引進西方近代文明，批判舊有的漢文化，使台灣社會朝向現代化的目標邁進。」

了解建構台灣文化主體性的重要之後，我們必須進一步探討什麼是台灣文化的主體性。薛化元教授解說：「雖然台灣現在已經不是政治上的殖民地，但是仍然必須面對如何建構台灣文化主體性，以突破『大中國意識』文化霸權籠罩，而在精神上對抗中華人民共和國文化統戰的課題。就此而言，『漢文化』固然是台灣文化重要的源頭，但是，歷史上台灣的文化的發展也與歐洲近代文明、日本明治維新以後的近代文明關係密切。如此，認知台灣文化的多源性乃是還原歷史的事實，而台灣住民構成的多族群社會，根據現代人權的理念，也必須尊重各族群的『文化權』，因此……這種多源而且多元的文化特色正是脫離

『大中國文化意識』宰制，建構台灣文化主體性的重要基礎。」

所以，台灣文化的多源性與多元性形成了台灣文化的特徵，這種特徵使台灣文化有別於其他文化，也將中國的漢文化以及日本文化網羅而成爲台灣文化的一部分。而這種特徵可導引出，以台灣社會的發展與人民的幸福爲優先考量的思想與情懷，這種思想與情懷就是台灣主體性。這種形塑台灣主體性的概念也是建構台灣政治主體性，以及進而建立主權獨立國家的重要基礎。於是在政治、文化、文學、藝術、教育、經濟等各方面追求台灣的主體性，應是我們共同的目標。

三、團結建構台灣主體性

如何在政治、文化、文學、藝術、教育、經濟等方面建構台灣的主體性？前國史館館長張炎憲教授在〈台灣國民應有的歷史素養〉(2009)一文中指出，要突破歷史悲運，我們：「……必須要建立台灣的國民意識，認爲台灣是個國家，台灣人是國家的主人，有權有能治理這個國家。這種意識如果生根發展，就可去除心中陰霾建立起自信，爲自己的將來、爲國家的發展全力以赴。培養國民意識需要有深厚的台灣人意識和台灣人的歷史感情。」他認爲台灣國民應有如下的素養與智識：

1. 瞭解歷史悲情的史實

台灣歷史上充滿被統治與被屠殺的史實。這雖是悲情往事，卻是力量的源泉，可轉化成為一股新生力量。二二八事件奪走二萬多人的生命，台灣人也因而覺醒，走向獨立自主之路。白色恐怖造成無數生命的隕落，卻揭露獨裁者的猙獰面目，從此打開民主與人權之路。這些犧牲雖然令人惋惜，卻是令人深刻反省的素材，在台灣史上這種事例極多，我們瞭解越深，越能激發同仇敵愾的鬥志，捍衛台灣。

2. 涵蘊生命共同體的台灣意識

台灣意識潛藏在台灣人的內心底層，沒有經人挑撥就不會顯現出來。台灣意識是建構在土地與人民的共同經驗之上，土地涵養生命，生命代代傳承，島嶼台灣是涵蘊生命的搖籃，民眾的歷史也刻在島嶼上。這分休戚與共的感情散發出濃濃的台灣情，台灣意識就這樣自然地誕生。我們有了台灣意識就會凝聚力量、守護台灣。

3. 親近台灣的典範人物

在國民黨政府刻意教導下，英雄都是出自中國史上的人物。其實，台灣人為了追求民主、自由與獨立，產生許多可歌可泣的事蹟，舉凡政治、經濟、社會、文化等各行各業都有傑出人物、都會成為台灣的典範。典範出自台灣、出自我們身邊，就會成為我們努力與成就的標竿。

我們以此自豪就會產生自信，相信我們也有創造歷史的能力。

4. 認識民主、人權與國家建立的事蹟

台灣走過艱辛的歲月，長期對抗獨裁者才有今日的民主與自由。但世界上還有很多國家的經驗與我們雷同或相似。如以色列、古巴、巴勒斯坦、東帝汶等追求獨立自主的歷史，他們在不可能之中創造可能，在艱難之中創造奇蹟，這些事蹟都是我們惕勵奮發的借鏡。想到台灣前輩的犧牲，想起當今未竟的事業，我們應以實踐的精神去完成建國的願望。

台灣國民要推動台灣邁向一個正常而安康的國家，必須要從歷史的夢魘中覺醒，要當家作主，捍衛自己在政治、經濟、文化與各方面的權益，捍衛人權與尊嚴；要建構我們共同的目標，這個共同的目標應是在政治、文化、文學、藝術、教育、經濟等各方面追求台灣的主體性；要團結合力在政治、文化、文學、藝術、教育、經濟等各方面建構台灣的主體性。

延伸閱讀

如何去瞭解台灣的歷史呢？國立台灣文學館於2008年12月出版一本《閱讀台灣．人文100》，該書介紹經由一個16人書選委員會選出的：「最能提升國民素養與國家認同的100佳作。」(筆者為該計

畫主持人)這100本佳作分成四種文類：文學、歷史傳記、文化藝術、政經社會及其他。其中，歷史傳記類的42本呈現出台灣的史實；閱讀這些作品，無疑的會是震撼的啟蒙與深沉的自覺。這42本作品，連同張炎憲教授提供的《李登輝總統訪談錄》陳列於下：

《台灣．苦悶的歷史》，王育德，前衛出版社，2000。
《台灣史一百件大事》，李筱峰等，玉山社，1999。
《被出賣的台灣》，G. Kerr著，陳榮成譯，前衛出版社，1991。
《自由的滋味──彭明敏回憶錄》，彭明敏，彭明敏文教基金會，2004。
《二二八事件責任歸屬研究報告》，張炎憲等，二二八事件紀念基金會，2006。
《十字架之路：高俊明牧師回憶錄》，高俊明、高李麗珍口述，胡慧玲撰文，望春風出版社，2001。
《臺灣民主運動40年》，李筱峰，自立晚報，1987。
《臺灣人應該認識的蔣介石》，李筱峰，玉山社，2004。
《二二八事件研究論文集》，張炎憲、陳美蓉、楊雅慧編，吳三連台灣史料基金會，1998。
《台北南港二二八》，張炎憲、胡慧玲、黎中光採訪，吳三連台灣史料基金會，1995。
《台灣獨立運動私記》，宋重陽，前衛出版社，1996。
《自覺與認同：1950-1990年海外台灣人運動專輯》，張炎憲、曾秋美、陳朝海編，吳三連台灣史料基金會，2005。
《台灣獨立運動的先聲：台灣共和國(2冊)》，張炎憲、胡慧玲、曾秋美採訪，吳三連台灣史料基金會，2000。
《日本統治下的台灣》，許世楷著，李明峻譯，玉山社，2006。
《臺灣獨立運動史》，陳佳宏，玉山社，2006。
《台灣歷史的鏡與窗》，戴寶村編，國家展望基金會，2006。
《戰後臺灣民主運動史料彙編：從戒嚴到解嚴(第一冊)及組黨運動

(第二冊)》，薛月順、曾品滄、許瑞浩、周琇環、陳世宏編，國史館，2000/2002。
《日據時代臺灣人反抗史》，楊碧川，稻香出版社，1988。
《人權之路——台灣民主人權回顧》，李禎祥等編，玉山社，2002。
《風和日暖：台灣外省人與國家認同的轉變》，高格孚，允晨出版，2004。
《戰後台灣人權史》，薛化元等撰，國家人權紀念館籌備處，2003。
《一名白色恐怖受難者的手記》，陳紹英，玉山社，2005。
《一九六〇年代的獨立運動：全國青年團結促進會事件訪談錄》，曾品滄、許瑞浩，國史館，2006。
《從台灣諺語看台灣歷史》，戴寶村、王峙萍，玉山社，2004。
《台灣國際政治史》，戴天昭著，李明峻譯，前衛出版社，2002。
《台灣人權報告書(1949-1996)》，魏廷朝，文英堂，1997。
《許曹德回憶錄》，許曹德，台灣出版社，1990。
《回憶：見證白色恐怖(2冊)》，陳英泰，唐山出版社，2005。
《台灣女英雄陳翠玉》，李錦容，前衛出版社，2003。
《FAPA與國會外交(1982-1995)》，陳榮儒，前衛出版社，2004。
《台灣政治史》，戴寶村，五南出版社，2006。
《李登輝先生與台灣民主化》，陳世宏等，玉山社，2004。
《日據時代台灣共產黨(1928-1932)史》，盧修一，前衛出版社，2006。
《口述歷史：蘇東啓政治案件專輯》，陳儀深主編，中研院近史所，2000。
《朱昭陽回憶錄》，林忠勝，前衛出版社，1996。
《北美洲臺灣人的故事》，楊遠薰，望春風出版社，2006。
《八千哩路自由長征》，張燦鍙，前衛出版社，2006。
《臺灣醫界人物誌》，陳永興，望春風出版社，2004。

《台灣條約記》，姚嘉文，多晶藝術科技公司出版，2005。
《回首來時路——陳五福醫師回憶錄》，張文義，吳三連台灣史料基金會，1996。
《燭火闖關——蔡正隆博士紀念文集》，胡民祥編，前衛出版社，1999。
《杜聰明與我——杜淑純女士訪談錄》，曾秋美、尤美琪，國史館，2006。
《李登輝總統訪談錄(4冊)》，張炎憲主編，國史館，2008。

如何成為一個具有歷史意識的台灣人／許雪姬

以「台人」指稱住在台灣島的人，在清朝的文獻已看得到，台灣道姚瑩對淡水同知曹謹提議以台灣鄉勇來保台時，曾說「若以台人守台是以台予台人」而反對。雖然稱住在台灣的人爲台人，而不是閩人、粵人，但台人住的土地仍然是「王土」，是皇上的，而不是台灣人的。由於清朝的班兵制度中，初期禁止台人入營當兵，所有在台軍隊90%以上由同省的福建抽調輪班而來，以減少台灣民變時的衝擊；但科舉制度下，台人另編字號取中舉人，又以學額來加強台灣人對台灣的認同；到乙未割台，「我台人」

許雪姬

澎湖人。專攻台灣史，對台灣史研究的人生規劃是10年清史、10年日治、10年戰後台灣史，而後完成一部台灣通史後退休。清代專攻晚清台灣政治史及綠營兵制；日治時期專門處理家族在改朝換代後的變化，如板橋林家、霧峰林家以及在海外活動的台灣人；戰後研究二二八事件與白色恐怖，最近的一篇文章是〈台灣史上1945年8月15日前後——日記如是說「終戰」〉。

意識的覺醒，於是吳德功、洪棄生、連橫紛紛留下割台的史事，特別讚許爲台灣殉死的吳湯興、姜紹祖，對開溜的丘逢甲、林朝棟給予譴責，同時也意識到儘管兩岸仍有私人的往來，但台人已是日本籍，從此已是一邊一國了。

日本統治中期，沛然莫之能禦的民族運動應運而生，「台灣必得是台灣人的台灣」喊得震天價響，台灣人並不包括在台灣的日本人、在台灣的在住華僑。爲了設置台灣人的議會，有多少仁人志士僕僕於道中！日本人在政治上雖然承認台灣人是日本籍，但在文化上絕不認爲台灣人是日本人；而台灣人也知道沒有創出自己的文化，絕對脫離不了日本的統制。日本政府雖然礙於台人對自治要求的殷切，而自1935年起實行「半自治」也開放了部分選舉，但原來街庄長大多數由台灣人擔任，卻漸換成日本人；等到1937年皇民化運動乃至於1941年皇民奉公會成立，爲利用台人，卻仍未能改善差別待遇。一直到1945年6月17日日本即將投降的前夕，處遇才有了改善，取消保甲制度，並在這之前給台人貴族議員的名額，但這時已離日本投降不到2個月，可說「差別待遇」是日本統治台灣自始迄終奉行的原則。在日本帝國中，台灣人可算是第三等的日本人，日本內地的日本人是第一等的；琉球人是第二等的。

戰後國民政府來接收台灣，台灣人忽然變成「本省人」，以別於戰後入台的全中國各省人士(稱為外省人)，而有中國經驗的人被稱作「半山」，這是指和重慶政府有關係的台灣人而言。本省人仍然脫離不了差別待遇的夢魘，在日治時期台灣人固然只有一、二個敕任官，也有幾個郡守，但台灣省行政長官公署九處中只有一個教育處副處長宋斐如是台人，而這個台人是半山；異族統治無可奈何，號稱祖國的統治亦不重視台灣的人才，視台灣人是被「奴化」的一群「中國人、日本腦」的人。這時台灣人在全中國是第四等的中國人，第一等是住在「內地」的中國人；第二等是戰後來台的「外省人」，第三等是日治時期來台的「華僑」(以閩、粵人為多)，台灣人則是第四等的，這是一個經歷澀谷事件台灣人的感觸。

在228事變、白色恐怖的洗禮之後，被投票投出聯合國的「中華民國」，與世界重要國家一一斷交，台灣人在這種種的挫辱中更爲堅強，也漸漸地走出自己的路。但人是有惰性的、人是貪婪的、人是需要教育的、台灣文化是需要創新的。我希望凡我台人：

必須瞭解台灣的歷史

必須廉潔不貪

必須愈挫愈勇、有抵抗強敵的決心

必須追求文化素質的不斷提升

必須養成不依賴大國生存的偉大心理

必須養成當家作主的氣魄

並以追求自由、民主做爲人生最高的價值

追求台灣文化主體性的歷史意義 / 薛化元

(一)建構台灣文化主體性的重要性

討論台灣與中國的關係時，所謂漢人的歷史文化的連帶問題是一個不容忽視重要的課題。就日治時期以降的歷史經驗來看，無法從台灣做爲主體的角度切入，省思所謂漢文化(或是現在一般所謂的中華文化)在台灣文化的意涵，是影響台灣主體性確立的重要原因。而討論建構台灣文化的主體性，對於台灣做爲主權獨立的國家則是一個不容忽視的

薛化元

台灣大學歷史研究所博士。現職：政治大學台灣史研究所教授、人權史中心主任。經歷：政治大學歷史系主任、台灣史研究所所長、中國近代史研究中心主任、台灣歷史學會理事長、台灣教授協會秘書長、國家政策研究中心政策研究員。著有：《戰後台灣歷史閱覽》、《台灣地位關係文書》、《臺灣全志，卷四，政治志——民主憲政篇》、《自由化 民主化》、《《公論報》言論目錄暨索引》、《晚清「中體西用」思想論(1861–1900)》、《『自由中國』與民主憲政(1949–1960)》等。

要件。

自有文字記載以來，統治台灣的政權基本上既不立足台灣，更將台灣的價值依附在「母國」(無論是事實上或精神上)的利益。雖然台灣近年來歷經自由化與民主化的改革，人民透過選舉已經可以決定執政者，然而長期「外來政權」宰制的教育文化體系，卻使台灣文化長期被「邊陲化」。不僅台灣的本土文化被貶抑，文化主體性的追求也遭到「污名化」。如此既無法在台灣歷史脈絡中還原「漢文化」應有的地位，以衝決「大中國意識」的網羅，也難以在歷史文化層面凝聚國人的共同意識，對抗中華人民共和國併吞台灣的野心。

這並不是這個時代特殊的問題，也不是台灣特殊的問題。將文化自覺做爲 nation 自決連帶起來，早已是社會科學討論國家建構時經常使用的重要概念。而日治時代台灣的先賢們，面對日本政府「內地延長主義」及「同化政策」所做的努力，便是台灣歷史的重要資產。1921年10月17日台灣文化協會成立，創會的領導者蔣渭水等人就意識到，台灣人必須在文化領域深耕，才得以建立台灣人自主的主體性與總督府的殖民統治對抗。因此，一方面促進台灣人文化的自覺，以建構台灣人自我認同的基礎；一方面則積極引進西方近代文明，批判舊有的漢文化，使台灣社會朝向現代化的目標邁進。

(二)多源而且多元的文化特色是建構台灣文化主體性的重要基礎

雖然台灣現在已經不是政治上的殖民地，但是仍然必須面對如何建構台灣文化主體性，以突破「大中國意識」文化霸權籠罩，而在精神上對抗中華人民共和國文化統戰的課題。就此而言，「漢文化」固然是台灣文化重要的源頭，但是，歷史上台灣的文化的發展也與歐洲近代文明、日本明治維新以後的近代文明關係密切。如此，認知台灣文化的多源性乃是還原歷史的事實，而台灣住民構成的多族群社會，根據現代人權的理念也必須尊重各族群的「文化權」，因此未來台灣文化的多元特色，也是較爲合理的發展方向。這種多源而且多元的文化特色正是脫離「大中國文化意識」宰制，建構台灣文化主體性的重要基礎。

而縱使是源自中國大陸的漢文化，在台灣歷史發展過程中也有一定程度，甚至是本質上的轉變。如果從文化中的信仰部分來看，無論是媽祖信仰、恩主公信仰，乃至於三山國王、開漳聖王等，其信仰的歷史源頭皆來自於台灣海峽彼岸的中國大陸。不容諱言的，這些信仰見證了台灣與中國大陸在文化上、歷史上密切的關係。但是，這些神祇在台灣的性質卻有明顯的不同。三山國王、開漳聖王等原本在中國不同族群或是原鄉的信仰，在台灣已經成爲跨地域、族群的神祇。再以媽祖信仰爲例，媽祖原本是中國大陸福建沿海討海人的信仰，早年漢人移民，渡過黑水溝往往帶著媽祖保佑其旅程的安全，可是到達台灣之後，隨著農業的發展，媽祖也變成農業社會的守護神，在礦區則成爲礦神，在茶鄉則成爲茶神。也就是說媽祖已經從原本討海人的信仰，在台灣演變成爲全民的信仰。而在二次大戰期間，由於面對美軍的轟炸，台灣的住民祈求神祇的保佑，也往往以媽祖做爲重要的信仰依賴，因而在台灣各地皆有傳說，媽祖婆接炸彈的故事。這也說明了一樣的媽祖，一樣接受信徒的信仰，不過在台灣媽祖的神格卻與中國大陸不同。

(三)漢文化只是台灣文化的一部分

基於前述的論證，將台灣文化做爲漢文化或是中華文化的一部分，甚至希望以此建構共同的政治連帶關係並不妥當。反過來說，由於源自中國大陸的漢文化在台灣確實有相當的發展，而且與台灣原住民文化及其他日本、美國傳入的文化，共同影響台灣文化的多元性發展。就此而言，將原中國大陸的漢文化視爲台灣文化的一部分，不僅合乎歷史事實，更是建構台灣文化主體性的重要一環。在文化層面，這也是擺脫「大中國意識」及「一個中國」論述的籠罩，建構台灣政治主體性，以及進而建立主權獨立國家的重要基礎。

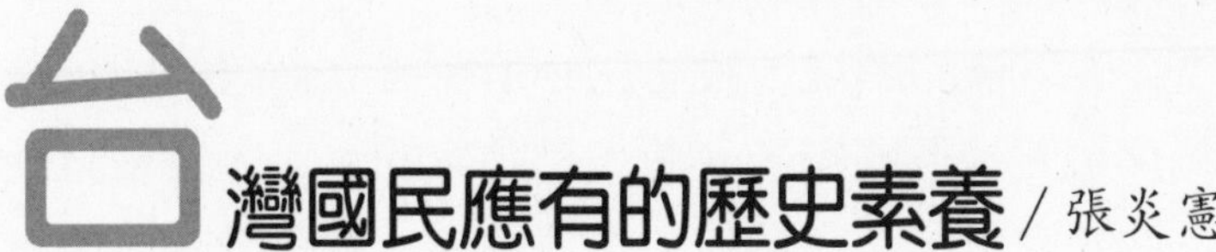

台灣國民應有的歷史素養／張炎憲

吳濁流的小說《亞細亞的孤兒》能永垂台灣文壇，除內容取材反映社會眞實之外，一針見血說出台灣人的孤兒意識，刻畫出台灣人在政權變動中無所適從的悲情，在尋覓自己的身分中反而失去了自己，這分逼眞的寫實使得它成為反諷台灣人的小說。

台灣人的祖先為了尋找安身立命的新天地，渡過險惡的黑水溝來到台灣，胼手胝足終而開拓出一片家園做為新故鄉，但外在環境對台灣卻相當不利，台灣常成為強權爭奪的俎上肉，任人作弄擺布而無法決定自己的前途。在歷

張炎憲

1947年生，嘉義人。台灣大學歷史研究所碩士，日本東京大學文學博士。經歷：中央研究院社科所研究員，台灣歷史學會會長（1998–2000），國史館館長（2000–2008）。現任：二二八關懷總會理事長、吳三連台灣史料基金會董事兼秘書長、《台灣風物》雜誌總編輯。研究領域：台灣史、台灣近代史、二二八事件、白色恐怖、台灣民主與獨立運動史。

史悲運中，台灣人爲了生存，拚命學習才能向統治者爭到一席地位，但在內心深處卻自怨自艾，悲歎自己的身世而失去當家作主的豪情與自信。

要突破這樣的困境，我認爲必須要建立台灣的國民意識，認爲台灣是個國家，台灣人是國家的主人，有權有能治理這個國家。這種意識如果生根發展，就可去除心中陰霾建立起自信，爲自己的將來、爲國家的發展全力以赴。培養國民意識需要有深厚的台灣人意識和台灣人的歷史感情，我認爲下列4個項目是達成目標的必備素養。

1. 瞭解歷史悲情的史實

台灣歷史上充滿被統治與被屠殺的史實。這雖是悲情往事，卻是力量的源泉，可取之不盡、用之不竭，轉化成爲一股新生力量，再創奇蹟。二二八事件奪走二萬多人的生命，造成台灣極大的傷害，卻帶來無窮契機，台灣人終而覺醒，走向獨立自主之路。白色恐怖造成無數生命的隕落，卻揭露獨裁者的猙獰面目，從此打開民主與人權之路。這些犧牲雖然令人惋惜，卻是令人深刻反省的素材，在台灣史上這種事例極多。我們瞭解越深，越能激發同仇敵愾的鬥志，捍衛台灣。

2. 涵蘊生命共同體的台灣意識

台灣意識潛藏在台灣人的內心底層，沒有經人挑撥就不會顯現出來。台灣意識是建構在土地與人民的共同經驗之上，土地涵養生命，生命代代傳承，島嶼台灣是涵蘊生命的搖籃，民眾的歷史也刻在島嶼上。這分休戚與共的感情散發出濃濃的台灣情，台灣意識就這樣自然地誕生。我們有了台灣意識就會凝聚力量、守護台灣。

3. 親近台灣的典範人物

在國民黨政府刻意教導下，英雄都是出自中國史上的人物，台灣人總是矮人一截，無法與中國人物相比。其實，台灣人爲了追求民主、自由與獨立，產生許多可歌可泣的事蹟，舉凡政治、經濟、社會、文化等各行各業都有傑出人物、都會成爲台灣的典範。典範出自台灣、出自我們身邊，就會成爲我們努力與成就的標竿。我們以此自豪就會產生自信，相信我們也有創造歷史的能力。

4. 認識民主、人權與國家建立的事蹟

台灣走過艱辛的歲月，長期對抗獨裁者才有今日的民主與自由。但世界上還有很多國家的經驗與我們雷同或相似。如以色列、古巴、巴勒斯坦、東帝汶等追求獨立自主的歷史，他們在不可能之中創造可能，在艱難之中創造奇蹟，這些事蹟都是我們惕勵奮發的借鏡。想到台灣前輩的犧牲，想起當今未竟的事業，我們應以實踐的精神去完成建國的願望。

台灣處於強權控制與中國併吞的威脅下，台灣人要如

何在矛盾中求生存，在險惡中求發展，需要智慧、能力、勇氣與意志。上述四項是從悲憤中得到力量，從學習中得到經驗，從自我錘鍊中得到智慧，從實踐中得到自信的方法。我們以此相互激勵、發揮所長，必能破除萬難，達成目標。

第六章
在教育領域
【導讀】

林玉体：國家正常化的台灣教育交響曲

林慧瑜：從台灣主體教育之觀點談國民應有的素養與智識

鄭正煜：台灣本土教育的美感與力學

在教育領域，我們要了解應有的素養與智識以助台灣邁向正常而安康的國家，應該要從下面幾個面向來探討：台灣的國民教育制度應有的功能、台灣國民教育面臨的困境、這困境對國家與國民的傷害與如何跳脫困境。

一、台灣的國民教育制度應有的功能

任何國家的國民教育都應該扮演二個重要的角色。第一、激發國民愛護鄉土人民的情愫，培育國民對國家認同的意識；第二、培育國家所須的各項技能。本文只針對第一功能的探討。林玉体教授在〈國家正常化的台灣教育交響曲〉(2009)一文中指出：「台灣是個多元文化的國家。眾所周知，在語言、宗教、信仰、思想習慣、族群，甚至意識形態上都極為紛歧。但做為一個正常國家，在一致的共識上，台灣的國家忠誠是不容曖昧不明的。歐美再如何開明、理性及自由派的學者，鼓吹寬容不遺餘力的思想界巨人，也無不主張寬容是有條件的，尤其在國家認同上。台灣國家正常化時，國民所受的教育之優先宗旨莫不以國家認同爲務，……」

林慧瑜教授在〈從台灣主體教育之觀點談國民應有的素養與智識〉(2009)一文中亦指出：「台灣社會在邁向建構主體性的國家意識(National Consciousness)過程中，所面臨最嚴峻的問題即是國家認同的混淆與錯亂、歷史記憶的破碎與斷裂、台灣本土文化的壓抑與失落。如何孕育茁壯台灣主體意識、還原台灣歷史眞貌、建構以台灣爲主體的文化內涵，在在已引起有識之士的重視與討論。」

鄭正煜老師，台灣南社社長，在〈台灣本土教育的美感與力學〉(2010)一文中指出：「日本明治時代的政治文化菁英，以自己的精神深度與個人修爲形塑了日本的國民性格，豐沛的社會力量進一步教育日本子民，孳生、長養日本新一代的知識領導階層。歐洲的文藝復興、美國的開國文明，無一不以類似具有教育性的良性循環開啓文化的新機運！」他並引述歌德的話：「我們從歷史得到的最佳事物是歷史所喚起的感動。」

二、台灣國民教育面臨的困境

遺憾的是，推動台灣主體性的教育長期以來受到統治者的宰制；近幾年台灣社會民主化之後，台灣主體性的教育竟又遭受黨國思維的反撲。誠如林慧瑜教授所言，長期以來：「當政者的文化政策一向以中華文化爲依歸、以中原文化爲主流，因而教育的內容以承襲中華道統文化爲鵠的；以國民教育做爲主宰人民意識的工具，以達到灌輸中華民國法統圖騰之目的。」2008年5月國民黨政權復辟後：「在台灣教育文化的措施有許多逆轉回歸中國化的現象。首先上陣的老舊學究組成『搶救國文聯盟』，他們極力反對國文、歷史採用高中『九八課綱』，並堅持《中國文化基本教材》需從選修改爲必修。今(2009)年二月台師大台文所李勤岸教授，痛批中國國民黨立委將四千萬預算全部刪除，讓母語認證無法辦下去，此無異對母語的全面屠殺。」這種反制孕育台灣主體意識的做法，是在壓制台灣意識的成長，以遂其外來政權控制台灣社會資源的企圖。

鄭正煜老師也指出：「台灣由於知識菁英二二八事件中大量的瞬間凋謝；蔣政權入台後又全面對台灣做綿密的政治掌控，導致黏著於台灣的精神傳統面臨極地的冰山斷裂、冰雪消融。今日台灣稀有僅存的耆老與親承中國殖民教育洗腦的子孫，形成在精神上家庭分裂的慘黯畫面，刻寫了台灣人最深沉的悲哀！」

三、對國家與國民的傷害

這種反制台灣主體性的教育對社會與國民都有負面的影響。在這樣的教育制度下，林慧瑜教授指出：「大部分的學生接受國民教育的結果，只知有遙遠的黃河、長江，卻不知鄰近的淡水河、濁水溪。由遠而近的教育方式，使得學生的求知與現實脫離，學生知道數千年的中國歷史而不知台灣斯土斯民的生活內涵；知道十萬八千里外的地理而忽視本土本鄉的環境。學校教育的政治社會化過程中，所傳授的價值觀是寧願作虛幻的『龍的傳人』，也不願較踏實的耕耘這塊土地。因此書讀得愈好，考試成績名列前茅，對台灣斯土斯民愈無知。論者批評：『我國國民教育的學習過程，即是逐漸遺忘、背離自己故鄉的過程與結果。』」

因此對社會而言，這種虛幻的「龍的傳人」的教育，不但不能善盡激發國民愛護鄉土人民的情愫，不能凝聚命運共同體的能量；反而製造對國家認同的混淆與錯亂，引發對國家忠誠的曖昧不明。對國民而言，這種虛幻的「龍的傳人」的教育剝奪了學生學習更重要的身邊事務的機會，浪費了可用以發展個人天賦的精力。

鄭正煜老師說：「五十歲以下的多數台灣人民，腦海中缺乏台灣故事，沒有台灣神話，反映在電視、電影上，少有觸探台灣精神史核心的台灣歷史劇，泣訴了台灣本土教育嚴重的貧血與蒼白！更嚴重的是台灣人民生活在缺乏台灣精神的困境中，沒有最起碼的覺醒，……」以明察魚肉人民、併吞台灣的陰謀。

四、如何跳脫困境

鄭正煜老師建議推動「台灣學」，將台灣學納入正規教材。他說：「美麗的夢土需要漫長歲月的尋索、開荒，才能由茫茫渺渺的迷濛中逐漸具象，浮雕成型。此一包括台灣歷史；台灣文學；台灣語言；台灣美術、音樂、戲劇、雕塑等等多元範疇的台灣學，必須經由少數先覺者的覺醒與提倡，透過政治的影響力進入校園體制，浸淫之漸，眾流匯聚形成聲勢沛然的台灣社會力與文化力，才能正式揭示台灣文化即將誕生的喜悅。……將台灣學納入正規教材、進入正式升學管道藉以教育台灣子弟，捨棄此一正途都不會是根植台灣、認同台灣最根本最長遠的方法。」

林慧瑜教授也說要：「實踐本土化的教育，必須加強認識自己的鄉土，了解自己國家的歷史環境與生態科技，以激發學生愛鄉、愛國的熱忱，使不同族群背景的學子都能認同、維護、保護這塊土地。各級學校應加重台灣史地、自然生態等教材內容，推展由近而遠的教學原理，從認識自己的社區、家鄉的風土人情做起，逐步擴及台灣社會、國家的層次，以致於中國、亞洲區域、全球的了解。本土化的教育立基於本土的關懷，推而廣之也具有地球村的視野。」

對一般民眾而言，也許會認為推動「台灣學」工程浩大，教育是國家的事，即使了解當今反台灣主體性教育的陰謀，做為市井小民也無能為力。這種想法並不正確，面對反台灣主體性的教育，我們應有下列的認知：

1. 要了解反台灣主體性教育的陰謀

我們要了解外來政權反台灣主體性，壓制台灣意識的成長，以期永遠控制台灣的資源。他們經由教育政策的制定、課程的編排、教科書的編寫、對教師的影響及謊言與欺騙，以圖控制台灣國民的思想與視野，以期台灣國民不懂如何作台灣的主人。了解外來政權的陰謀，我們可以防止他們陰謀的得逞，對外來政權的教育我們一定要存疑。

2. 自我吸收基礎是台灣主體性的智識

要自我涉獵有關台灣主體性的智識，以求自覺；也要幫助他人吸收有關台灣主體性的智識，以啓蒙他人。

3. 要公民參與

要站出來抵制反台灣主體性的教育政策、抵制反台灣主體性的課程編排、抵制採用反台灣主體性的教科書、抵制聘用反台灣主體性的教師。發揮公民參與的力量，以助「台灣學」的早日、全面的建立與推動。

4. 社會團體及社會精英應提供台灣主體性的教材

長期以來在外來政權的控制下，有關台灣主體性的以及可用以啓蒙民眾的論述尚未完整，在台灣學全面建立之前，社會團體及社會精英應合作提供台灣主體性的教材，推動台灣主體教育；本書的製作即基於這樣的理念。

五、人間仙境的教育美景

林玉体教授憧憬著台灣變成正常國家之後的一個人間仙境的教育美景。他說：「就基本教育(國中甚至高中)以下以教導語文及數學推理為主軸，……語文及數學推理是求學的工具，學校教育花九年的工夫盡瘁於斯，相信『母語』及外語加上一般性的推理能力，已可做為追求高深學問的基礎。在語文方面，高中以上可以加上第二外國語文選修，以奠定日後往知識的金字塔進軍。課程上除了這種基本科目之外，另配以音樂、勞作、工藝、體育、美術等，使國民學校變成一個動態及生氣十足的場所。教師除了在語文及數學推理應具備相當的程度之外，還得經常進修以解學生求知時之疑惑。不只專業，且敬業又樂業。要求全體國民幸福快樂，先得有快樂又幸福的老師。全台普設圖書館、博物館、各種資訊中心。……求知無外在壓力，有惑又有專精師資隨時指點迷津，此種教育美景，不是人間仙境嗎？……此種台灣正常化國家的教育措施，猶如一塊大磁石，吸力極強的向心現象，正是鞏固台灣國防的最安全堡壘。」期望有這樣的人間仙境的教育美景嗎？得等待台灣變成一個正常的國家之後……，台灣國民必須合力讓台灣變成一個正常的國家。

延伸閱讀

《台灣人的價值觀》，黃文雄，前衛，2000。

《台灣史一百件大事》，李筱峰等，玉山社，1999。

《台灣政治史》，戴寶村，台北：五南出版社，2006。

《台灣歷史人物與事件》，曹永和等，蘆洲：國立空中大學，2002。

國家正常化的台灣教育交響曲／林玉体

從歷史來看，台灣在過去及現在還未成爲一個正常的國家，但事在人爲，由於近年來台灣人主體意識的快速高漲，相信在不久的未來，台灣變成獨立又正常的國家將是指日可待，那也是台灣壓倒性的居民焚香以禱的期待。這股情感上訴求的滿足，將是台灣教育最引以爲傲的鼓舞力量，屆時台灣人民潛能的激發將可達最高境界，在文化各方面的成就上將可雄視寰宇，爲世人所欽羨與注目，或許也足可當作各方學子負笈學習求教的所在。

林玉体

1939年生，台南縣人。台南師範畢業，台灣師大教育學士，台灣師大教育碩士，美國Iowa大學哲學博士。曾任小學、中學教師，師大教育系副教授、教授、教育系主任、研究所所長、教育學院院長，台北縣教育局局長，台灣文化學院院長，國大代表，考試院考試委員，教師人權促進會及台灣教授協會創會會長。主要著作有《西洋教育思想史》、《西洋教育史》、《中國教育史》、《台灣教育史》、《實用邏輯》、《教育哲學》、《幼兒教育思想》、《教育概論》、《歐洲中世紀大學》、《學術自由史》。

台灣是個多元文化的國家。眾所周知，在語言、宗教、信仰、思想習慣、族群，甚至意識形態上都極爲紛歧。但做爲一個正常國家，在一致的共識上，台灣的國家忠誠是不容曖昧不明的。歐美再如何開明、理性及自由派的學者，鼓吹寬容不遺餘力的思想界巨人，也無不主張寬容是有條件的，尤其在國家認同上。台灣國家正常化時，國民所受的教育之優先宗旨莫不以國家認同爲務，這猶如美妙悅耳的交響樂一般；一流的作曲家，必定選用各種樂器發展其音色及旋律之美，但演奏者絕不能我行我素，各人各吹各的調，卻絕對得接受指揮手的提示、體態、表情動作。台灣宛如一個小美國，多元文化現象兩國差可比擬。往昔有歷史學者取「大熔灶」(melting pot)形容美國精神，這種比喻並不恰當，在大熔灶裡，各種元素盡皆熔化不見，這是不妥且也不宜的。以交響樂替代大熔灶，不是更爲傳神與得當嗎？

近幾年來，世人尤其教育界人士紛紛往芬蘭取經，咸認這個小國(但地理面積比台灣大七倍，只是人口不及台灣的一半)令人「驚豔」，芬蘭也有大的惡鄰(俄羅斯)在旁，又無天然如台灣海峽的屏障，但芬蘭獨立有「芬蘭組曲」之作，台灣作曲家早也有「台灣交響樂」問世。台灣成立正常國家之後，教育也該正常化，就基本教育(國中甚至高中)以下以教導語文及數學推理爲主軸，當然同心圓理論必須奉行不二，「登高必自卑，行遠必自邇」；萬丈高樓平地起，爬高山必先從山下起步；走遠路也從近處開始，不可好高騖遠、不自量力。語文及數學推理是求學的工具，學校教育花九年的工夫盡瘁於斯，相信「母語」及外語加上一般性的推理能力，已可做爲追求高深學問的基礎。在語文方面，高中以上可以加上第二外國語文選修，以奠定日後往知識的金字塔進軍。課程上除了這種基本科目之外，另配以音樂、勞作、工藝、體育、美術等，使國民學校變成一個動態及生氣十足的場所。教師除了在語文及數學推理應具備相當的程度之外，還得經常進修以解學生求知時之疑惑。不只專業，且敬業又樂業。要求全體國民幸福快樂，先得有快樂又幸福的老師。全台普設圖書館、博物館、各種資訊中心。求知慾本是人的本能，求知無外在壓力，有惑又有專精師資隨時指點迷津，此種教育美景，不是人間仙境嗎？高等教育除了在語文及數學推理更上一層樓之外，學生主動求知、積極向學，教師也以創新研究爲主旨，又熱心指導下一代，這就是教育的美妙樂章如天籟般的在美麗島奏出。

此種台灣正常化國家的教育措施猶如一塊大磁石，吸力極強的向心現象正是鞏固台灣國防的最安全堡壘。普及教育使全體台灣國民享有免費的基本教育，適應生活及求職能力，皆可個別差異式的獲得妥善的安排與處置；高等教育又提供更多的機會，讓有高度求學意願與動機者滿足求知若渴的欲望，師資及設備皆不遜於世界先進國家，發明及創意人才輩出。芬蘭既可以Nokia聞名遐邇賺取外匯數以億計，則台灣必也可步其後。近年來已有數項例證，表明台灣人民之素質已令世人刮目相看。在學術上，符號科學及經驗科學突飛猛進，自然科學、社會科學及人文科學也可急起直追。台灣的大學不只可擠入世界大學排行榜的百大，且期望可入五十大之列。台灣成爲正常化國家，正常化的教育也順勢而生。如此，正常化社會、正常的人格發展、正常的政治結構、正常的政府組織……也可望達成。是時人民安居樂業、治安良好，美麗寶島的仙境重現世人眼前，來往於台灣海峽的世界遊客，一睹台灣，Ila Formosa之「驚豔」再度喊叫出來。但今昔最大的差異在於，「教育」出台灣住民或外來移民於台灣者，皆能聆聽且沉醉於台灣獨特的教育交響曲中。

從台灣主體教育之觀點談國民應有的素養與智識／林慧瑜

2008年5月馬劉政府上任後，在台灣教育文化的措施有許多逆轉回歸中國化的現象。首先上陣的老舊學究組成「搶救國文聯盟」，他們極力反對國文、歷史採用高中「九八課綱」，並堅持《中國文化基本教材》需從選修改爲必修。今(2009)年二月台師大台文所李勤岸教授，痛批中國國民黨立委將四千萬預算全部刪除，讓母語認證無法辦下去，此無異對母語的全面屠殺。

台灣社會在邁向建構主體性的國家意識(National

林慧瑜

1941年出生於台中市，畢業於淡江文理學院英文系，獲美國瑪利蘭州道遜州立大學教育碩士，及文化大學中山學術研究所博士學位。曾任國立台北師範學院(今為國立台北教育大學)專任副教授。為台灣哲學會、台灣教授協會會員。目前退休，曾回台北教育大學兼任「台灣教育史」、「人權教育」等課程。二十多年的教學過程中開授「教育哲學」、「現代教育思潮」、「多元文化課程與教學」等課程，皆有意圖的將「認識台灣」融入各教學科目中，導引師生關懷本土、認同台灣，進而提升其台灣主體意識。

Consciousness)過程中，所面臨最嚴峻的問題即是國家認同的混淆與錯亂、歷史記憶的破碎與斷裂、台灣本土文化的壓抑與失落。如何孕育茁壯台灣主體意識、還原台灣歷史眞貌、建構以台灣爲主體的文化內涵，在在已引起有識之士的重視與討論。

(一)國民匱乏台灣主體意識之時代背景

回顧國民政府流亡播遷來台數十年來，由於特殊的歷史情結與政治糾葛，當政者的文化政策一向以中華文化爲依歸、以中原文化爲主流，因而教育的內容以承襲中華道統文化爲鵠的；以國民教育做爲主宰人民意識的工具，以達到灌輸中華民國法統圖騰之目的。大部分的學生接受國民教育的結果，只知有遙遠的黃河、長江，卻不知鄰近的淡水河、濁水溪。由遠而近的教育方式，使得學生的求知與現實脫離，學生知道數千年的中國歷史而不知台灣斯土斯民的生活內涵；知道十萬八千里外的地理而忽視本土本鄉的環境。學校教育的政治社會化過程中，所傳授的價值觀是寧願作虛幻的「龍的傳人」，也不願較踏實的耕耘這塊土地。因此書讀得愈好，考試成績名列前茅，對台灣斯土斯民愈無知。論者批評：「我國國民教育的學習過程，即是逐漸遺忘、背離自己故鄉的過程與結果。」其論證頗爲中肯。

(二)本土教育之建立與實施

台灣主體意識有兩個向度(dimension)，一個是土地(land)的向度，代表一種將台灣視爲鄉土(homeland)的認同感；另一種是人(people)的向度，人聚集而生活於社區(community)、社群(society)之中，代表一種將台灣住民所形成的生活社區、社群視爲命運共同體的歸屬感。也反映住在台灣這塊土地上的所有住民對自我身分(self-identity)的認同。

本土教育是建構在對這塊土地的認同，即台灣認同。同時也強調的是關懷，關懷台灣這塊土地以及居住其上的所有住民。「本土化」不是用來區隔「非本土化」，更不是用來區隔族群。本土化是尊重並且承認這些不同思維的差異，因此台灣教育本土化不應該被有心人扭曲成爲「去中國化」的說辭，我們也不主張教育去中國化，而是要在台灣歷史整體發展之中，對中國歷史做合理的定位。讓台灣子弟坦率的面對先人做精神與知識的連結，也讓台灣子弟認識中國、認識世界，也有助於他們立足於台灣、扎根於台灣進而放眼世界。

實踐本土化的教育必須加強認識自己的鄉土，了解自己國家的歷史環境與生態科技，以激發學生愛鄉、愛國的熱忱，使不同族群背景的學子都能認同、維護、保護這塊土地。各級學校應加重台灣史地、自然生態等教材內容，推展由近而遠的教學原理，從認識自己的社區、家鄉的風土人情做起，逐步擴及台灣社會、國家的層次，以致於中國、亞洲區域、全球的了解。本土化的教育立基於本土的關懷，推而廣之也具有地球村的視野。

(三)台灣主體意識之建立與深化

笛卡兒(Descartes)的著作《我思故我在》的書中，他倡言主體即是「自我」，以自我爲思想之主體，及自我做爲思維歷程的中心及來源，因之主體意識乃意涵著自我充分的自由意志及自由抉擇。將「自我」之辭彙轉換爲台灣人，而將台灣人視爲一個「整體自我」，即以居住在台灣的兩千三百多萬人爲主體來思考、建構自己的生活方式，有充分的自由意志與自由的抉擇權。學者杜正勝曾倡言：「何謂台灣主體意識？簡言之即是台灣人當家作主的心願。」何謂台灣主體意識(或簡稱台灣意識)，簡言之即：台灣人反對任何形式的外來政權之統治，決定當家作主建立自己的國家。

數十年來台灣主體意識的發展歷程是經由啓蒙、萌芽逐漸醞釀而形成，與台灣先民、前輩的民主奮鬥史齊頭並進，一點一滴累積匯集而成，可謂斑斑血淚得之不易，我們應該珍視之，並且經由教育的途徑來傳承、茁壯、發展。

如何實施以台灣爲主體的教育，首要任務應在「師資培育機構」實施以台灣爲主體的教育。國民教育的施教者爲基層教師，要提升國民的台灣意識與國家認同，必須先孕育茁壯教師的台灣意識與國家認同。教學是一種理智的、有意圖的活動，教師的意志、信念與價值觀，就在教學的情境中扮演著重要的角色；教師在教學過程中直接將他(她)們的信念(belief)傳播給學生，影響學生一生的信念頗鉅。基此，師資培育機構對職前與在職教師實施以台灣爲主體的教育刻不容緩。

在認同台灣、有台灣主體意識的教育制度之下，教師的授課內容、家庭作業、寒暑假作業等皆有很大的不同，例如國中教育階段，教師可依據學生的年級、程度、地域環境等引導學生認識家鄉的楷模人物，進而以「台灣歷史人物與事件」爲主軸，認識：一、日治時代反割讓、武裝抗日及文化、社會、政治的抗日運動；二、戰後初期的二二八事件；三、中國國民黨威權體制下的白色恐怖(四六事件、鹿窟事件、台大哲學系事件、孫立人案、雷震案等)；四、早期的獨立運動(王育德的台灣青年社、黃昭堂的台灣獨立建國聯盟、彭明敏等的台灣人民自救宣言等)；五、解嚴後的獨立運動(鄭南榕、黃華、許世楷等)；六、爭取自由民主的美麗島事件；七、當前還繼續爲台灣打拚的台灣教授協會、台灣教師聯盟等民間組織。相信教師授課時可以透過各種教材內容的規劃與學習活動的實施，引導啓發學生認識台灣、認同台灣，進而提升其台灣意識。

(四)結論

「台灣主體意識」是台灣人經由苦難、啓蒙而醞釀、形塑。目前還在進行中，是否前進或後退？還在牽扯拔河中。我們深信爲了提升國民的自主、主體意識，必須從根本的教育著手，重新建立台灣教育的主體性，才能期待台灣國民主體性的普遍覺醒，進而掙脫認同的危機，凝聚台灣人生命共同體，共同形塑台灣永續發展的願景，以建設台灣成爲正常而安康的國家。

台灣本土教育的美感與力學

／鄭正煜

一、「台灣學」的文盲導致對台灣母土的無知與無情

二二八事件中遇害的台大文學院院長林茂生教授，失蹤前他的台大日籍同事提出警告：「不該低估國民黨的力量與殘忍。」這位不願接受教育大師杜威的建議留在美國哥倫比亞大學任教的學者君子表示：「我什麼都沒有做，爲什麼要去躲藏？」林教授沒有選擇自己暫時消失，國民黨就讓他永遠消失！

鄭正煜

高雄縣茄定鄉人，中國文化大學歷史系畢業。曾任國中教師；《首都早報》等多家報紙主编、主筆。自「美麗島事件」爆發前一年，為工人作家楊青矗參選立委撰寫文宣稿後，自此參與大大小小助選，從未間斷。曾參加民進黨，之後退黨擔任建國黨高屏辦公室副主任暨教育文化組副主任，亦曾任多位立委研究室主任或特助，訴求主題大多聚焦「教育台灣化」。最近十年擔任台灣南社執行長、社長，持續此一努力。

把台灣的世紀畫家陳澄波、具備全人類壯麗人格的湯德章一槍斃命，從結果論來看，二二八使台灣人就此失去典型，失去接受「教育」的機會。

夤緣而上，缺乏與台灣歷史聯結的良質教育的台灣子民的心靈內在，幾乎完全喪失自己先人的精神原鄉，即使已培育眾多擁有博士學位、教授資格的學者，其實大學殿堂、高科技園區，滿布的多是「台灣學」的文盲。對台灣先民的形影一片茫漠、迷離的台灣人民，台灣學文盲的特有屬性，使台灣過往的文化完全無法成爲現代台灣文化成長的肥料，至今台灣少有人有能力對台灣文化做賦具本質性的哲學透視，出以文藝美學的描摹與雕塑，涵泳、淬礪，能入又復能出的高人本就不多；另一方面的重大缺憾在於台灣文化長期缺乏滋潤，乾枯之河呈現的只有片片、段段的荒涼、貧瘠與不堪！

日本的明治維新如果抽離坂本龍馬、福澤諭吉等等五十位菁英及其所輻輳、匯集的文化力、社會力能量，日本的武士道哲學將無法交纏近代西方文明，結晶發散而成現代的日本文化。更具體而論，是日本明治時代的政治文化菁英，以自己的精神深度與個人修爲形塑了日本的國民性格，豐沛的社會力量進一步教育日本子民，孳生、長養日本新一代的知識領導階層。歐洲的文藝復興、美國的開國文明，無一不以類似具有教育性的良性循環開啓文化的新機運！

台灣由於知識菁英二二八事件中大量的瞬間凋謝；蔣

政權入台後又全面對台灣做綿密的政治掌控，導致黏著於台灣的精神傳統面臨極地的冰山斷裂、冰雪消融。今日台灣稀有僅存的耆老與親承中國殖民教育洗腦的子孫，形成在精神上家庭分裂的慘黯畫面，刻寫了台灣人最深沉的悲哀！

五十歲以下的多數台灣人民腦海中缺乏台灣故事，沒有台灣神話，反映在電視、電影上，少有觸探台灣精神史核心的台灣歷史劇，泣訴了台灣本土教育嚴重的貧血與蒼白！更嚴重的是台灣人民生活在缺乏台灣精神的困境中，沒有最起碼的覺醒，嘶喊教育台灣化反而引起周遭台灣人無盡的冷對與譏嘲。

歌德說：「我們從歷史得到的最佳事物是歷史所喚起的感動。」由於六十年來的台灣教育所填塞的都是在空間上、時間上極爲遙遠的中國，台灣的子民腦海中幾乎完全沒有太祖，甚至沒有父親童年生活小鎮的圖像，對營養豐富又具食療效益的野菜再無一絲的知解，由無情呈現出來的是大片大片的濫墾、濫伐，山河的破碎從外在映襯出台灣人民心靈歷史的殘萎！

由於對台灣母土無知也無情，台灣人民非常根本的忘卻台灣原始的山、原始的樹、原始的小溪的美麗與眞實；沒有從三至五萬年以降的長濱文化，甚至可能是大崗山人化石所徵示的十萬年前的台灣最早歷史，遞嬗而下的文化淬鍊的精華提供的啓迪與感應，台灣人心靈失去在文化上接受天啓的幸運，一個素樸、體諒、眞誠、感恩；尊重自己也尊重別人；能夠在自然或公共場域維護與享受寧靜之美的國民美學，距離今日的台灣社會竟是何等的迢遙。

二、多元範疇的「台灣學」

美麗的夢土需要漫長歲月的尋索、開荒，才能由茫茫渺渺的迷濛中逐漸具象，浮雕成型。此一包括台灣歷史；台灣文學；台灣語言；台灣美術、音樂、戲劇、雕塑等等多元範疇的台灣學，必須經由少數先覺者的覺醒與提倡，透過政治的影響力進入校園體制，浸淫之漸，眾流匯聚形成聲勢沛然的台灣社會力與文化力，才能正式揭示台灣文化即將誕生的喜悅。

然而，國民黨六十年的中國殖民教育成果驚人，教育體制、文官系統、媒體勢力，大部分均由中國勢力所盤踞。連屬於台灣的歌仔戲，獲得文建會最大補助金額的明華園，戲目幾乎皆由中國劇情所主導，罕見出自台灣山河大地孕生的幼苗。

台灣曾經出現過兩位具有台灣本土意識的總統，也曾經有過立法院第一大黨的民進黨。但是，自黨外時代以來，本土政治勢力的政治人物，要應付短期即可收割政治成果的立即性政治議題，少有心力究及缺乏眼前利益的教育訴求。

例如一位民進黨縣、市長，長期邀請轄下國、中小學校長到官邸泡茶、博暖(台語發音)，卻不願依手握的行政裁量權在校長甄選中多考台灣學試題，讓校長儲備人才心靈上涵容更多的台灣知識與情感。

做爲台灣本土政黨的民進黨，黨中央設有社運部、婦女部、政策部等等，卻至今沒有教育部，勉強有一個教育文化福利委員會，核心運作關心社會福利卻不及於教育、文化，更遑論本土教育與本土文化。黨中央幹部與立法院黨團立委，深入關心本土教育議題的更是寥寥可數，根本沒有能力形成黨的政策，展現黨的教育台灣化實力。

台灣的幼稚園至大學博士班學生將近五百五十萬人，教師將近二十三萬人，占據台灣將近四分之一的龐大人口。每一上課日所學均是充斥中國的文史教育，爲台灣的中國政黨培養源源不斷的生力軍，爲台灣的中國媒體營造七藍三綠的優勢媒體生態，如此不顧根本，言說民進黨關心台灣與民進黨自身前途，誰能相信？

三、將「台灣學」納入正規教材

個人謹敬建請關心台灣未來前途的所有台灣鄉親：若不能進入校園的教育體制，將台灣學納入正規教材、進入正式升學管道藉以教育台灣子弟，捨棄此一正途都不會是根植台灣、認同台灣最根本最長遠的方法。

因此，遊說、監督、施壓民進黨推動中央或地方權力所及的本土教育政策，應當成爲重建、發皇台灣文化的重大要務。從前有八十歲本土耆老，重返國小母校參加建校百年的畢業典禮時，竟能聆聽到兩名國小畢業生中的一位，使用台語作畢業生致謝詞，這位耆老意想不到台灣母語竟能進入學校殿堂，感動得眼中含滿老淚！

「台灣囝仔讀台灣冊」本來就是台灣人民在台灣應有的權利，如果我們無法透過教育體制讓台灣子弟對台灣歷史、山河「感動」，我們的生命都會活得不夠圓滿！

第七章
在媒體領域
【導讀】

簡余晏：中國正以文宣媒介企圖不戰而取台灣
呂一銘：國家認同歧異成了戕害新聞專業的元凶
王景弘：一千個「爲什麼」？
盧世祥：破除新聞媒體的障蔽
蔡滄波：台灣國民應有的智識

一、台灣媒體已成為中國共產黨不戰而取得台灣的統戰工具

台北市議員簡余晏在〈中國正以文宣媒介企圖不戰而取台灣〉(2009)一文中指出：「2009年上半年，中華人民共和國……向國際宣布，中國投資五百億元人民幣宣傳『正面形象』，五年內要搞出七家資產逾百億的傳媒企業，這波目標是要拓展國外，尤其是港澳台灣市場。」於是：「2009年起已活生生在台灣媒體展開一場網路戰、媒體戰、新聞戰，台灣媒介遭大量外資、中資購買股份，再加上國民黨政府用納稅人的錢大量置入行銷買新聞，台灣的媒介被放入大量獨裁政權的洗腦文宣，已成爲不折不扣的戰爭工具！……多家電視台股權已是中資、外資，媒體爲了爲老闆服務，政論主持人盛誇胡錦濤、溫家寶，新聞充斥美化中國、讚美中國的文字，隨便看一下電視台的中國新聞談中國建築多美、企業多強、江山多嬌的新聞俯拾

皆是，更別提台灣女主播去上中國媒體痛批達賴喇嘛的案例，這些新聞與媒體人赤裸裸成爲侵害人權的幫凶，更成爲獨裁劊子手的工具。……其實，中國對台灣的媒介攻擊早已發動，上個階段是透過台灣人掌控台灣媒體與媒體人，但是，中國評估這樣的洗腦仍不夠快，所以這一波砸大錢的只做文宣不談新聞自由、新聞專業、新聞自主的新媒介時代已然來到。」中國的最終目的就是要透過思想麻醉，不戰而取得台灣。

二、台灣媒體擴大國家認同的歧異而淪為政治鬥爭的工具

曾任《新生報》發行人兼社長的呂一銘先生，在〈國家認同歧異成了戕害新聞專業的元凶〉(2009)一文中指出：「造成台灣媒體亂象的癥結固與媒介所有人的政經利益有關，……實質上是和國家認同歧異攸關。……台灣具備世界上民主國家的要件，而且政府是由民選產生，卻因爲中國以武力威脅，宣示台灣是它的一部分，再加以四十多年來由黨國體制掌控的媒體配合教化，使新聞、資訊管道窄化，並長期浸淫於斯，習焉不察(習以為常)，致更模糊了台灣內部國家認同的核心價值，此實爲媒體亂象的濫觴。」也就是說黨國體制掌控的媒體模糊了台灣內部國家認同的核心價值，因而擴大國家認同的歧異，而這國家認同的歧異更使媒體偏離專業、扭曲報導、混淆視聽、顛倒是非，

令人無法辨識眞假而以此掠奪政經利益。

「……2008年『520』之前的新聞錯假，或有聞必錄、夾議夾敘等缺失，泰半是查證不足或消息來源有誤，或未能平衡報導等，比較屬於新聞專業規範的問題；但『520』後，除了老毛病未改外，『主觀建構』式的編寫現象嚴重，譬如涉及兩岸政經新聞，自然成了『催統』的有力工具；並極盡各種『利誘』之能事，使國家認同益發產生歧異。若是涉及政治性、司法案件，更扮演『媒體審判』角色，還能『指揮辦案』及『未審先判』，無疑成了政治鬥爭的『武器』，復使政治司法、經濟之類的新聞報導泰半偏離專業，使得錯假新聞或偏頗、扭曲報導，簡直無日不已，結果使專業的公信力蕩然。……如今台灣的泛藍媒體更變本加厲，往往利用匿名的未經證實的消息來源，作夾議夾敘的『主觀建構』編寫，不僅混淆視聽，復顚倒是非，以訛傳訛，根本無法辨識眞假，例不勝舉。」

三、黨國媒體對國民的傷害

資深媒體人王景弘先生在〈一千個「爲什麼」？〉(2009)一文中指出，第二次世界大戰結束，盟軍最高統帥麥克阿瑟占領日本之後，開始日本的改革與重建；他的首要工程之一就是改革日本教育，去除軍國主義灌輸式的教育，回復自由主義尋求眞正知識的現代化教育。反觀由蔣介石代表盟國占領台灣的做法；國民黨政府：「一占領台灣便開始厲行『中國化』；教育與宣傳成爲國民黨政府進行中國化的最重要手段。封建、腐敗、惡質的中國文化；錯誤的教育理念；偏狹民族主義對歷史的歪曲；教條式與一言堂的『黨國』教育與宣傳……，排山倒海的灌輸給台灣人，他們要把台灣人改變成中國人。……透過一言堂教育及不斷重複的升學考試、公職考試、升等考試，甚至早期的留學考試，國民黨的愚民教育把台灣人訓練成只會背書不會讀書、不會思考，以爲教科書的內容就是眞理，畢業離校繼續受國民黨宣傳媒體之洗腦，遂造成台灣人沒有獨立人格、奴性難改、不辨是非的畸形狀態。」

台灣國民受黨國教育與媒體長時間的影響之後，造成一般國民易於被媒體所灌輸的觀點左右，對事物不能有獨立周全嚴謹的分析，對人不能有針鋒相對的辯論信心，這都是黨國控制下媒體與教育造成的傷害。

四、如何掙脱黨國媒體的控制

(一)要問「為什麼」？

王景弘先生認爲：「……要突破國民黨的愚民教育，培養有健全台灣國民意識的新生代，只有寄更大期望於青年學生對求知態度的改變。針對國民黨的愚民教育，包括其宣傳在內，大家應放棄先入爲主的成見，在腦子裡、在口頭上提出千千百百個『爲什麼』？也就是對教條存疑、對解釋存疑、對答案存疑、對所謂『事實』存疑……，除非能找到可以信服的證據。……『爲什麼』這三個字是一個人思考的開始，它是求知識與一生解決問題的最基本工夫。能對現象提『爲什麼』的問題，才會去尋找答案；面對疑難時提『爲什麼』，才能瞭解問題進而解決問題。……要有好奇心，不斷問爲什麼，人的常識、知識才能累積，也不易被騙。」

(二)分辨「我是甚麼人」？

財團法人新聞公害防治基金會執行長盧世祥先生，在〈破除新聞媒體的障蔽〉(2009)一文中指出，要幫助台灣成爲一個正常而安康的國家：「……釐清認同是首要，也就是分辨『我是甚麼人』？所有在台灣的人不論先來後到、自己或父祖來自何方，都是『同一國的』、都是台灣人；……既然身爲台灣人就不能不知台灣事。台灣的歷史、地理、文化等斯土斯民的種種，都應該納爲教育重要內容；新聞媒體所提供的資訊，也應從台灣主體出發看待世間事。只有台灣人把這塊土地的一切當成自己的事，方足以矯正多年來『去台灣化』的惡果，讓台灣成爲眞正屬於台灣人的國家……。」

盧先生點出非常重要的一點：「由於國家社會尙非正常，不能完全以正常社會的道理看待事物，是台灣人應具備的另一素養與智能；破除新聞媒體的障蔽就是這方面的首要。台灣媒體唯利是圖、唯我獨尊，且帶有強烈的外來政權心態。其專業不行、所提供的資訊極度扭曲，台灣人透過如此媒體掌握天下事已深受其害。因此，除了把媒體改革列爲國家正常化的要務，『盡信書不如無書』，質疑並愼選媒體，自爲台灣人重要的日常課題。」媒體常利用似是而非、以一概全、不合時空、顚倒輕重緩急的論調，以引導讀者接受他們的立場；最能看破這種陰謀的方法是從台灣主體性的觀點，檢驗其是否對台灣有利。我們要吸收知識，更要分辨知識的適用性，要用智慧來應用知識，這也就是本書多用「智識」代替「知識」的原因。

五、透過公民參與改變媒體

公民參與、全民監督在媒體政策的制定與細節的執行都很重要。在細節執行層面，電視新聞媒體人蔡滄波先生，在〈台灣國民應有的智識——電視新聞篇〉(2009)一文中，解說透過公權力改變媒體的可能性。他說：「儘管台灣電視新聞有諸多問題，畢竟台灣是自由的市場經濟，對電視而言，台灣國民是觀眾、是消費者、是收視率的來源，也可能是廣告主、是電視台的衣食父母，也是選民，可以透過公權力改變媒體的營運環境和規則。(1)做爲觀眾，台灣國民應多關照較有台灣主體性的電視新聞台，讓這些新聞台有較高收視率可以持續營運，抵制違反台灣利益的電視台或節目。另現行廣電法允許民眾舉發違法或不當的電視新聞，國民可以利用上網或電話向通信傳播委員會檢舉，則電視台必須說明，否則會遭開罰單或影響下次換照。(2)企業界應多贊助維護台灣意識的電視新聞台，讓他們有資源繼續爲台灣發聲；廣告主的意見，電視經營者相當重視，廣告主，尤其是每個月廣告金額逾百萬的廣告主，電視台不敢怠慢。(3)做爲選民，應支持或要求訂定有利本土電視台及從業人員的遊戲規則，防範中資尤其是中國黨政軍介入台灣電視的可能。」

在政策制定層面，簡余晏議員呼籲：「我們要如何來對抗這樣的文化、媒介、思想的攻擊？必須要有政府組織內的良知官員、台灣NCC的良知學者、媒介裡的覺醒者、社會運動的領導者……，大家共同覺醒對抗這一波大量的媒介購買、置入及洗腦。……共同來呼籲台灣媒介的新聞自主及覺醒。」呂一銘先生也提醒全體國民：「……中國是以併吞台灣爲其統一目標，……於是千方百計透過媒體進行文宣統戰；此唯賴認同台灣的媒體中人和有識之士不斷能喚起人民自覺、群策群力，不斷發揮媒體的守望、教育等功能，並以維護自由民主、獨立自主爲己任，進而提高新聞的『公信力』，使閱聽大眾得以耳聰目明，能愼思、明辨、成熟，……」

延伸閱讀

《台灣，不是中國的：台灣國民的歷史》，薛化元、戴寶村、周美里合著，財團法人群策會，2005。

《台灣的獨立與建國》，陳隆志，新自然主義，1993。

《自由的滋味——彭明敏回憶錄》，彭明敏，彭明敏文教基金會，2004。

《如何使思想正確》(*How to Think Straight*)，勞伯．蕭勒士著，林炳錚譯，協志工業，1988。

《快讀台灣史》，李筱峰，玉山社，2003。

《美國獨立宣言》

《聖經舊約：出埃及記》

《新聞公害與傳播倫理》，盧世祥，允晨文化出版社，2008。

《費正清論中國》(*China: A New History*)，費正清，正中書局，1994。

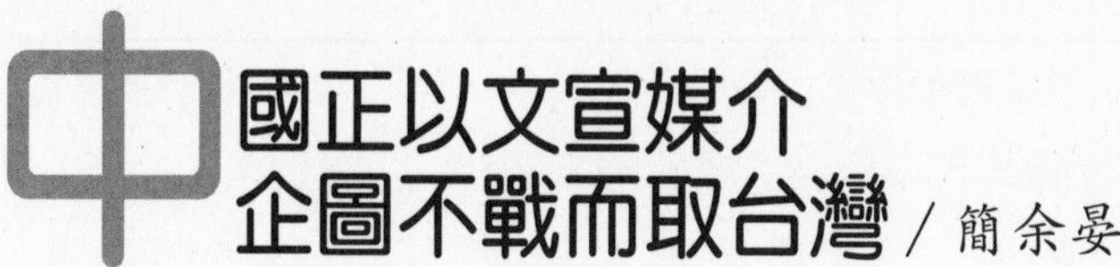

中國正以文宣媒介企圖不戰而取台灣 / 簡余晏

一、中國對台灣的文宣媒體戰早已發動

「當代的戰爭已不再是戰爭，而是網際網路交手、大眾傳媒爭鋒！」(頁215，喬良王湘穗，《超限戰》，左岸文化，新店：2004)這句話在中國解放軍軍官所寫的《超限戰》一書裡讓人印象深刻，但，這已不是中國政權的推演或規畫而已，2009年起已活生生在台灣媒體展開一場網路戰、媒體戰、新聞戰。台灣媒介遭大量外資、中資購買股份，台灣的媒介被放入大量獨裁政權的洗腦文宣，已成爲不折不扣的戰

簡余晏

國立政治大學新聞系、新聞所畢業。曾任《東森新聞報》副主任、《中國時報》記者、《聯合晚報》記者，2006年至今為台北市議員。曾獲2004年卓越新聞獎的新聞節目主持人獎。

爭工具！

2009年上半年，中華人民共和國正式向國際宣布，中國投資五百億元人民幣宣傳「正面形象」，五年內要搞出七家資產逾百億的傳媒企業，這波目標是要拓展國外，尤其是港澳台灣市場。台灣多家電視台股權已有中資、外資介入；媒體爲了爲老闆服務，政論主持人盛誇胡錦濤、溫家寶，新聞節目充斥著美化中國、讚美中國的文字，讚美中國建築多美、企業多強、江山多嬌的新聞俯拾皆是，更別提台灣女主播去上中國媒體痛批達賴喇嘛的案例，這些新聞與媒體人赤裸裸成爲侵害人權的幫凶，更成爲獨裁者的工具。

在此同時，政論節目取代兩國的文宣部門，展開一場認同的召喚，台灣派政論節目體會到歷史困境，召喚台灣的認同，但是，中國也大量邀訪統派政論節目主持人及來賓，進一步以免費招待邀訪參與座談會來影響政論節目內容。而21世紀的閱聽人從觀看節目中去縫補國族認同、社會認同、政黨認同。這是一場認同大戰，也是民主內戰、媒體內戰，這段時間以來，中華人民共和國正式啓動「推進新聞出版體制改革的指導意見」，展開「大外宣」戰略！

其實，中國對台灣的媒介攻擊早已發動，上個階段是透過台灣人掌控台灣媒體與媒體人，但是，中國評估這樣的洗腦仍不夠快，所以這一波砸大錢的只做文宣不談新聞自由、新聞專業、新聞自主的新媒介時代已然來到。

二、文宣媒體戰可以有效摧毀一個社會的心防

傳播學者馬奎爾(Denis McQuail)的說法，也證實了文宣媒體戰可以有效摧毀一個社會的心防。馬奎爾認為透過媒介展現，接受他人看法的人比表達看法的人多得多，個人僅從大眾媒體得到對事物的印象。相反的，權威機構則透過媒體支配與控制著大眾的想法，降低大眾在觀點形成中的自主性。唯有市場模式提高數量，才能以多元化增加傳播新管道以及提供消費者更多的選擇。上述兩項理論都證明了中國要以文宣媒介不戰而取台灣的可行性。馬奎爾(Denis McQuail)指出，媒介可以反應：

1. **認同**(identity)：媒介反映並強化階級、種族、宗教、國家、次文化等傳統刻板印象和分界系統，也會削弱許多由環境或機構所架設的藩籬，也有可能挖掘出另類性或自我選擇的身分認同；
2. **領域與地區**：媒介意義是由許多關於在地的線索建構起來的，媒介的全球化可能導致訊息出現混淆，且降低其意義的在地性，不過卻也能促使更豐富的地區性報導出現；
3. **集體記憶**：媒介內容提供了集體記憶，媒介的生產和分配步調受到「每天、每週、每季、事件的

歷史性循環」等時間限制的影響，進而影響到讀者對意義的獲取。(McQuail 2000: 485-486)

從馬奎爾、葛蘭西的論述來看，媒介組織受到外環利益集團、龐大國家機制、霸權獨裁國家系統性資金的控制，營造訊息及意見。新聞從業人員根本毫無自主性，只是生產工具而已。我們再進一步將觀點擴大國際層次，則可發現世界的訊息市場已受到少數國家控制，絲毫不重視小國發言權，這正是所謂的傳播帝國主義，而台灣做爲中國全力收買的資本主義新聞市場，從股東、資本額、政論主持人、新聞媒介主管到新聞內容……，幾乎多數成爲國際霸權及中華人民共和國國家控制的一環。從媒介理論、媒介史來看，閱聽人幾乎對霸權媒介的攻擊毫無招架能力。當代媒體人如果沒有覺醒與堅持，將成爲獨裁政權的幫凶！

三、我們要如何來對抗這樣的文化、媒介、思想的攻擊？

在這個關鍵時刻，我們如何能保住一個獨立自由、民主開放的台灣？如何來對抗這樣的文化、媒介、思想的攻擊？此時，唯有：

1. 時時去反思媒介的侵入與洗腦，廣泛閱讀國外報紙的民主知識、比較各媒體細節，廣泛閱讀建立正確的價值觀與進步的民主概念，例如《紐約時報》定期報導美國大法官的討論民主概念及言論自由，這些都有助於我們反思台灣現況。
2. 讓社會普遍認知到媒介的偏頗，催生社會的「集體覺醒運動」，如此，我們的下一代才能如同先打了疫苗，認知媒介是「病毒」對我們的社會認知展開侵擾，我們才能認知接觸偏頗媒體跟吸菸一樣，根本有害身心健康！
3. 更進一步的是，在集體覺醒運動的進程中，也必須依法阻止中華人民共和國媒體來台灣辦電視、辦報，阻止不具新聞自由、人權概念的媒宣工具進到身邊。必須要有政府組織內的良知官員、台灣NCC的良知學者、媒介裡的覺醒者、社會運動的領導者，大家共同覺醒對抗這一波大量的媒介購買、置入及洗腦。

台灣的媒介能否改變？要看閱聽人是什麼樣的人。台灣國民具有什麼樣的人格特質？我們的集體意志夠強大嗎？唯有人民集體覺醒，菁英領袖及媒體人具備反思的能力，媒體才可能改變、台灣才能改變，如此我們才有可能改變我們未來的共同命運。

國家認同歧異成了戕害新聞專業的元凶 / 呂一銘

(一)媒體模糊了台灣內部國家認同的核心價值

造成台灣媒體亂象的癥結，固與媒介所有人的政經利益有關，亦與媒體中人妄自尊大、濫用第四權不無關係；但依個人濫竽新聞界四十多年的經驗和觀察，實質上是和國家認同歧異攸關。一旦執政者不是以「台灣為依歸」或另有所圖者，人民自易被其操縱的媒體催化，甚至轉變成

呂一銘

1941年生。曾任《新生報》發行人兼社長(1979–2001)、《聯合報》記者(1969–1980)，文化大學新聞系兼任教師(1978–1979)。2004至2009年擔任：新聞公害防治基金會「報紙觀察報告」計劃主持人、台視文化公司總監、資深顧問、中華農學會農業資訊服務中心顧問兼研究員，並籌辦「新台灣農業智庫」。逢甲大學土木系畢業。政大新聞研究所高級新聞人員研究班結業。中央研究院1976年保送台大物理研究所進修地球科學。著作有15本。曾獲金鼎獎、金橋評論獎、省政優良報導獎(1984)。

爲一種「內化」而不自覺。

基本上，在台灣生於斯、長於斯，終老於斯，卻不能認同它是一個國家主體，是有識之士難以忍受和痛苦的事。台灣具備世界上民主國家的要件，而且政府是由民選產生，卻因爲中國以武力威脅宣示台灣是它的一部分，再加以四十多年來由黨國體制掌控的媒體配合教化，使新聞、資訊管道窄化，並長期浸淫於斯，習焉不察(習以為常)，致更模糊了台灣內部國家認同的核心價值，此實爲媒體亂象的濫觴。

近20多年來台灣雖有了解除戒嚴、開放報禁、黨禁等的民主化進展，以及民進黨的首次執政八年，一方面固促進了台灣主體意識的抬頭；然相對的，亦使「大中國主義」的國民黨放棄「反共」主張，於2005年和中國共產黨合流成立了所謂「國共論壇」，讓中共的統戰得以明目張膽施展，並挾持數十萬的台商和國民黨要員進行「以商促政，以黨促統」，所憑藉的文宣就是媒體！

如果翻開台灣的媒體史，解嚴和報禁開放前後，媒體是催生民主化、本土化的巨輪動力，到了2000年首次政黨輪替，像黨政軍退出媒體，設立公共電視網等，可說是社會的主調，可惜變成半吊子，直到今天問題依然層出不窮。而2004年總統大選爲了兩顆子彈，泛藍(國民黨、親民黨、新黨)不服選舉結果，造成政局動盪不安，亦造成媒體非關新聞專業的對幹，復以民進黨政府發生若干涉貪事件(包括前總統陳水扁涉嫌國務機要費弊案)，爆料特多、烏龍亦多，更形成不負責任的「爆料」歪風，幾無視新聞專業及倫理；及至第二次的政黨輪替，國民黨一黨獨大完全執政，再以新黨國姿態，變本加厲，不僅將國家電台、公共電視、通訊社等「黨政化」，猶開放中國媒體駐點。近一年多來，只要與兩岸有關者，無論「國共論壇」、「海基」、「海協」兩會協商，或參加北京奧運等，紅、藍媒體皆空前絕後地相互唱和，大鳴大放，創造一股和平「促統」氛圍，「台灣」也不見了，只剩「中華台北」或「中國台北」，主權矮化莫此爲甚！此非僅是國家民主化的絆腳石，又無視民主、國家尊嚴、自由人權淪喪的危機，才是令人憂心所在！

(二)媒體已由「工具」轉變為「武器」

在2008年「520」二次政黨輪替的前後，是台灣媒體的一個重要分水嶺。也就是媒體已由「工具」轉變爲「武器」，變成政治鬥爭外的新戰場，過去注重的新聞專業或新聞倫理、扮演的社會公器角色等，變得模糊和混淆不清，並因兩岸的開放台灣又成了紅、藍、綠的媒體競技角力場。一旦媒體因「促統」掛帥，易失其維護民主公平正義人道(人權)的職責，那麼媒體已不復爲媒體，反使民主多元社會變成盲目失聰，甚或心盲，那才是眞正的可悲！

換言之，2008年「520」之前的新聞、錯假或有聞必錄、夾議夾敘等缺失，泰半是查證不足或消息來源有誤，或未能平衡報導等，比較屬於新聞專業規範的問題；但「520」後，除了老毛病未改外，「主觀建構」式的編寫現象嚴重，譬如涉及兩岸政經新聞，自然成了「催統」的有力工具；並極盡各種「利誘」之能事，使國家認同益發產生歧異。若是涉及政治性、司法案件，更扮演「媒體審判」角色，還能「指揮辦案」及「未審先判」，無疑成了政治鬥爭的「武器」，復使政治司法、經濟之類的新聞報導泰半偏離專業，使得錯假新聞或偏頗、扭曲報導，簡直無日不已，結果使專業的公信力蕩然。像2005年「愛德曼公關公司」的報告公信力只有1%；2007年的「世界經濟論壇」亦不過為10%，顯示台灣媒體的信賴度極為偏低。

(三)新聞沒有扭曲事實的自由

新聞沒有扭曲事實的自由；「正確第一」仍是普世的新聞專業信條。然台灣媒體亂象的情境頗像英國著名的傳播學者歐妮爾教授(Onora O'Neill)所描述的：「所謂的編輯與報導，經常摻雜了中傷、譏誚、嘲弄、指控、羞辱及指責，甚至有些揭發、爆料的報導，常是造謠、抹黑，遊走在誹謗邊緣。……最嚴重的是沒有可提供檢驗的『證據』；而無法評估『信任』的報導簡直就是『災難』。……，如果報導不正確，那麼公眾評論的源頭便受到污染，便會誤導社會的正確判斷。」

如今台灣的泛藍媒體更變本加厲，往往利用未經證實的匿名消息來源，作夾議夾敘的「主觀建構」編寫，不僅混淆視聽，復顚倒是非，以訛傳訛，根本無法辨識眞假，例不勝舉。

綜言之，台灣媒體已因政治立場裂解成藍綠，與中國紅色媒體成了「三國演義」般的戰爭，漸失「公器」的理想，而台灣的媒介所有人與媒介組織，對新聞報導及評論取向，大致分政治立場鮮明和商業市場導向兩大類，復使「是非」難以確立，導致衍生社會信者恆信、不信者恆不信的乖常現象。

(四)喚起人民自覺

世界民主先進國家雖亦有媒體亂象，但並無國家認同問題，而台灣情況則比較嚴重，因爲中國是以併吞台灣爲其統一目標，自難爲生活在民主國度的台灣人民接受，於是千方百計透過媒體進行文宣統戰；此唯賴認同台灣的媒體中人和有識之士不斷能喚起人民自覺、群策群力，不斷發揮媒體的守望、教育等功能，並以維護自由民主、獨立自主爲己任，進而提高新聞的「公信力」使閱聽大眾得以耳聰目明，能愼思、明辨、成熟，重振台灣新聞自由第一的榮譽，才是台灣之福！

千個「為什麼」？／王景弘

(一)他們要把台灣人改變成中國人

第二次世界大戰結束，盟軍最高統帥麥克阿瑟負責占領日本，開始日本的改革與重建。他的首要工程是重新制定日本憲法及改革日本教育，前者把天皇從「神」的位階搬回人間，成虛位的君主立憲，主權在民；後者去除軍國主義灌輸教育，回復自由主義、尋求眞正知識的現代化教育。做爲日本殖民地的台灣，由蔣介石代表盟國占領。國民黨政府不顧對日和約未議，一占領台灣便開始厲行「中

王景弘

歷任《聯合報》駐華府特派員、《台灣日報》駐美主筆，現從事美、台政治關係、美國東亞政策研究，著有：《強權政治與台灣──從開羅會議到舊金山和約》、《採訪歷史──從華府檔案看台灣》、《慣看秋月春風──一個台灣記者的回顧》、《中美關係的軌跡》及《沒有英雄的年代》等書。

國化」；教育與宣傳成爲國民黨政府進行中國化的最重要手段。封建、腐敗、惡質的中國文化、錯誤的教育理念、偏狹民族主義對歷史的歪曲、教條式與一言堂的「黨國」教育與宣傳，排山倒海的灌輸給台灣人；他們要把台灣人改變成中國人。

透過一言堂教育及不斷重複的升學考試、公職考試、升等考試，甚至早期的留學考試，國民黨的愚民教育把台灣人訓練成只會背書，不會讀書、不會思考，以爲教科書的內容就是眞理，畢業離校，繼續受國民黨宣傳媒體之洗腦，遂造成台灣人沒有獨立人格、奴性難改、不辨是非的畸型狀態。

國民黨這一套是中國落後、反民主、非現代化的教育。從李登輝到民進黨執政，曾嘗試教育改革，增加台灣文史地理教育，並對曲解的歷史有所枉正，但那些長期霸占台灣教育決策及執行的國民黨族群便狂喊這是「去中國化」。外來族群和久受國民黨教育的台灣人語文、史地教師，已經熟背教材，習慣於一言堂答案，他們的升遷互動關係早經建立，並對中國化視爲當然，不知「中國化」的謬誤和「去中國化」的正當性。

(二)期望於青年學生對求知態度的改變

日本在改革中向現代化邁進，台灣因中國化而停滯落後。島國台灣要提升與發展，只有現代化、吸收各國文化，而不能因循歷史錯誤的中國化。台灣文史教育的改革其實還稱不上「去中國化」，因爲有關中國的文史教材及教學時間的比例仍遠高於本土教材與教學，教學仍用北京語，台灣母語只是附帶使免於絕滅而已。這種改革談不上「去中國化」，也不夠「本土化」，而只是在民主時代應該有的「現代化」：既然台灣自成國家，當然以認識本國爲優先，更何況中國那套教育現在連共產黨政權都要改掉。

現在民進黨失去政權，國民黨以「停止去中國化」爲名，狂妄的進行新一波「中國化」、「去台灣化」，一言堂威權形式復見，教育機構仍在國民黨及其同路人控制下，要教師拿出良心進行培育健全國民的現代化教育已更加困難。在教師大部分因利益被收買，或因同僚壓力而屈從國民黨的情況下，要突破國民黨的愚民教育培養有健全台灣國民意識的新生代，只有寄更大期望於青年學生對求知態度的改變。

(三)提出千千百百個「為什麼」？

針對國民黨的愚民教育，包括其宣傳在內，大家應放棄先入爲主的成見，在腦子裡、在口頭上提出千千百百個「爲什麼」？也就是對教條存疑、對解釋存疑、對答案存疑、對所謂「事實」存疑，除非能找到可以信服的證據。

國民黨威權黨國教育的特色就在灌輸，學生只要背書，不要問「爲什麼」？其實，「爲什麼」這三個字是一個人思考的開始，它是求知識與一生解決問題的最基本工夫。能對現象提「爲什麼」的問題，才會去尋找答案；面對疑難時提「爲什麼」，才能瞭解問題進而解決問題。對教科書、教師提出的論點，只要心裡想「爲什麼」？一個人的頭腦便會開始思考，開始找資料、開始研判，可能找出不同、更合實際的論點。在工作上要有所建議，你要說出「爲什麼」作此建議。看報紙、看電視的報導與評論，不要直接當眞的接受，要提出「爲什麼」？

美國父母教育小孩、學校教育小孩，都是鼓勵問「爲什麼」。還在牙牙學語的兒童，你叫他去洗手、不要碰火爐、不要咬指甲，他就要問「爲什麼」。他們的教育不是一個命令一個動作，不准問東問西。要有好奇心、不斷問爲什麼，人的常識、知識才能累積，也不易被騙。

(四)破除黨國教育遺毒

思考「爲什麼」的過程，對突破一言堂答案是一個重要利器。台灣受國民黨的中國化或奴化教育已經太久，只有人人隨時警惕「爲什麼」，才能逐漸破除中國化教育留下的毒素。

美國文史教育，教師及教材都會納入不同學說，訓練學生的思辨能力。台灣教育黨國化的結果，學生只受塡鴨灌輸居多。一般人的文史知識除了學校背的教條之外，一生不再讀嚴肅的文史書籍，結果所知所學停留教科書階段，也畢生成爲國民黨的思想奴才。

台灣已經有自由的環境，透過網路、進口外文書籍或翻譯外文書籍，可以接觸到各種學說與資訊，青年學生及社會人士不應陷在多數仍由國民黨洗腦教育機器的資訊圈，而應多接觸國外的資訊、書刊、教科書和非教科書，以破除黨國教育遺毒。只有國民的頭腦清楚，民主政治才能完善，國家才能健康發展。

破除新聞媒體的障蔽／盧世祥

(一)台灣的不正常

台灣二十世紀於外來統治之下，經歷戰爭、武力屠殺、白色恐怖、文化壓制、族群傾軋，以數代台灣人民的犧牲、努力，終能在經濟方面邁向富足，政治上也建構了民主自由。不過，儘管戰後長期執政的外來政權逐漸台灣化，由於其大中國意識形態作祟，外加中國極力要把台灣併吞為它的一部分，台灣在內外交迫中，至今還不是正常

盧世祥

台南安平人，1949年生。台灣大學學士、政治大學碩士、美國柏克萊加州大學碩士。歷任新聞機構記者、編譯、採訪主任、編譯主任、特約撰述、主筆、總編輯、總主筆、副社長、常務董事、常駐監察人、顧問，兼任教職於文化學院、台灣大學；現任財團法人新聞公害防治基金會執行長。著有：《做餅的人生，明天有夢：義美六十七年》，高騰蛟口述，遠流 2001、《台灣的卓越》，三人合著，允晨 2006、《構築台灣夢》，前衛 2007、《新聞公害與傳播倫理：不要被媒體牽著鼻子走》，允晨 2008、《從哈巴狗變瘋狗：台灣媒體亂象紀實》，前衛2008。

國家，不但人民欠缺正常國家公民應有的素養與智識，台灣在國際社會也不被當成一般國家。

要凸顯台灣的不正常，例子不勝枚舉。政治上，如今的執政黨擁有說不清楚的黨產，面對的中國是全球少見的共產黨專政國家，台灣在國際組織名稱繁多卻絕少以台灣爲名。文化上，受到「去台灣化」荼毒，許多台灣人民仍自稱「我們中國人」，任何嘗試建立台灣主體的努力都被戴上「去中國化」帽子，多數人民對自己土地的歷史、地理、人文極其茫然。經濟上，「不要把雞蛋放在一個籃子。」原是常識，台灣卻把絕大部分投資經貿往來投注敵對的中國，而且受其拉扯，不論經貿自主、產業轉型、上班族薪資都向下沉淪，整體經濟依賴中國猶如糖尿病患之於胰島素。

(二)釐清認同

台灣要成爲正常而安康的國家，就必須努力扭轉這些不正常的現狀，力求充實並提升國民素養與智識。就此而言，釐清認同是首要，也就是分辨：「我是甚麼人？」所有在台灣的人，不論先來後到，自己或父祖來自何方，都是「同一國的」，都是台灣人；類似「我是台灣人，也是中國人」的說法，不但混淆國家認同，也給企圖併吞台灣的中國可趁之機。

既然身爲台灣人，就不能不知台灣事。台灣的歷史、地理、文化等斯土斯民的種種，都應該納為教育重要內容；新聞媒體所提供的資訊，也應從台灣主體出發看待世間事。只有台灣人把這塊土地的一切當成自己的事，方足以矯正多年來「去台灣化」的惡果，讓台灣成為眞正屬於台灣人的國家，而不是別國的一部分。

同樣重要的，台灣人不能不會說台灣話。由於外來政權實施禁絕母語政策，台灣人的母語，不論原住民、客家、福佬母語，都正面臨滅絕危機。台灣以北京話為官方語言，與台灣人學習英、日等外國語言一樣，都不是壞事，但是母語是斯土斯民的文化結晶，透過母語方足以深刻體會並欣賞自己的文化，以身為台灣人為榮，台灣人應力求具備以母語溝通無礙的能力。

(三)建立平衡的群己觀

建立平衡的群己觀，是台灣另一項重要的國民素質。台灣人普遍過於自我中心，常只見得個人短期利益，不能從大局著眼。參加團體活動，常把人民內部矛盾上綱成為敵我矛盾；選舉時，以選票換鈔票，以致黑金賄選難以根絕；社會上，欠缺自重且尊重他人的公德心；經濟上，工商企業善於單打獨鬥，卻常無力集體對外競爭；乃至於商人政客為一己私利，自甘受中國「以商圍政」「以民逼官」對付台灣策略所用，均此顯例。台灣人就個體而言，大抵相當優秀，群體表現卻往往相對平庸；國家社會要正常而安康，台灣人自應從強化主體與整體觀著手，關注並積極投入社會與公共議題，善盡公民職責，不能總是在面對逆境時寄望「天佑台灣」。

(四)不能完全以正常社會的道理看待事物

由於國家社會尚非正常，不能完全以正常社會的道理看待事物，是台灣人應具備的另一素養與智能；破除新聞媒體的障蔽就是這方面的首要。台灣媒體唯利是圖、唯我獨尊，且帶有強烈的外來政權心態，其專業不行，所提供的資訊極度扭曲，台灣人透過如此媒體掌握天下事已深受其害。因此，除了把媒體改革列爲國家正常化的要務，「盡信書不如無書。」質疑並慎選媒體，自爲台灣人重要的日常課題。

台灣公眾長期受教育及媒體「去台灣化」洗腦，如今至少有一半台灣人還在睡覺，或竟頭殼壞去。發揚以台灣爲本的國民素養、智識與意識，從而實現國家社會邁向正常而安康之路的根本。

台灣國民應有的智識
電視新聞篇／蔡滄波

挾帶著有影有音老少咸宜、高度及時性、超高滲透率及相對低價的優勢，電視遠遠凌駕報紙、雜誌等平面媒體成爲一般民眾最常使用的媒體。近年來，許多已開發國家，網路在年輕族群日漸對電視形成威脅，不過就所有年齡層而言，電視依然是最普及最強勢的媒體。台灣這幾年的民眾媒體使用行爲調查中，一般人看電視而得到新聞資訊的比率高達九成，報紙降到四成以下，網路則攀升到四成五。可預見的十年內，儘管媒體通路將更多元，新媒體不斷出現搶攻電視觀眾群，預估電視仍是主流，依然是台

蔡滄波

七〇年代台大政治系出身，大學時代即投入反對運動。八〇年代留學美國期間加入旅美台灣人運動，後來轉往華府任本土媒體駐美記者，觀察台美關係多年。九〇年代末期返台投入電視新聞迄今。

灣民眾的重要耳目，是台灣人了解國內和國際變動的主要管道。

(一)正常社會電視應有的功能

理想的電子媒體和平面一樣，應能採訪搜集國民所需要的新聞訊息，而且加以整理報導滿足觀眾及時資訊的需求；另一方面透過訪談節目，讓專家學者協助國民理解，提供知識和對策。不只是報導表面現象，娛樂觀眾感官也得替觀眾提供知性、解決問題。證嚴法師說：「要報也要導。」就是這樣的道理。

好的電視新聞應該要成爲國民的耳目，爲國民瞭望全球、守護家園。要在浩瀚的資訊大海中善盡守門員和加工者的角色，爲觀眾篩選、處理編播片斷資訊，成爲智識，讓國民們有充分的精神配備掌握當下變局，也更有能力因應急劇變化的明日世界。台灣是海島國家，和外界互賴程度深，我們的媒體尤其是電視得風氣之先，更應扮演好這樣的角色。

在這前提下，各電視台應考量服務的主力目標觀眾，各自建立特色，在不同領域建立權威，橫向達到分眾化。縱向方面各台各節新聞，應考量各時段不同的開機觀眾在國際國內新聞、政治、財經、社會、生活、影劇娛樂、運動、各類新聞、全國和在地新聞……，訂定不同比例，提供營養又好吃的資訊套餐而非只是口味好的垃圾食物。新聞時段中，單純報導外也要有專家解讀、延伸的單元。簡言之，電視台需分眾化和降低各時段重播比例，如此台灣國民才能從眾多的電視頻道得到最好的新聞服務。

(二)當前台灣電視新聞的問題

台灣電視的問題多，也嚴重，所以成爲和過去的立法院一樣被視爲台灣的亂源。台灣電視在產業結構、媒體生態和從業人員行爲都存在問題。

1. 結構層面

台灣的電視問題最根本的是台數太多。2千3百萬人口的台灣從第50台到第55台，共有六家24小時播報的一般新聞台。人口遠比台灣多的美國才只有CNN和FOX兩家，日本則無半台新聞台。電視台多，瓜分一年三百億不到的電視廣告，無法支撐包括新聞台在內的七十多個頻道，因此所有的頻道業者都需儘量壓縮成本，量入爲出，電視新聞亦然。偏偏電視新聞是勞力密集、資金密集的產業。無足夠的營收、經費，新聞台必須減少駐外記者和國外採訪，減少外電購買，起用資淺薪資較低的記者，資遣資深新聞工作者，只做每日新聞，少從事曠日費時又花錢的專題和深度報導。這些最終都會影響新聞品質。

新聞頻道多導致競爭激烈，而衡量電視新聞的收視率又只有一家，每天各電視台都在比誤差範圍內的收視差距，加上成本限制，所以新聞操作者爲挽救收視率，很容易競相推出遊走法律邊緣的羶色腥或吃喝玩樂新聞。電視新聞日益娛樂化、貧乏化，因此台灣電視新聞台遭詬病爲弱智媒體。

電視台多，占總時段1/6的廣告又逐年萎縮，經營不易，電視經營者需另闢財源，開發另5/6的內容時段，因此，近年來置入行銷應運而生，大行其道。置入行銷多少混淆了新聞和廣告的分際，是傳統新聞價值的一項挑戰。

台灣電視產業面臨最新也最嚴重的挑戰是，台灣市場已無利可圖，發展已到瓶頸。中國資金的入主，台灣電視打進中國市場，中國廣告和置入行銷的誘惑成爲台灣電視的新危機。一般認爲中國已悄悄利用台商攻進台灣電視市場，只要法律防線一開，中國的宣傳便會隨中資源源不絕湧入島國，台灣再也很難有心防。

2. 媒體生態問題

電視新聞人力精簡，新聞路線分工遠較報紙粗略，加上記者半天可能需產出的不只一則新聞，電視記者路線經營、新聞完整性和權威不如平面同儕。因之每天電視台早上還需讀報，借重平面，電視台主管和記者也需參考報紙決定素材，主要早報對台灣媒體議程設定擁有重大影響力。每週三《壹週刊》的封面新聞，常會成爲當天電視新聞的要聞。台灣平面對電視新聞走向影響大，也是別的國家少有的現象。

3. 從業人員的問題

台灣的電視新聞掌握在一群在台北受教育、生活的主管手中，他們生活經驗相仿，長期受黨國薰陶，價值觀也接近，新聞品味和觀點差別有限，這是何以電視新聞常被詬病爲「台北觀點」的緣故。過去八年儘管本土政治力量曾躍居多數，成功取得執政地位，可惜台灣人並未能運用執政優勢打破中國意識掌控台灣媒體的局面，讓本土認同和價值在台灣媒體仍是少數。電視台第一線記者大多是剛自校園畢業的年輕人，社會歷練不足，觀察力有限，路線經營時間不長，無法有足夠的權威感對執政者或被採訪對象形成有力的監督。再加上記者群聚現象，因此電視新聞口水多，汗水少；動作多，意義少；現象多，眞相少。

台灣的電視新聞問題這麼多，台灣國民該怎麼辦呢？

(三)台灣國民的對策

儘管台灣電視新聞有諸多問題，畢竟台灣是自由的市場經濟，對電視而言，台灣國民是觀眾是消費者是收視率的來源，也可能是廣告主，是電視台的衣食父母，也是選民，可以透過公權力改變媒體的營運環境和規則。

1. 做爲觀眾，台灣國民應多關照較有台灣主體性的電視新聞台。讓這些新聞台有較高收視率可以持續營運。抵制違反台灣利益的電視台或節目。另現行廣電法允許民眾舉發違法或不當的電視新聞，國民可以利用上網或電話向通信傳播委員會檢舉，則電視台必須說明。否則會遭開罰單或影響下次換照。

2. 企業界應多贊助維護台灣意識的電視新聞台，讓他們有資源繼續爲台灣發聲。廣告主的意見，電視經營者相當重視。廣告主尤其是每個月廣告金額逾百萬的廣告主，電視台不敢怠慢。

3. 做爲選民，應支持或要求公職訂定有利本土電視台及從業人員的遊戲規則，防範中資尤其是中國黨政軍介入台灣電視的可能。

第八章

在司法領域

【導讀】

鄭昆山：現代化國家的基本核心價值思維

謝清志：以人權知識對抗司法惡勢力

謝淑媛：台灣國民應有的法律知識

法律是用以處理社會的紛爭，是社會穩定的支柱。它的理念與執行應秉持著正義與公平的原則。當法律的理念有不公不義的偏袒，或法律的執行有不公不義的偏見，穩定社會的支柱就會動搖。台灣國民應該了解台灣做爲一個法治國家，其法律之理念與執行是否眞正秉持著正義與公平的原則，應該具有何種法律的素養與知識。

一、法律的理念藏有不公不義的限制

鄭昆山教授在其〈現代化國家的基本核心價值思維〉(2009)一文中指出，「法治國家」的理念是現代化國家最爲重要的五項基本核心價值思維之一。(其他的四項基本核心價值思維為「環境國家」的理念、「社會國家」的理念、「知識國家」的理念及「文化國家」的理念。)就法治國家的理念而言，「至今在台灣還遙不可及！雖然台灣在不同時代的總統，信誓旦旦地說台灣是一個民主法治的國家！但是，並非事實！至今台灣還不是一個正常的法治國家！因為最基本的『國民主權法理』還無法展現。台灣人民的制憲權至今仍未實施過，以及人民的制憲權不得以任何法規範加以限制，但在台灣卻用『中華民國憲法』來限制人民的制憲權。……另一個嚴肅的問題，就是『實質』『法治國家』的理念如何在台灣落實的問題，當形式上的法律違背大多數人的公平正義時，有無抗爭或市民的不服從的權利？例如：『公民投票法』應該是實施直接民主非常重要的規範，可是卻限制禁止台灣的『國名』進行公民投票，已經違背台灣多數人的公平正義！」

鄭教授指出台灣看來像是個法治的國家，但是台灣人被迫使用的「中華民國憲法」及其他法律卻限制人民行使某些權利。譬如「公民投票法」不但禁止對台灣的國名進行公民投票，而且設有不合情理的高門檻，以削弱人民使用公民投票法以對國家政策表示意見的權利。這是以政治手段在立法過程中植入不公不義的政治權謀，以至法律的理念(條文)暗藏著對人民不公不義的限制。

二、法律的執行藏有不公不義的偏見與濫權

曾任國科會副主任委員，執行台灣三個衛星的成功發射，也是南科園區高鐵減震工程的負責人，又是台灣司法的受害者謝清志博士在其〈以人權知識對抗司法惡勢力〉

(2009)一文中控訴：「……檢調人員對待嫌疑人(被告)及證人的套招、恐嚇、威脅、串供以達入人於罪的劣行，其實也是一種犯罪行爲，該被懲罰。」他說：「2006年我無端捲入政治漩渦，曾在台南看守所被羈押59天，後來遭檢察官以圖利罪起訴並求刑15年，併科罰金台幣三仟萬，經兩年訴訟2008年終被判無罪。……台灣走過威權體制，由於過程平和，除了一些象徵性制度的變革(如解嚴或修正刑法第一百條等)外，所有威權體制的典章與法規依舊，同樣的公務人員繼續占據公務系統。……他們繼續將嫌疑人當成罪犯並以囚犯對待，完全違背無罪推定原則；就算刑求已不再，其他威嚇、逼供、挑撥離間、套供等等，還是同戒嚴時期一樣被視爲辦案的必要手段。更可怕的是，理應秉持公平、公正的法官，也允許這些作爲繼續下去，……檢調人員在司法制度裡被賦予的權力、義務與責任沒有對等，加上他們認知錯誤，總覺得自己在爲民除害，而不知『除錯害』等於是『錯殺好人』；於是，冤枉無罪之人不但不必負責、未受懲罰，更造成他們繼續追殺，幾近瘋狂。」

2008年下半年以來，幾件司法案件的執行讓台灣人民不能相信司法的獨立，讓台灣人民看出司法的不公不義，似已淪爲政黨的工具。特偵組偵辦與國民黨政敵有關案件，即有多次違反「偵查不公開」的規則，進行媒體炒作企圖製造輿論公審。甚至公然洩漏國家機密，包括：台灣與WTO前秘書長蘇帕蔡交涉細節、「安亞」與「拉美」等機密外交專案的內容，無顧台灣的國際信用。台灣司法的濫權、對被告人權的侵犯，已引發國際人權組織與國際法界學者的關切。

三、法律知識的重要

要糾正台灣的司法濫權，我們必須努力提升國民的法律知識，唯有在每位國民都具有相當程度的法律知識、人權知識，才能建立有正義平等的典章制度，才能形成有力的監督力量，讓執法人員不敢也無法再濫權侵犯人民的基本權益。謝淑媛教授在〈台灣國民應有的法律知識〉(2009)一文中闡釋：「……要達成正常國家，甚至於達成正常國家之後要維持一個正常國家，人民、政府與整個社會的種種權利、義務，以及其間的關係均必須由法律規定清楚，更依法律來執行與保障。因此國民應有基本法律的素養與智識，方能監督一個政府依法行政。……一個民主國家之穩定、繁榮、安全的因素來自憲法的制定與實行。不論憲法是成文抑或不成文，都是每個國家應有的法律的基礎。……政府立法要民主、司法要獨立、人權須保障、人民結社應自由、集會也該自由、言論更要自由、宗教也是自由的、環境則必須保護等。萬一政府非依法行政，非由人民立法、非公平司法，則人民即有知識、更有權利依法要求政府糾正、改革，或監督、指導政府的權能與職責。倘使人民缺乏法律方面的常識，則無法或無能去提示政府的違法。……不論是憲法、民法、刑法及其關係法規，乃至行政法規，人民均須有基礎的瞭解，方能明白個人以及政府的權利義務。

「總而言之，自由、人權、平等、民主、憲政、主權是人民必須擁有的法律觀念，因爲一個國家必須有法治，而法治要靠人民來制定、實施、履行、監督，才能長久性地保全這些寶貴的精神與價值。」

四、公民參與

法律是用以處理社會的紛爭，是社會穩定的支柱。台灣看來像是個法治的國家，其實並不盡然；就法律的創制層面而言，台灣威權統治的遺孽以政治手段在立法過程中植入不公不義的政治權謀，就法律的執行層面而言，它藏有不公不義的偏見與濫權。爲建立一個有正義公平的社會，爲保障全體國民的人權，台灣國民必須提升法律知識，必須參與監督法律的創制與執行。

現代化國家的基本核心價值思維 / 鄭昆山

台灣國民做爲國家主人翁應有的智識，就是對於：「現代化國家的基本核心價值。」這些「現代化國家的基本核心價值」，頗值得在台灣的每一個國民共同參與討論，到底在可預見的未來，要將台灣帶向何方？對於研擬「台灣國民應有的素養與智識——以助台灣邁向正常國家」，共同來描繪明日的台灣人的圖像，我個人認爲下列五項「現代化國家的基本核心價值」最爲重要，以就教於先進賢達！

鄭昆山

過去在警官學校(現已改制為警察大學)受到中國國民黨「黨國思想」教化，一直誤認「台獨即台毒」，但進入台大法研所博士班就讀後該想法受到動搖，後來前往德國攻讀法學博士後，受到德國統一後在馬普國際刑法研究院(*Max-Planck-Institut für internationalen u. ausländischen Strafrecht*)研究機構，有個大型國際研討會主題是「從專制國刑法走向法治國刑法之道」，體認到台灣過去是一個準專制國刑法，終於豁然開朗！

首先是「法治國家」的理念，至今在台灣還遙不可及！雖然台灣在不同時代的總統，信誓旦旦地說台灣是一個民主法治的國家！但是，並非事實！至今台灣還不是一個正常的法治國家！因爲最基本的「國民主權法理」還無法展現。台灣人民的制憲權至今仍未實施過，以及人民的制憲權不得以任何法規範加以限制，但在台灣卻用「中華民國憲法」來限制人民的制憲權。再加上「中華民國領土」＝「中華人民共和國領土」＋「蒙古共和國領土」(ROC＝PRC＋ROM)，更是違背國際法的規範；但這種荒謬的中國國民黨領土理論(秋海棠＝老母雞＋馬鈴薯)，卻延續數十年之久！我們可以確認的是，只要延續這種中華民國法制，台灣就不是一個正常化的民主法治國家！另一個嚴肅的問題，就是「實質」「法治國家」的理念如何在台灣落實的問題，當形式上的法律違背大多數人的公平正義時，有無抗爭或市民的不服從的權利？例如「公民投票法」應該是實施直接民主非常重要的規範，可是卻限制禁止台灣的「國名」進行公民投票，已經違背台灣多數人的公平正義！

其次是「環境國家」的理念，在一個現代化的國家，一定要以「環境保護優先」做爲國家責無旁貸的責任，但是在台灣的中華民國憲法增修條文第十條第二項卻定，「經濟及科學技術發展，應與環境及生態保護兼籌並顧。」其理念仍是經濟及科學技術優先發展，當會衝突到環境及生態保護時，再來兼籌並顧。相對於德國早在1994

年就已經修改基本法(Art. 20a GG)，增列環境及生態保護是國家三權——行政權、立法權及司法權必須優先達成的國家目標。但在台灣不僅法制面落後，而且在執法上也有經濟優先、環保其次的隱憂。

第三、是「社會國家」的理念，如何落實優先照料社會上弱勢團體，對於老弱婦孺及殘障失業者，應善盡國家救助的義務，但在台灣過度偏袒資本家，未對有錢人課徵較高稅金，致政府無能照料社會上弱勢團體。

第四、是「知識國家」的理念，須強調「知識力量大(Knowledge is power)」，但是在台灣仍有官大學問大(Power is Knowledge)的弊端，如何尊重專業、展現知識界的力量，才是台灣應該加以改革之處。

最後，是「文化國家」的理念，對於台灣的本土歷史文化、本土語言文化，如何有效的維護與發揚光大，也是政府應該優先施政的目標。但在今天台灣在「一個中國」的施政領導之下，本土歷史文化及本土語言文化已經蕩然無存！

總之，現代化國家的基本核心價值思維就是：台灣目前迫切需要建立「法治國家」、「環境國家」、「社會國家」、「知識國家」及「文化國家」的理念，台灣才有機會建立一個現代化正常國家，否則過度向中國傾斜，一定會導致台灣香港化的危機！

以人權知識對抗司法惡勢力

／謝清志

(一)初抵美國的經驗

1968年來美求學，我對美國人的第一印象就是他們的待人態度與禮儀，他們非常體貼，好像我的出現對他們而言是件很重要且值得高興的事。

我的首次際遇就是學校系裡的辦事人員。她，一位年逾半百的女秘書，對著當時十句英語有九句聽不懂的我，耐心地說明看似複雜其實十分簡易的入學報到與註冊手續。只見她嘴動，我不解其意，只好手腳並用；直到看到

謝清志

1941年出生於台南縣七股，高雄市長大，美國密西根大學航太博士，主修火箭導航、控制與定位，在美期間先後任職Rockwell International, The Aerospace Corporation等公司。1995年回台任職於國科會太空計劃室，2000年民進黨執政任國科會副主任委員。任職期間成功執行、督導三個衛星成功發射；南科園區高鐵減震工程及海外台人回台計劃；國會候鳥、伯樂等計劃，目前退休。

我稍微瞭解後，她才開心地笑出來。記憶裡的她，不厭其煩又樂在其中，對比當時台灣到處「晚娘臉」的辦事員，的確令我驚奇。

(二)台灣人的素養正在向上提升

1995年，我整裝回到台灣新竹科學園區任職。有一次到郵局寄信，看到一位女辦事員正禮貌且耐心向一位婦人解釋郵局存款與取款的手續；這位剛從國外回來的婦人顯然對這些規定不以爲然，於是從「顧客至上、服務、便民」到「台灣不思長進」、「早知道就不要回來」等等，一股腦地對那位無辜的辦事員教訓一番。

女辦事員一句話也沒答腔任由奚落，還是誠懇且戰戰兢兢地代爲填表蓋印，順利讓這位婦人領了錢揚長而去。接著，她又若無其事地繼續以笑容迎接下一位顧客。

這位辦事員是膽怯？習以爲常？還是爲了完成工作只好忍辱負重？

2008年底，我離美14年後整裝準備重回美國洛杉磯，爲因應在美生活之需，特地南下高雄(戶籍地)趕辦一些英文文件(如英文戶口謄本、在台期間行為證明)。一個非假日，一早從台北乘高鐵南下前往三民區公所，親切的行人向我指出區公所服務中心的位置，裡頭的承辦人員也親切地問明我的來意，回稱須一週時間才能拿到，我因三天後就要出國，於是留下有高雄地址的信封請對方代爲寄回；接著，我又前往警察局去申請一分英文的良民證，局內女警也是親切、輕鬆應對，令人不覺有衙門氣氛，並回稱要須二到三週才能辦好，我同樣留下信封請對方代爲寄回。辦完這些事才上午十點半。

當天中午與友人午餐，飯才吃到一半，手機響了，區公所服務中心一位小姐來電通知文件已好，隨時可領取。趕往區公所取得文件，我喜出望外向她致謝，還請教她的上司姓名，希望其主管予以鼓勵；倒是她若無其事地回說便民是她們的分內工作，要我不必掛意。談話中得知眞正負責此業務的人當日請假，她只是代理人，見我案件情況較緊急於是趕緊辦理，她的親切與微笑讓我想起第一次到美國入學遇到的那位女秘書。

這些不同時空的體驗告訴我，「素養」有待時間與環境去孕育、進步而成熟。台灣的國民自戒嚴時期的「晚娘臉」，經歷解嚴後台灣人主政的「忍辱負重」，到首次政黨輪替後的「微笑便民」，再再顯示台灣人的素養正在向上提升。

(三)檢調人員的劣行是一種犯罪行為

2006年我無端捲入政治漩渦，曾在台南看守所被羈押59天，後來遭檢察官以圖利罪起訴並求刑15年，併科罰金台幣三仟萬，經兩年訴訟2008年終被判無罪。

不久，民進黨員包括兩位縣長、執政期間的中央官員及卸任台灣人總統等，相繼坐進天牢，理由千篇一律：貪污、圖利或洗錢！本來生機盎然的台灣頓時變成不講是非的社會，許多人明知有些事情並非如此，生氣卻又無可奈何。到底，這個國家需要什麼？這土地的人民又缺少什麼？

回想兩年多的經驗，我有了領悟！

台灣走過威權體制，由於過程平和，除了一些象徵性制度的變革(如解嚴或修正刑法第一百條等)外，所有威權體制的典章與法規依舊，同樣的公務人員繼續占據公務系統。以法學教育爲例，大學裡法學院的教授們幾乎還用同一套思維與教材，調教出和以前同個模子的執法人員。於是，他們繼續將嫌疑人當成罪犯並以囚犯對待，完全違背無罪推定原則；就算刑求已不再，其他威嚇、逼供、挑撥離間、套供等等，還是同戒嚴時期一樣被視爲辦案的必要手段。

更可怕的是，理應秉持公平、公正的法官，也允許這些作爲繼續下去，而一般國民，也覺得檢調人員應該如此才足以將壞人繩之以法。大家完全沒有警覺到，檢調人員對待嫌疑人(被告)及證人的套招、恐嚇、威脅、串供以達入人於罪的劣行，其實也是一種犯罪行爲，該被懲罰。

深受其害的被告們，只能憤怒、不平卻又無可奈何；許多辯護律師們也習以爲常，不覺有何不妥，加上爲求勝訴，多不敢輕易得罪檢方，因而更加劇檢調人員的惡行氣焰。

正因個人的切身之痛，我開始思考我們司法制度裡的法官與檢察官的角色。

簡言之，檢察官是原告，是你(嫌疑人或被告)的對手，他們是來讓你被定罪，而法官理應是公正的第三者，該好好地聽雙方如何論辯，最後依證據來決定你有罪還是無罪。

然而，大部分被告搞不清楚檢察官與法官的角色，誤以爲檢察官與法官是一起審案，往往急於撇清案情，反而容易遭意在害你的檢方所陷害。在幾近絕望中，律師與嫌疑人互相安慰、自我催眠，讓自己相信，雖受凌辱，但只要沒做壞事必可獲平反。殊不知，就是因爲檢方的亂懷疑、捉話柄、編故事，硬是讓許多沒做壞事的被嫌疑人落得沉冤莫白！

檢調人員在司法制度裡被賦予的權力、義務與責任沒有對等，加上他們認知錯誤，總覺得自己在爲民除害，而不知「除錯害」等於是「錯殺好人」；於是，冤枉無罪之人不但不必負責、未受懲罰，更造成他們繼續追殺，幾近瘋狂。

做爲一個台灣國民，如果繼續坐視這種循環持續下去，您我都會受害！

(四)造好我們的家園大家都有責任

治癒的方法不能只靠素養，那是不夠的！我們必須努力提高國民的基本知識，讓執法者無法爲非作歹，唯有每位國民都具有相當程度的法律常識、人權知識，才能形成一股有力的監視力量，讓檢調人員不敢也無法再濫權侵犯人民的基本權益。

此時，腐敗邪惡勢力正在反撲，唯有全體人民起來抗爭，才能阻止台灣的情勢繼續惡化！台灣的國民基本知識也需要全面提升，才可能適時逃脫舊制度的摧毀。

台灣始終是你我的家園，今日身陷危機你我不能不理。在這關鍵的時刻，我們應捲起衣袖、奉獻所學，不管工、農、生、醫、商，法、政、理、藝等，共同來提升國民智識、共渡難關。

台灣唯一的諾貝爾獎得主李遠哲先生，在拙作《謝清志的生命振動》的推薦序裡(編著者註：該書榮獲2010年巫永福文化評論獎)，語重心長地要大家回來「造好我們的家園」。毫無疑問的，這過程中一定會有人吃虧、受傷、受害，但我們別無選擇，因爲台灣是我們的家園。李先生放棄了一切唾手可得的榮耀、光環只爲固守住台灣家園，我們也可以吧！

台灣國民應有的法律知識

／謝淑媛

(一)預設

正常國家意謂著一個民主、自由、獨立的先進國家，而非由專制、獨裁、威權等殖民政策所掌控的，人民受壓迫之國家。

要達成正常國家，甚至於達成正常國家之後要維持一個正常國家，人民、政府與整個社會的種種權利、義務，以及其間的關係均必須由法律規定清楚，更依法律來執行

謝淑媛

畢業於台灣大學法學院法律系法學組，獲美國猶他大學(鹽湖城)碩士與博士學位。曾教授國際公法、國際關係、政治思想史、國防政策等課程於：國立台灣大學法學院、國立賴索托大學(National Univ. of Lesotho, 非洲)、美國馬歇爾大學(West Virginia)、台灣東海大學、中國西北法政學院(西安)及天津外語學院。二十五年來擔任國際裁軍暨解決爭端研究院(ISODARCO)之教授，負責亞太合作安全之課程與事務。積極活躍於八古瓦西科學與國際事務會議(Pugwash Conference on Science & World Affairs)，此組織於1995年獲諾貝爾和平獎。並為台灣國際法研究會創會會長。

與保障。因此國民應有基本法律的素養與智識，方能監督一個政府依法行政。

所謂國民，即由古希臘羅馬時代傳承下來的「公民(Citizen)」，故當一個公民要瞭解公民的意義，也就是「研究擁有公民權者的權利、義務和責任」的一門學問，乃「公民學(Civics)」也。以下即簡論此意。

(二)公民學

一個民主國家之穩定、繁榮、安全的因素來自憲法的制定與實行。不論憲法是成文抑或不成文，都是每個國家應有的法律的基礎。當然它的實施非常重要。譬如英國近千年來的君主制憲，建立在不成文法上。它包括歷史文件(最重要的是1215年的MAGNA CARTA)、議會決文、司法判例及憲法議會等。政府採三權分立，國會的下議院議員由人民普選。人民的權利義務與自由均由法律(成文與不成文)保障，政府依法律執行任務，主受益人民。

又如前蘇聯或今日之中國，則相反。它們的憲法寫得非常精緻、現代化，甚至包含言論與出版之自由、宗教自由、集會與結社自由，及其他種種公民的權利(Bill of Rights)。但是，一個很大的但是，實施起來一點也不依照憲法的明文規定，反而是專制、獨裁的共產黨統治。也可說是「人治」，人民根本沒有聲音或自由可言。

(三)人民的基礎權利與義務

公民是國家的主人，因此人民必須擁有基本的法律常識。政府立法要民主、司法要獨立、人權須保障、人民結社應自由、集會也該自由、言論更要自由、宗教也是自由的、環境則必須保護等。萬一政府非依法行政，非由人民立法、非公平司法，則人民即有知識、更有權利依法要求政府糾正、改革，或監督、指導政府的權能與職責。倘使人民缺乏法律方面的常識，則無法或無能去提示政府的違法。

可見積極地建立人民監督政府之管道的觀念是非常重要的，不然如目前的台灣，由國民黨執政，其司法不公釀成政治迫害，許多老百姓卻不懂，還支持如此不公不義的政府。不論是憲法、民法、刑法及其關係法規，乃至行政法規，人民均須有基礎的瞭解，方能明白個人的權利義務，以及政府的權利義務。

是故，一般人民才不會相信傳統的觀念：法院是違法的「壞人」才去的。正直守法的「好人」也要去法院支持公義、維護人民的權利。

(四)國際公法

況且現今的世界已經由國際上各個國家之間的密切關

係互動互成，作一個國家的公民也應該明白一些最根本的國際公法。對國際公法的法源、主體、條約、承認，以及海洋法、航太空法、戰爭法等均須有基本的概念。

在台灣，更重要的是，自己是否是一個主權獨立的國家？國防的力量如何？外交、經濟的勢力又如何？應該都要有概要的瞭解，不然連自己國家的定位與立場都不知，聽信媒體或外國的不實報導，怎能站立在國際社會中？這也算是一個公民的責任。

並且在人權、能源、環保方面也要跟上世界潮流，均不能無知，促使人權與自由的價值深入社會的各角落，台灣方能強盛，抵擋得住獨裁中國的威脅與侵略。

總而言之，自由、人權、平等、民主、憲政、主權是人民必須擁有的法律觀念，因爲一個國家必須有法治，而法治要靠人民來制定、實施、履行、監督，才能長久性地保全這些寶貴的精神與價值。

第九章

在政治領域

【導讀】

陳春生：台灣主權與台．中關係

許世楷：新生國家理論概要

施正鋒：台灣人應該要有起碼的政治知識

李酉潭：台灣向上提升或向下沉淪的關鍵

曹長青：不要「西瓜偎大邊」

一、台灣面對的問題

歷經1970與1980年代的民主運動，台灣終於結束了人類歷史上最長久(38年)的戒嚴法、結束了白色恐怖，轉型而成爲一個自由民主的社會。可是這幼嫩的民主社會正面對著下列嚴峻的問題；若這些問題不得解決，我們父祖輩以血與淚、青春與生命換來的、我們今天所享受的自由與民主，可能在一夕之間化爲烏有：

1. 海峽對岸的中國企圖「併吞」台灣。中國當局認爲「台灣是中國的一部分」，在軍事上擴編經費，增加飛彈部署，威脅台灣國家安全；在外交上阻撓台灣參與國際社會活動；在經濟上處心積慮掏空台灣。
2. 台灣執政黨馬政權的中國政策，明顯的與台灣人民的總體意志背道而馳，且以來路不明的龐大黨產爲手段，遏阻台灣人民各項足以影響政策的孔道。

3. 台灣國民對建國的願景缺乏信心。社會精英尚未堅定建國理念，更未深植建國願景於國民的心腑中。

4. 許多台灣國民尚未覺醒親中政權對台灣可能帶來的災難。每逢選舉，常因小利而出賣選票，投給不是眞正爲台灣前途設想的政黨候選人。台灣國民行使政權時，忽視本身的責任與義務。

5. 台灣社會雖然自由民主，但欠缺正義與公平的福利。

以上所陳述的前四項問題，都根源於中國的野心與台灣國家定位的不確定性，以至讓中國有非非之念的想像空間，也讓台灣國民對國家認同有紛歧的可能。第五項及第四項爲有關台灣民主制度成熟度的問題。面對這些問題，我們要了解中國對台灣主張的荒謬性、要反制中國的野心、要深化民主、護衛民主制度。

二、反駁中國對台灣的主張

我們必須反駁中國對台灣的主張，讓世界了解中國的謬論，也讓台灣國民了解台灣人民擁有台灣主權的正當性。陳春生教授在〈台灣主權與台・中關係〉(2009)一文中，從歷史、政治現實、國際法三層面反駁中國對台灣的主張。

從歷史層面而言，中國主張台灣自古屬於中國是荒謬的。「台灣自古以來即獨立存在，並非中國的一部分，這可舉中國典籍來說明。郁永河《裨海紀遊》中說：『台灣遠在東海外，自洪荒迄今，未聞與中國通一譯之貢者。』汪榮寶《清史講義》中說：『台灣自鄭氏占據以前，爲馬來種生蕃所據，未嘗受中國之統治。』李光地《台灣郡侯蔣公(毓英)去思碑記》說：『台灣，荒服地也，自鴻濛初啓，至今四千餘年，未歸版圖。』由此可知台灣自古並不隸屬中國。」

從政治現實層面而言，中國主張戰後台灣正式重入中國版圖是違背歷史事實。「1991年4月30日李登輝宣布終止『動員戡亂時期』，廢除『臨時條款』，並改造『萬年國會』，此後台灣中華民國中央民意代表就是台灣人民的代表。台灣人民建構了立基於二千三百萬台灣人民意志爲基礎的中央政府，台灣已經『憲政獨立』(constitutional independence)，不是中國的一部分。」

從國際法層面而言，中國宣稱國際社會公認台灣屬於中國是欺騙世人。「1943年『開羅宣言』與1945年『波茨坦宣言』並未具法律拘束力；1951年『舊金山和約』與1952年『中日和約』亦未明定『台灣主權』之歸屬。……換言之，台灣統治當局(the governing authorities)『管理』台灣，並未取得台灣領土主權。1971年10月25日，聯合國2758號決議案通過解決『中國代表權』問題，也並不表示中國『繼承』台灣領土主權。在1996年台灣人民直選總統之後，法理上台灣已成為新生國家。」

三、台灣要獨立建國

當台灣宣告獨立而成為國際社會的一員，中國就沒有非非之念的想像空間；台灣所受到的威脅就降低至一般毗鄰國家如韓國、日本、越南等，為應能承受的範圍。許世楷教授的〈新生國家理論概要〉(2009)一文中解說以新生國家宣告獨立的優勢：「『新生國家』理論的關鍵語是新生，是指以前沒有的新產品；……『新生國家』也是要否定『分裂國家』、『兩個中國』之類的說法。……又聯合國憲章關於安理會的投票，有紛爭當事國應放棄投票的規定，所以中國在安理會(對台灣以新生國家申請加入聯合國)也不能使用否決權，可見我們站在新生國家的優勢。」

「至1990年代台灣民主化，所有公職改選，1996年總統直選，台灣人民成為事實上的主權者，新的、事實的民主國家誕生。固定的人民、土地、由人民選出的有效管轄的民主政府等，國家的客觀條件都齊備。1999年李登輝總統表明特殊國與國關係；2002年陳水扁總統提倡一邊一國，將台、中關係國際化，但是仍自稱為虛構的中華民國，未充分表現出建立新國家的意志。主觀條件不夠，所以現在的台灣只能被認為是事實上獨立的國家

(de facto independent state)。我們今後所需要促成的是清楚表明建國的意志，以實現主觀條件，形成法理上獨立的國家(de jure independent state)。」

「2007年9月，陳總統將過去向聯合國申請以中華民國名義返回聯合國，改爲以台灣名義申請新參加聯合國，這是直選總統代表人民正式表示台灣要成爲新國家的意志。……我們需要選出一個會繼續提此案的總統。我更提案以台灣名義申請參加聯合國做爲主題，促進實現公民投票。……以此向外表示人民獨立建國意志，充足成立國家的主觀條件；另一面向內促使任何政權非負起此責任不可。……要獨立，人民就必須確立主體性成爲這個國家的主權者，投票選出一個能完成建國的總統。也要行使主權者的權利，努力於實現獨立建國的公民投票。」

四、要深化民主、護衛民主制度

除了獨立建國，我們也要深化台灣的民主、護衛台灣的民主制度。一、我們要有公民參與的責任感與奉獻精神。台灣的民主是由一黨的威權統治蛻變而成，目前尚在年幼成長期，威權統治隨時可能復辟。各種政策的取向、施政的效率、資源的有效利用、司法的中立、人權的維護、環境生態的保護、弱勢族群的扶助……，都需要公民的監督、參與與奉獻。

二、我們要有起碼的政治知識以了解政治議題、評估政策、判辨政治上的眞僞虛假。施正鋒教授在其〈台灣人應該要有起碼的政治知識〉(2009)一文中指出：「選民如果要有自主性(autonomy)，就必須具備起碼的政治知識，否則，就只能跟著政客搖旗吶喊，被綁架而不自知。」他以歷年來立法院總席次的增減爲例，說明沒有國會運作知識，只順應情勢的需求，就會將國家政治制度的擘劃弄得像是在傳統市場的殺價一般。

三、我們要建立一個基於正義原則的法治社會。李酉潭教授在〈台灣向上提升或向下沉淪的關鍵〉(2009)一文中指出：「民主政治存在的目的仍在於確保每個人的自由與人權。……台灣民主化過程中最令人詬病的現象之一就是『雙重標準』，……台灣民主化正走在十字路口，如何提升民主品質，向上提升或向下沉淪的關鍵，就在於台灣人民擁有充分的自由以後有沒有自覺：那就是用每一個人所擁有的自由，去建構一個立基於正義原則的法治社會。」

四、我們要護衛民主制度、護衛台灣價值。有人會問：中國民主化之後可否與中國談統一？政論家曹長青在〈不要「西瓜偎大邊」〉(2009)一文中指出：「同樣是共產國家，俄國和整個東歐國家都發生了巨變，爲什麼只有中國這個大國還是專制統治？這就涉及到比政治制度更深一層的文化問題。中國的專制制度所以千年不變，因爲背後有專制價值占主導的傳統文化在支撐它，……就是因爲中國傳統文化中沒有個人自由、尊嚴、權利等價值，沒有個體主義、自由主義的人文理念。共產黨的統治，更強化了中國傳統文化中的專制價值，把群體主義、皇權意識、等級觀念發展到極致；以革命的名義更加剝奪了人的基本權利。其實，整個一部五千年的中國文化的歷史，就是強調君王、國家、社會等群體價值大於個人自由的歷史。……這樣的文化價值取向的國家不會眞正強大，因爲難有強大心靈的個人；而沒有獨立的個人，一個國家就不會有想像力和創造力……。」這種專制思維根深蒂固的纏住中國文化，使得魯迅直指中國文化是「吃人的文化」，而胡適要將它「全盤西化」。這樣的文化，在政治民主化之後再幾十年後也難脫胎換骨；這種文化思維不利於台灣的發展，我們應該拒絕它，不能和文化中有這種思維的國家談統一。

延伸閱讀

國立台灣文學館出版一本《閱讀台灣．人文100》，該書介紹經由一個16人書選委員會選出的：「最能提升國民素養與國家認同的100佳作。」這100本佳作分成四種文類：文學、歷史傳記、文化藝術、政經社會及其他；其中，政經社會及其他論述類的17本就陳列於下列的前半部。後半部(*後)的6本作品是撰稿人所提供的。**

《台灣的獨立與建國》，陳隆志，月旦出版社，1994。
《臺灣魂、臺灣心》，杜正勝，河畔出版社，2000。
《臺灣的主張》，李登輝，遠流出版公司，1999。
《台灣21世紀國家總目標》，群策會「台灣21世紀國家總目標」研究小組，玉山社，2003。
《臺灣主權論述論文集(二冊)》，台灣主權論述論文集編輯小組，國史館，2001。
《台灣主體性的建構》，李永熾等，允晨出版，2004。
《臺灣國家定位的歷史與理論》，陳儀深等撰，玉山社，2004。
《臺灣獨立的理論與歷史》，莊萬壽主編，台教會12屆執委策劃，前衛出版社，2002。
《台灣人的民族認同》，施正鋒，前衛出版社，2000。
《臺灣的危機與轉機》，黃宗樂主編，台灣教授協會策劃，前衛出版社，2001。
《為臺灣辯護——陳儀深政論集》，陳儀深，臺灣北社，2004。
《認識臺灣：關於城市人文生態的深度閱讀》，陳玉峰，晨星出版社，1996。
《臺灣人受虐性格的心理分析》，林毅夫，前衛出版社，2004。
《臺灣意識論戰選集》，施敏輝編，前衛出版社，1995。
《九評共產黨》，大紀元系列社論，博大出版社，2004。
《我們的島》，柯金源、葉怡君／文，柯金源／攝影，玉山社，2006。
《全民國防與國家安全》，林哲夫編，台灣國家和平安全研究協會策劃，前衛出版社，2002。

***

《台灣不是中國的一部分》，史明，前衛出版社，1992。
《台灣主權與兩岸關係》，陳春生，翰蘆圖書出版公司，2000。
《台灣政黨與政治文化》，陳春生，翰蘆圖書出版公司，2001。
Delaney, Ann. *Politics for Dummies*, Foster City, Calif.: IDC Books Worldwide, 1995。
Heywood, Andrew. *Politics.* Houndmills, Basingstoke, Hampshire: Macmillan, 1997。
Roskin, Michael G., Robert L. Cord, James A. Medeiros, and Walter S. Jones. *Political Science : An Introduction,* 7th ed. Upper Saddle, N.J.: Pearson Education, 2003。

台灣主權與台·中關係／陳春生

目前台灣國民面臨的共同憂慮是，海峽對岸的中國企圖「併吞」台灣。中國當局認爲「台灣是中國的一部分」，在軍事上擴編經費，增加飛彈部署；在外交上阻撓台灣參與國際社會活動；在經濟上處心積慮掏空台灣。更令人憂心的是，台灣執政者的中國政策似乎與台灣人民的總意志(general will)背道而馳。雖然台灣國民面對如此困境，卻有許多人尚未覺醒，每逢選舉常因小利而出賣選票，投給不是眞正爲台灣前途設想的政黨候選人。如此現狀實有待知識分子去喚醒民眾，加強對「台灣主權與台·中關

陳春生

現任：國立台灣大學名譽教授、台灣教授協會會員。曾任：台大國家發展研究所教授兼所長、國民大會憲政顧問、台灣團結聯盟法律顧問、民進黨廉政委員。講授課程：台灣主權與兩岸關係、中華民國憲法專題研究、台灣政治史專題研究、國家政策專題研究、台灣史專題研究。著作：《台灣憲政與民主發展》、《台灣社會與國家政策》、《台灣主權與兩岸關係》、《台灣政黨與政治文化》、《憲法》。

係」的認識與理解。因此，筆者想針對「台灣主權與台．中關係」提出一些看法，以供大家參考。

(一)中國的主張

1993年中國以八種文字向國際社會發表「台灣問題與中國統一」白皮書，主張「台灣是中國的一部分」之理由有三點：

1. 台灣自古屬於中國。(歷史上的)
2. 戰後台灣正式重入中國版圖。(事實上的)
3. 國際社會公認台灣屬於中國。(國際法上的)

這些論點是否正確，我們只能回應「似是而非」。茲分歷史、政治現實、國際法三層面論述之。

(二)從歷史看台灣

台灣自古以來即獨立存在，並非中國的一部分，這可舉中國典籍來說明。郁永河《裨海紀遊》中說：「台灣遠在東海外，自洪荒迄今，未聞與中國通一譯之貢者。」汪榮寶《清史講義》中說：「台灣自鄭氏占據以前，為馬來種生蕃所據，未嘗受中國之統治。」李光地《台灣郡侯蔣公(毓英)去思碑記》說：「台灣，荒服地也，自鴻濛初啓，至今四千餘年，未歸版圖。」由此可知台灣自古並不隸屬中國。

1624年至1662年台灣爲荷蘭與西班牙的殖民地，1661年4月，鄭成功在台灣「開國立家」，這是先民在台灣建國之始。這個史實，《被遺誤的台灣》(*Tverwaarloosde Formosa, Amsterdam,*1675.)作者揆一及其同僚(Coyett et Socii)比喻，鄭成功猶如荷蘭史上那位可敬的王子威廉(即奧倫治王子威廉 Prince William of Orange)，在無法抵禦異族(西班牙)之暴力時以殉難精神毅然決堤，任憑海水淹沒家園也不屈服，而率領遺民攜同妻子兒女與財物漂泊海上，另覓疆土以安身立命。是以，鄭氏及其軍民在台灣建國，實爲「東越民族」(參閱：《史記．東越國傳》，東越國建立於閩粵人之原鄉。)在台灣成立政治組織的開始，而這個國家即是「東寧」，獨立於滿洲族「大清帝國」之外。

1683年台灣雖被滿族建立的「大清帝國」征服，但中國比台灣更早被征服，更早淪陷於滿族的統治。「台灣」與「中國」同受「大清帝國」統治，豈能謂爲「台灣是中國的一部分」？若然，「台灣」與「朝鮮」同受「日本帝國」統治，是否也可以說：「台灣是朝鮮的一部分？」

(三)從政治現實看台灣

1945年10月25日陳儀代表聯合國接受日軍投降，卻宣布台灣及澎湖列島已正式重入中國版圖，其實台灣只是聯合國委託蔣氏管理的「軍事占領區」。1949年10月1日中華人民共和國政府在北京成立，事實上，中華民國已經滅亡。1950年3月1日以後在台灣成立的「中華民國」政府，與中國北京政府並無隸屬關係。

1991年4月30日李登輝宣布終止「動員戡亂時期」，廢除「臨時條款」，並改造「萬年國會」，此後台灣中華民國中央民意代表就是台灣人民的代表。台灣人民建構了立基於二千三百萬台灣人民意志爲基礎的中央政府，台灣已經「憲政獨立」(constitutional independence)，不是中國的一部分。

(四)從國際法看台灣

1943年「開羅宣言」與1945年「波茨坦宣言」並未具法律拘束力；1951年「舊金山和約」與1952年「中日和約」亦未明定「台灣主權」之歸屬。台灣、澎湖由戰前的日本「殖民地」到戰後的「非自治領土」，與原屬中華民國政府之固有領土——金門、馬祖不同。換言之，台灣統治當局(the governing authority)「管理」台灣，並未取得台灣領土主權。1971年10月25日，聯合國2758號決議案通過解決「中國代表權」問題，也並不表示中國「繼承」台灣領土主權。在1996年台灣人民直選總統之後，法理上台灣已成爲新生國家。換句話說，台灣已經是法理獨立國家。

(五)結論

台灣與中國是互不隸屬的國家，奢言「大陸與台灣同屬一個中國」，這已暴露中國當局對台灣的領土野心。台灣已經法理獨立，台灣是屬於台灣住民的神聖領土，「台灣主權」屬於台灣人民。

如今，中國國共內戰遺留的只有金、馬是否交還中國的問題，在聯合國2758號決議案通過後，法理上金、馬已經回歸中國領土。至於台灣與中國的關係、台灣未能順利參與國際組織的問題，主因在於中國當局對台灣以強凌弱的霸權主義心態作祟。中國憑其廣大市場的誘惑，脅迫先進各國配合其對台灣國際生活空間的打壓。中國是一個不道德的國家，是世界上唯一對台灣有領土野心的國家，台灣人民還不知覺醒嗎？

新生國家理論概要 / 許世楷

(一)議論的前提原則

在進入本論之前，我想先談台灣人議論台灣問題時應有的幾點原則。第一點，所主張者要合理、有道理、符合邏輯。例如某民意代表說他在宣誓就任台灣的民意代表時，他的美國籍就自動失效，你會相信麼？沒有道理的主張人家是不會接受的。第二點，合理的主張都有相當的幅度，本來社會現象就是有幅度的。在這個幅度內你要採用什麼？必須站在有利益於台灣的觀點來思考，無利益於台

許世楷

1934年出生於彰化市。台灣大學政治系畢業、東京大學法學博士。歷任：津田塾大學教授、津田塾大學國際關係研究所所長、台灣文化學院院長、台灣駐日代表、靜宜大學教授、台灣獨立建國聯盟總本部主席等。著作：《日本統治下的台灣》、《國際關係論基本研究》、《台灣新憲法論》、《世界各國憲法選集》、《許世楷文集》。

灣的我們何必去主張。第三點，堅持台灣人的主體性，你要用台灣人的眼光看事情。不是用中國人的眼光看事情，不是用中華人民共和國或中華民國的眼光看台灣。我在《日本統治下的台灣》(一九七二年)那本書裡面站在台灣人的立場，所以就不會說抗日的台灣人是土匪，如果站在當時統治者日本人的立場就會說他們是土匪。最後一點，要致力於釐定台灣人的目標。我們不是只是爲了要寫一篇論文而在議論，是爲了要提出來的理論能夠推動台灣邁向更好的前途，所以這個理論要富於動態性、運動性，多數台灣人易於參加，以引起台灣的變化。於是提出的理論就需要有很高的戰略性，就是說這理論可以讓我們達成目標，該怎麼走，要清清楚楚指出。我想這四點，就是筆者在「新生國家理論」裡面所遵行的原則。

(二)否認繼承論、分裂國家論

「新生國家」理論的關鍵語是新生，是指以前沒有的新產品；再生是指以前就存在的、壞了，把它修理出來的，如修理過的舊茶壺。新生國家是要區隔台灣國是新產品，不是從中華民國這個破茶壺修理繼承下來的，所以基本上否認中華民國是台灣這類說法。「新生國家」也是要否定「分裂國家」、「兩個中國」之類的說法。第二次世界大戰後，有東西德、南北越、南北韓等例，也有人將台灣與中國認爲是中華民國與中華人民共和國，兩個中國的分裂國家，但是事實上台灣在第二次世界大戰以後未曾是中國的領土。所以台、中不是分裂國家，而台灣是新生的民主國家。分裂國家不是互鬥到一方消滅，就是互相承認同進聯合國。台、中若是分裂國家，中國承認我國的控制權是100%，台灣若是新生國家，中國對我們的承認控制權減縮到一百九十二(聯合國會員數)分之一。又聯合國憲章關於安理會的投票，有紛爭當事國應放棄投票的規定，所以中國在安理會也不能使用否決權，可見我們站在新生國家的優勢。

(三)台灣現在是一個事實上的獨立國家

下面我先用年表說明台灣的變化：

- 1945年10月25日舉辦日本軍投降儀式，中華民國軍受盟軍命令接收台灣，僅是中華民國軍占領台灣，而沒有領土變更。
- 1949年中華民國政府、軍隊等流亡台灣，占領軍失去母國。
- 1951年舊金山和約，日本放棄台灣，但無記載給何方。
- 1952年中華民國、日本和約，日本放棄台灣但仍無記載給何方。
- 1971年聯合國驅逐蔣政權，中華人民共和國取得代表權。

・1972年日本、中華人民共和國回復邦交，共同聲明中日本僅表示理解與尊重中國的主張台灣是其一部分，而沒有承認其主張。台灣與日本斷交。

從以上可知自1949年至1996年之間，台灣有固定的人民、土地、使用強制力有效管轄的政府，但仍自稱已經不存在只是虛構的中華民國，且主張一個中國，無意於建立新國家，在國際上形成一個獨立的政治實體(independent political entity)。

至1990年代台灣民主化，所有公職改選，1996年總統直選，台灣人民成爲事實上的主權者，新的、事實的民主國家誕生。固定的人民、土地、由人民選出的有效管轄的民主政府等，國家的客觀條件都齊備。1999年李登輝總統表明特殊國與國關係；2002年陳水扁總統提倡一邊一國，將台、中關係國際化，但是仍自稱爲虛構的中華民國，未充分表現出建立新國家的意志。主觀條件不夠，所以現在的台灣只能被認爲是事實上獨立的國家(de facto independent state)。我們今後所需要促成的是清楚表明建國的意志，以實現主觀條件，形成法理上獨立的國家(de jure independent state)。

2007年9月，陳總統將過去向聯合國申請以中華民國名義返回聯合國，改爲以台灣名義申請新參加聯合國，這是直選總統代表人民正式表示台灣要成爲新國家的意志。

中國只是罵，也沒有攻打台灣，可惜換了政權就沒有繼續。我們需要選出一個會繼續提此案的總統。

我更提案以台灣名義申請參加聯合國做爲主題，促進實現公民投票。聯合國的人權宣言、公民政治、社會文化兩個公約，都有住民自決的規定，此舉可說是符合聯合國精神的。以此向外表示人民獨立建國意志，充足成立國家的主觀條件；另一面向內促使任何政權非負起此責任不可。

(四)獨立建國是靠人民的主體性

由上述可知自1949年以來，台灣是事實上獨立的，而且經濟、社會發展至於建立自由民主制度。我們要維持獨立，就是維持現狀，這也是與台灣關係密切的美國、日本等國所希望的。我們不希望被合併於貧富隔差巨大的中國社會，更不希望中國共產黨一黨獨裁政治進入台灣。爲什麼中國人民的多數都希望往外跑，觀光出國就想跑掉不回國，這樣的國家你卻願意要被合併進去麼？

台灣以文化、社會背景來分有四個族群，但若是以祖國的認同來分只有台灣人、中國人兩種。是自己獨立建國做台灣人，或是被合併爲中國人的選擇。要獨立，人民就必須確立主體性成爲這個國家的主權者，投票選出一個能完成建國的總統。也要行使主權者的權利，努力於實現獨立建國的公民投票。

台灣人應該要有起碼的政治知識／施正鋒

(一)以「國會減半」為例

不少台灣人自以爲相當聰明(smart)，不過，卻往往認爲只要「用膝蓋想也知道」，甚至於流於小聰明(street smart)而不自知。影響所及，嚴重的是鄙夷知識(knowledge)，輕的是「常識」(common sense)不足，連一般人都應該知道的知識都不懂。

不要說升斗小民，連在政治叢林競爭的政客，政治知

施正鋒

台灣大學農業經濟學學士、美國愛荷華州立大學政治學碩士、美國俄亥俄州立大學政治學博士。學術專長為比較外交政策、國際政治經濟、族群政治。現任：東華大學民族發展研究所教授兼原住民民族學院院長、淡江大學公共行政學系暨公共政策研究所兼任教授、「International Journal of Peace Studies」執行編輯、「International Peace Research Association」執行委員、「Asia-Pacific Journal of EU Studies」編輯委員、台灣國際研究學會副理事長、《台灣國際研究季刊》副總編輯、《台灣原住民研究季刊》總編輯、台灣國家和平安全研究協會理事長。著作：《原住民族人權》等14本。

識貧乏已經到令人不可思議的程度。以「國會減半」爲例，當時的倡議者說，是要給怠惰的立法委員一個教訓，因此，將國會的總席次由225(第四、五、六屆)削減爲113席(第七屆)。現在，大家忽然發現，由於人數減半、預算不變，立委的權力頓然加倍；更糟糕的是，有實力(買票)的人還是會連任，反倒是認眞卻不會作秀的人反被淘汰掉了。

再往回頭追溯，在國會全面改選後，原本立委的總數爲164席(第二、三屆)，不過，爲了配合凍省，考慮到安排地方政客的出路，唯一的途徑就是往中央送，因此，只好增加國會席次。問題來了，什麼是合理的總數？對於在野的民進黨來說，在百分比固定之下，當然是餅越大越好，因此主張250席；相對之下，國民黨不希望給在野黨提案方便，只願意增加到200席。最後，相加除以二，終於獲得225這個數字。

好吧，即使減少國會席次是訓誡國會議員的唯一藥方，接下來，甚麼是合理的總席次？有人主張減半，因爲訴求比較有力；有人說，113席太少、不好分，稍微增加一點，150席好了。也有人指出，如果要委員會順暢運作，不妨增至200席；不過，200與225太近，恐怕會被罵，那麼，就175吧！

國家政治制度的擘劃，怎麼可以像在傳統市場殺價一般？難道，台灣人都沒有政治學的知識嗎？研究國會的學者會告訴我們，國會議員人數過多、過少，都有其運作上的困難。盱衡世界上主要民主國家的人口／席次來看，大致可以歸納成三類：第一類是平均每個國會議員的人口比爲5萬之下，譬如奧地利4.4萬、紐西蘭3.1萬；第二類是在10萬上下，譬如澳洲12.4萬、加拿大10.0萬、英國9.0萬，台灣的10.2萬，屬於此範疇；第三類是人口總數上億的國家，譬如印度高達184.3萬、美國62.7萬、俄羅斯32.5萬、日本25.2萬。根據實證上的經驗，合宜的國會總席次是人口數的三次根號；因此，如果以台灣的人口爲2,300萬來估算，國會席次大致是285。

(二)再以選舉制度為例

同樣的情況，出現在「單一選區兩票制」的訴求。到目前爲止，不少人還是耿耿於懷，斤斤計較到底是「日本並立式」(目前採用)、還是「德國聯立式」比較好？問題是，除了算計自己可分配的席次，有幾個政治人物了解兩者在政治效應上的差別？更基本的是究竟「好或壞」的標準何在？

具體而言，選舉制度不外「單一選區相對多數決」(single member simple plurality)，以及「比例代表制」(proportional representation)兩種，各有其設計上的意義：前者除了強調選區代表，還有突出兩大黨的用意，以免多黨林立、政治整合困難；後者則重視社會多元在國會的呈現。在1990年代，不少國家以不同的比例採取兩者的混合，簡稱「混合制」(mixed systems)，包括日本所謂的並立式。

至於德國的選舉制度，由於有單一選區以及比例代表兩部分，表面上看來好像是混合制，其實是如假包換的比例代表制，也就是政黨在國會的總席次，完全決定於政黨所獲得的選票；也就是先計算每個政黨應該得到的總席次，再扣掉區域選舉(單一選區)的當選席次，就是可以依據各自的不分區名單分配。與紐西蘭的選制類似，稱之爲「混合比例代表制」(mixed member proportionality)。

我們如果將政治制度改革當作一個人的體質(憲政體制)改善的話，那麼，除了飲食(選舉制度)以外，還要調整生活習慣(政黨體系)。各方人士所提供的藥方，卻只針對青春痘(國會亂象)而來，其中包括澱粉類只吃一半就好(國會減半)、改吃麵食(單一選區)、自己下麵(兩票制)、佐料多一點(提高政黨比例代表的百分比)，甚至於計較到底是要吃細麵、寬麵、意麵、通心麵、還是拉麵(聯立、並立)。

大體而言，國會改革還要看憲政體制的定位，如果總統制的走向是國人的普遍共識的話，立法院勢必要作整體的配套調整，譬如調查權的賦予(或者廢監察院)、委員會的專業化(包括廢除三名召委)，或是資深制度的確立(不能用抽籤的方式產生委員會召委／主席)。一旦憲政體制決定了，再來就必須考量在何種政黨體系下，行政與立法的關係會比較順暢，最後才選擇適切的選舉制度來誘導其發展。就台灣當前政治運作的困境來看，果眞要繼續朝向總統制調整，我們必須衡量，到底兩黨制還是多黨制比較適合總統制；根據美洲的經驗，多黨制容易造成國會的零碎化，執政黨即使有心履行政見也是寸步難行，因此，下一步思考，才是討論單一選區制、比例代表制，還是兩者不同比例的混合。

(三)選民必須具備起碼的政治知識

因此，所謂「先把國會席次減半，再尋求配套措施」的說法，完全是本末倒置；而所謂的「配套」，已經淪爲無知政客欺哄支持者的推託之詞。選民如果要有自主性(autonomy)，就必須具備起碼的政治知識，否則，就只能跟著政客搖旗吶喊，被綁架而不自知。

不像經濟學，台灣目前沒有本土的政治學教科書。期待「台灣國際研究學會」的成員在專注升等著作之際，也能做一點社會服務，一起來編寫一本給台灣人的政治學入門書。

台灣向上提升或向下沉淪的關鍵 / 李酉潭

雖然全世界的富國，除新加坡外幾乎都是民主國家，但卻不能反過來說凡是民主國家都必然富裕。顯著的例子如我們的鄰國菲律賓，二次大戰後在美國的引導下走向民主化，後來卻向下沉淪。至於台灣，在1996年總統直選後正式被「自由之家」(Freedom House)評爲自由民主國家，但畢竟仍屬於新興民主國家的行列，正努力邁向穩定成熟的民主鞏固階段，今後到底會向上提升或向下沉淪，正處在關鍵時期。

李酉潭

國立政治大學法學博士。現任：國立政治大學國家發展研究所教授兼所長、台灣公民社理事長；當前重要任務：主編翰林版高中「公民與社會」科教科書。經歷：美國喬治城大學交換研究副教授、國立政治大學課外活動組主任。研究專長：政治思想、民主理論、比較民主化、人權。

(一)民主國家的人民是其主人

民主國家中的人民是其主人，亦是主權的主體。至於國家，霍布斯(T. Hobbes)稱之爲「巨靈」(Leviathan)，它集結了人民的意志爲人民提供服務。梅里安(Merrian)則指出國家的五項基本目的：1.安全(security)；2.秩序(order)；3.正義(justice)；4.自由(liberty)；5.福利(welfare)。此五項目的並無先後順序或孰輕孰重的問題，必須兼籌並顧且平衡發展。以下試舉兩例來加以說明：

第一個例子是民主政治之下，政黨競爭的自由必須擁有公平、正義的政治競爭環境，否則民主機制不盡然會使得該社會向上提升，反而會向下沉淪。因此，我們可以說：所謂正義就是不同的政黨、不同的人做相同的事情，應該獲得相同的對待。但是民主化後的台灣社會藍綠壁壘分明，政黨惡鬥的結果就是雙重標準，連最基本的法治素養都無法建立起來。

第二例則是美國首府華盛頓特區交通規則規定：遇紅燈時若沒有標示不能右轉，駕駛就可右轉，但要讓直行車與行人優先通行。這樣的規定就是在重視安全的前提下，兼顧人民的自由與福利，但需要人民都能遵守交通秩序，警察也能公正執法，才能落實。反觀台灣，警察卻常常躲在丁字路口或十字路口的旁邊，專門抓紅燈右轉的倒楣鬼，無視於許多路口根本不必限制駕駛人，在讓直行車與行人優先通行之下，允許右轉反而可以疏解車潮，又可等到綠燈時不必跟行人搶道。這就是爲了僵化的秩序而妨礙自由與福利，正義與法治也因而無法確保。

(二)民主政治的目的
——確保每個人的自由與人權

事實上，人類追尋的價值之間常會產生衝突，因此我們常會面臨兩難困境(dilemma)的抉擇。誠如政大已故名教授鄒文海曾指出的：「若一個國家的人們享有福利但卻失去自由，這樣跟被豢養的寵物有何不同？若一個社會缺乏正義，自由豈不成爲少數人的特權。」而吾人要特別指出：若人民失去自由，又要如何追尋正義？更不用說享有公平的福利。因此，民主政治存在的目的仍在於確保每個人的自由與人權。

台灣近年來民主化的最大價值，就是在李登輝與陳水扁總統共二十年的執政之下，台灣新聞自由、公民自由皆名列亞洲第一。不過，大家也都認爲台灣的民主品質仍有待提升，這就是如何深化民主的問題。其中，如何建立一個基於正義原則的法治社會，乃是台灣向上提升或向下沉淪的關鍵。

(三)建構一個立基於正義原則的法治社會

首先，從「法治」(rule of law)談起。法治是最低程度的道德標準，要求人人都能遵守，因此，執法應該有一致性的標準，不必有泛道德標準，更不應有雙重標準。其次，每一個公民都應該有公平正義的素養，來評判法官是否用同樣的標準審判各個案件。同時，也必須以公平正義的角度，用選票來評斷政黨與政治人物的表現，才能落實民主政治中責任政治的精神。最後，貫穿西洋政治思想史的核心概念就是「正義」(justice)，但何謂正義呢？就實際政治運作來說，吾人願再次強調，所謂正義就是：「不同的政黨、不同的人做相同的事情，都應該獲得相同的對待。」顯然，台灣民主化過程中最令人詬病的現象之一就是「雙重標準」，其觀念立基於傳統講究「情義」、「道義」與「義氣」的價值觀，這就是建立正義社會的最大公敵。

台灣民主化正走在十字路口，如何提升民主品質，向上提升或向下沉淪的關鍵，就在於台灣人民擁有充分的自由以後有沒有自覺：那就是用每一個人所擁有的自由，去建構一個立基於正義原則的法治社會。

不要「西瓜偎大邊」／曹長青

台灣和中國應該是什麼樣的關係，是個重要選擇。現在當然不能選擇統一，因為中國獨裁，台灣民主，兩邊是清算對凍蒜，專制Vs.民主的價值對立。馬英九和國民黨尋求跟中國統一，其實等於是把民主台灣送給專制中國。那麼中國將來成為民主國家，台灣是否就可以跟中國談統一？這要看台灣民意，由多數人民選擇，這個自由的選擇權利大於統獨。

曹長青

1982年畢業於黑龍江大學中文系。早期從事詩歌創作和詩歌理論研究，後進入新聞界，曾任《深圳青年報》副總編輯，該報八〇年代中期因大膽敢言被中國政府關閉。1988年赴美後，曾在哥倫比亞大學東亞所和夏威夷東西方中心進行新聞研究，後專職寫作，為多家報刊專欄作家和電視電台評論員。主要著作有：《台灣的抉擇》、《理性的歧途：東西方知識分子的困境》、《美國價值》、《獨立的價值》、《中國大陸知識分子論西藏》（主編）、《詩的技巧》（合著）。

(一)更好的選擇——成爲一個正常獨立的國家

從常識角度，台灣成爲一個正常獨立的國家，應該說是更好的選擇。這裡起碼有三個理由：

第一、大國不易治理。中國文人的老祖宗老子早就提出「小國寡民」的理想，認爲國家不宜太大，人口多，不好管理。他曾形象地比喻說「治大國如烹小鮮」——很難。老子的意思是，大國人口眾多，治理大國，就像烹煎一鍋如過江之鯽一樣多的小魚(小鮮)，你顧了這條，顧不了那條，根本無法按個煎翻。而如果只是煎幾條大魚，則可從容翻煎，細緻料理；烹煎一堆數不清的小鮮，最後一定煎成一鍋粥。

老子兩千多年前的設想，今天已成爲現實：當今世界富國排行榜，按人均收入(人均GDP)領先的幾乎都是小國，像瑞士、盧森堡、丹麥等等。而美國所以成爲世界唯一超強，有很多原因，絕不僅僅是人口多。因爲按人口，中國和印度都是美國的三倍以上，但這兩個大國人均收入還不到台灣的五分之一。

第二、小國的人不易有大國沙文主義，多不會成爲侵略者製造戰爭；而更看重個人獨立等創造的價值。不久前去日內瓦參加「藏漢國際會議」，再次感受到這個歐洲小國瑞士的特色。

瑞士的面積和台灣差不多，但是個內陸國家，北接德國，西鄰法國，南連義大利，東臨奧地利等，處於大國的「包圍」之中。而且瑞士的近八百萬人口，七成四是德國人，二成法國人，半成義大利人。但在瑞士，法蘭西人從沒有要求「回歸」法國，占三分之二多數的德意志人，也沒渴望和德國「統一」。即使二戰時納粹德國占了大半個歐洲、吞併了奧地利，成爲歐洲最強國時，瑞士的德意志人也沒有以「同文同種」等血緣理由，提出瑞士成爲德國的一個省。瑞士之所以能成爲一個獨特的國家，根本原因是所有瑞士的居民，都認同這塊土地是自己的家園。一位瑞士人說得好：「瑞士之所以成爲瑞士，是因爲有些德意志人不願做德國人；有些法蘭西人不願做法國人；有些義大利人不願做義大利人。」所以他們都去做「瑞士人」了，把瑞士建成了一個獨立、美麗、中立的國家，即使二戰，瑞士也沒捲入，她是中立國。現在瑞士成爲世界中心之一，像國際紅十字會、世界貿易組織等總部都設在瑞士；瑞士更成爲世界金融中心之一。

瑞士的人口(排全球第136位)，才是台灣的三分之一(台灣排全球第47位)；瑞士附近的盧森堡則更小了，不到五十萬人口(排世界第163位)，還沒有台灣的南投縣人口多，但盧森堡不僅進入全球最富國前十名，還成爲全球第二大投資信託中心(僅次於美國)。

第三、可以減少中國文化的毒素侵蝕。當然，有人會說，小國也很多是貧窮的，例如在非洲。這就更觸及根本性的問題：是否富有和強大，關鍵是看有沒有強勢文化。

所謂強勢文化，就是更有文明價值的文化。這個文明，就是更重視個人權利，更看重生命，更尊崇自由！美國所以成爲當今世界的唯一超強，主要是奠基美國文明的《獨立宣言》提出並確立了人的三大權利：生命、自由和追求幸福的權利。這三大權利不僅用上帝給的、天賦的，來絕對性地保證不可侵犯和剝奪，而且這三大權利是指個人的權利，而不是群體和國家的權力。

(二)中國傳統文化價值取向會毒化台灣

今天，台灣要走向海洋文明，不僅需要政治上去中國化(強調「台海兩岸、一邊一國」，台灣不屬於中華人民共和國和中華民國)、經濟上去中國化(堅持法治下的自由市場經濟，而不是對岸中國的國家主導和市場經濟混合、為貪腐提供最佳機會的「盜竊經濟」)，更重要的是在文化上去中國化。因爲中國傳統文化價值取向不僅阻礙中國成爲民主國家，也毒化台灣延緩她走向海洋文明。

很明顯的事實，同樣是共產國家，俄國和整個東歐國家都發生了巨變，爲什麼只有中國這個大國還是專制統治？這就涉及到比政治制度更深一層的文化問題。中國的專制制度所以千年不變，因爲背後有專制價值占主導的傳統文化在支撐它，成爲它的底座。胡適和魯迅被視爲近代中國較有影響的思想家，他們一個溫和、一個激烈，但對傳統文化的看法卻非常一致：胡適強調「全盤西化」，潛台詞(說者話中有話)就是對中國文化全盤揚棄；魯迅說得更形象和刺激，直指中國文化是「吃人的文化」！

魯迅所以激憤地說它吃人；胡適所以激昂地強調西化，就是因爲中國傳統文化中沒有個人自由、尊嚴、權利等價值，沒有個體主義、自由主義的人文理念。共產黨的統治更強化了中國傳統文化中的專制價值，把群體主義、皇權意識、等級觀念發展到極致；以革命的名義更加剝奪了人的基本權利。

其實，整個一部五千年的中國文化的歷史，就是強調君王、國家、社會等群體價值大於個人自由的歷史。中國知識分子的老祖宗孔子、孟子以及他們的傳人，精心構築的中國文化核心是個人服從群體。這樣的文化價值取向的國家不會眞正強大，因爲難有強大心靈的個人；而沒有獨立的個人，一個國家就不會有想像力和創造力，就不會有文明、富有和強勢。

(三)不僅面對國家認同的選擇，更面臨文化價值的選擇

今天，台灣處於十字路口，不僅面對國家認同的選擇，更面臨文化價值的選擇。有一句台語說：「西瓜偎大邊。」可能只有更多新一代的台灣人認識到，大不等於好，不是西瓜偎大邊，而是西瓜偎「好」邊。像瑞士人那樣，所有族群都把安身立命的這塊土地當作自己的眞正家園，齊心協力；最後才可能把台灣建成像瑞士那樣獨立、中立、美麗的國家。

第十章

在社會運動領域

【導讀】

陳茂雄：扮演國家的主人
李永熾：做個獨立自尊的主體人
陳育青：願同弱小鬥強權
戴正德：了解母語的重要
蔡丁貴：「非暴力抗爭」的公民運動

社會運動所爆發出來的人民的需求、意志與力量，是這個世界變得更有人性的動力；在台灣、在外國都是如此。今日的台灣之能解除戒嚴、開放黨禁與報禁、國會全面改選、總統直選、修改刑法第一百條，而終於締造出一個自由民主的社會，終於能將人民的權利一點一點地爭取回來，這都是由一波一波的社會運動堆積而成的。明日的台灣，在邁向正常而安康的國家的過程中，也有賴社會運動來爭取、來推動。就不同的目的，社會運動可能出現不同的形式。本文將就邁向正常而安康的國家的目標來探討以下幾個問題：自我的定位、公民參與、了解母語的重要及非暴力抗爭的問題。

一、自我的定位

自我的定位幫助我們了解，在邁向正常而安康的國家的道路上，我們對自己個人應該有的認知、應該有的素養；沒有這種認知與素養我們就不能盡一己的責任。

1. 要了解人民是國家的主人

陳茂雄教授在〈扮演國家的主人〉(2009)一文中，舉出多項實例後不禁感慨地說：「讓人感到驚訝的是人民竟然可以容忍政客的野蠻，台灣人好像忘了自己是國家的主人。……中國國民黨的特色是因人立法、欺壓國家的主人，只是國家的主人不會吭聲就是。……這種政黨爲了癱瘓敵對勢力執政，連國家安全都可以放棄，國家的主人竟然可以接受，國家有這種主人是相當奇怪的事。……國民黨政權不斷欺騙國家的主人……。」

「台灣人所以會出現畸形的心態，是因爲外來政權統治太久。在外來政權統治的環境，人民不只會切割政府，還與政府對立。在台灣的政治民主化之後，人民與政府切割的心態還是沒有改變，所以沒有將自己當作國家主人。台灣人只有恢復自尊、扮演國家主人的角色，台灣才有機會正常化。」

陳茂雄教授的重點是：人民要認定自己是國家的主人，要關心國家政策是否方向正確；要監督政府及公職人員的施政；要積極參與國家政事的改革；要思考整體社會的利益，而非只求保護自我的既得利益。

2. 要做獨立自尊的人

李永熾教授在〈做個獨立自尊的主體人〉(2009)一文中

解說：日本在面臨「內部社會解體和外部帝國主義侵略的可能狀況下，明治維新時期的知識人提出了各類各樣的救亡方略。其中，福澤諭吉(1835-1901)認爲，每個日本人都必須有自由平等獨立的主體人觀念。他把這種主體人稱爲獨立自尊的人，也就是說，自己能夠自由決定自己的未來，不依靠他人、也不依靠政府，排除封建時代官尊民卑的奴才性格，而自視爲具備獨立人格的文明人，才算是一個獨立自尊的人。自己獨立了、自由了，期望他人也能自由、也能獨立；自尊也要尊人，自尊尊人，就是近代主體的平等觀。……希望……此一精神風氣形成國民共同體的國家觀念，日本才能在國際上與其他國家相競爭。」

李永熾教授認爲，台灣當前正面臨如同日本明治維新時的內外危機。這個危機是外來統治政權企圖持續奴役台灣人，「他們綁架台灣人，強暴再加以洗腦，意圖讓台灣人都認同施暴者，個個都得了斯德哥爾摩症候群(人質症候群)。」因此他認爲台灣人必須掙脫斯德哥爾摩症候群，從被奴化中掙脫出來。

「台灣維新必須如福澤諭吉所云，各個台灣人都要成爲獨立自尊的主人，彼此互相關懷、克服斯德哥爾摩症候群，形成台灣主體的精神風氣，並擁有國民共同體的國家觀，台灣才能化奴爲主，建立自己的國家。」李永熾的重點是要台灣人作個有獨立判斷力、不能被欺矇、不會被牽著鼻子走的人；也不貪圖小利、不被外來統治者所利用，要反抗外來統治者的奴役，做個既獨立又有自尊的人。

二、公民參與

在本書中，筆者一再地強調公民參與的重要，在各個不同的領域或不同的社會層面都需要您、我的參與。這是因爲台灣剛從威權統治轉型成民主體制，轉型尚未完成；沒有全面的公民參與，不但會讓民主體制的轉型緩慢，甚至有可能讓威權體制復辟。

年輕自由影像工作者、也是激情的社會運動領導者陳育青，在〈願同弱小鬥強權〉(2009)一文中指出：「社會運動具有反抗威權、追求正義與公平的理想性質，但若這個社會並不認爲反抗威權、追求正義與公平值得鼓勵，或是認同但不願參與其中，那麼國家機器很容易爲少數人的野心所操控。現代『政府』體制的建立原來是受託於人民，扮演服務公眾的角色，卻經常走向控制、壓迫人民的極權組織。……從家庭、社區、學校到社會，我們不斷被規約和威權形塑成不願或不敢表示異議的順民，也很少有機會學習用理性的思辨、理解、溝通，就公共事務進行討論，找出解決問題的方法。……深切期望台灣成爲一個有尊嚴、良善的彩虹國家，不卑不亢立足世界，這樣的國家不僅需要激情的社會運動者，更需要具有主體意識的國民。」在該文中，她也給年輕人及家長一些實務上的建議。

台灣的前途、台灣的自由民主、台灣的國民是國家的主人抑或共產政權的奴隸，決定在我們公民參與意願的強度。

三、了解母語的重要

外來政權在台灣的統治，以限制語言的使用來控制文化的取向；所以統治者在社會上倡導說所謂的國語，在學校禁止講台灣話。因此年輕的一代不能說母語，並且認爲語言是用來溝通之用，無需計較是否會母語。可是老一輩的人卻認爲母語是一個民族的根，母語消失了，一個民族就走向滅亡；眼看年輕的一代不說母語，氣在心中。因此對台語不同的認知就會產生彼此間的隔閡，無益於台灣邁向正常而安康國家的追求。我們應該建立一個彼此能接受的對台語的看法。老一輩的人應該了解年輕的一代不能說母語不是他們的錯；而年輕的一代應該了解母語的重要。在台灣追求獨立建國的今天；在台灣掙扎著不被共產中國併吞的當今，任何可以讓台灣有別於中國的我們都應該保存，而母語是重要的一項。年輕的一代雖然現在不會說母語，但是應該了解母語的重要、應該試圖學母語。

這也是戴正德教授在〈了解母語的重要〉(2009)一文中所說的：「……我再次去思考那些二次戰後獨立的國家，如何去重建他們的文化內涵、社會價值與國家認同，也再次發覺這些國家堅持並努力耕耘其本色文化，對他們的重新站立有不可否認的貢獻。在21世紀我們還是必須且不能放棄對己身本土文化的堅持與確信，這是台灣要成為一個正常而安康的國家不可或缺的要素。……以色列人民歷史上雖也有語言的流失，但他們認為喪失其語言，其根本認同就會消失，因之在獨立復國之初發起振興希伯萊語的努力。……我多麼希望台灣年輕的一代不會因不諳母語而就華語，他們為何不能說我雖母語能力不足，但為了搶救台灣的文化命脈與獨特認同，我們願意負起責任來搶救振興台灣語言呢？……要使台灣國民成為有素養的國民，最重要的要務就是要學得母語並以說台灣話為榮。」鄭兒玉牧師在第四章也有類似的論述。

四、非暴力抗爭

眾多的公民參與就是一種社會運動；而社會運動應以何種方式進行？針對這個問題，蔡丁貴教授在〈「非暴力抗爭」的公民運動〉(2009)一文中有理論與執行二方面的闡釋：「台灣的民主政治發展過程非常艱辛，歷經中國國民黨的中華民國流亡政府的軍事戒嚴與白色恐怖統治，受害的人可以說不計其數。……中華民國是中國流亡在台北的中國前朝政府(Chinese Taipei)，侵占台灣土地及國家與人民的財產，早期透過軍事戒嚴與學校教育及媒體宣傳進行『中華民族主義』的洗腦。事實上，中華民國政府對台灣只是代理占領的關係，美國多次公開宣布台灣不是中國的一部分；中華民國不是一個國家；台灣也還不是一個國家。台灣人民在國際上沒有國格及國家尊嚴的困境，這是台灣人民的痛。……在這種體制之下，人民不是國家的主人，而是中國國民黨少數權貴及台籍買辦組成的統治階級的奴隸。」

「台灣人民必須繼續以非暴力抗爭的方式，公開而明確地否定『中華民國』流亡政府的合法性與正當性，克服自己的惰性與恐懼，以實際行動參與運動，用微笑對待對台灣歷史無知的同胞，使其覺醒；用微笑鼓勵鄉親克服恐懼，使其行動；用同理心對待警察或軍隊，使其中立。更重要的是以『非暴力抗爭』的知識與紀律，進行有秩序爭取人民權利的行動，讓中國共產黨沒有趁機介入台灣內部事務的理由。」

「非暴力抗爭經過多年在不同時間及地區的發展，基本上是參與者以『愛與公義』的價值觀，關心受迫害者的人權與尊嚴，具有『對抗邪惡、爲義受苦、幫助弱勢』爲目標的動機，產生勇氣，由創造性的少數人發起推動，以『非暴力』爲抗爭的手段，進行公民群眾的啓蒙教育與覺醒，克服個人內心的恐懼以行動結盟，形成人民的力量，推翻政府的政策甚至是不公不義的政權。非暴力抗爭者面對統治者的強力壓制，必須清楚認識統治者的威權建立在被壓迫者的接受與承認，而警察及軍隊只是統治者施壓的工具，抗爭者挑戰統治者的體制權威，但不必與警察及軍隊產生敵對的緊張關係，反而可以利用抗爭的機會向警察與軍隊曉以統治者的不公不義，爭取警察與軍隊對民眾的同情與支持，加速破解統治者的權威。」

非暴力抗爭是否有效？「菲律賓在近代歷史就發生過兩次，以『人民的力量』推翻他們政府成功的非暴力抗爭行動，……美國金恩博士的黑人民權運動，改變美國南部地區的種族隔離政策；甘地的不合作運動，推翻了英國的殖民統治而讓印度獨立。」以及台灣的農民運動、勞工運動、反核運動、拯救雛妓運動、原住民還我土地運動等等，都是「非暴力抗爭」推動人民需求的實例。

延伸閱讀

《群衆性防衛——一種超軍事的武器系統》，吉恩．夏普著，李方譯，前衛出版社，1994。

《論戰略性非暴力衝突：關於基本原則的思考》，羅伯特 L. 赫爾維著，直言譯，阿爾伯特．愛因斯坦研究所，2004。

Owen, Harrison. *Wave Rider-Leadership for High Performance*, Berrett-Koehler Publishers, Inc., 2005。

Sharp, Gene. *Waging Nonviolent Struggle*, Porter Sargent Publishers, Inc., 2005。

扮演國家的主人／陳茂雄

(一)台灣人忘了自己是國家的主人

修改集遊法又觸礁，行政院版的集遊法表面上是由許可制改為報備制，事實上裡面暗藏太多例外，比以前的許可制還要嚴苛，簡直如恢復戒嚴。二○○四年總統大選後，藍營非法集會，當時的馬市長對未經申請許可的集會就地許可，他們認定集遊法違憲，所以挑戰該法，並認定應該修法。可是國民黨執政之後，卻抗拒人民有集會遊行自由的憲政體制。中國國民黨下野時，表示要爭取人民的

陳茂雄

台灣屏東人，中山大學電機研究所教授、台灣安全促進會會長、台灣教授協會會員、台灣獨立建國聯盟盟員。八0年代開始參加反對運動，建國黨創黨九人小組成員之一，曾任中山大學總務長、考試院考試委員。著有《烏卒子食過河》、《俯仰斯土》、《百合家國》、《民主與司法尊嚴》、《透視台灣 展望未來》、《剖析台灣現象》、《俯瞰台灣事與人》、《台灣社會解剖學》、《分裂的台灣》、《一個中國 兩個台灣》。

自由，執政時卻剝奪人民的自由。讓人感到驚訝的是人民竟然可以容忍政客的野蠻，台灣人好像忘了自己是國家的主人。

總統府秘書長及國安會秘書長本來是支領院長的待遇，民進黨執政時，藍營國會議員嚴厲炮轟這件事，因而改支部長待遇。可是國民黨再度執政後，又將這兩項職位改支院長待遇，這是相當荒謬的事。中國國民黨既然那麼野蠻，何不利用他們國會席次占絕對多數的機會將它法治化，並規定國民黨執政時支院長待遇，民進黨執政則改支部長待遇。

民進黨執政時，藍營意圖打擊民進黨的政務官，所以修改政務官退職條例，取消政務官的退休金。可是委員會通過之後，他們才發現整錯人，退休後能享受高待遇的政務官多屬國民黨籍，民進黨的政務官大多數人沒有長久的公教人員年資，退休金有限，眞正被剝奪龐大既得利益的都屬國民黨籍。爲了保護國民黨籍的政務官，國民黨籍立委因而翻案，形成奇怪的制度。新的政務官不能將公教人員的年資併計到政務官年資，多數屬國民黨籍的老政務官則依個人擔任公務人員的年資併計，可以月領十五到十九萬的月退金。

最離譜的是連戰的部分，他享受卸任副總統所有的禮遇，就是不願意領待遇較少的副總統退職金而領行政院長的月退，因爲他以前的公教人員的年資都可以併計到行政院長的年資，所以月領四十多萬。中國國民黨的特色是因人立法、欺壓國家的主人，只是國家的主人不會吭聲就是。

民進黨執政時中國國民黨全面抵制軍購，他們表示反對買那些破銅爛鐵，可是中國國民黨再度執政後卻照單全收，只是美國不賣而已。這種政黨爲了癱瘓敵對勢力執政，連國家安全都可以放棄，國家的主人竟然可以接受，國家有這種主人是相當奇怪的事。

(二)中國國民黨有欺騙國家主人的習性

中國國民黨政權有欺騙國家主人的習性，他們積極與中國簽訂「兩岸經濟合作架構協議(ECFA)」，在野黨批評馬政府已走向統一之路，可是官方表示絕對沒有矮化我方的主權，既然沒有矮化台灣的主權，何不簽訂國際通用的自由貿易協定(FTA)？事實上，國民黨政權最初要簽訂的是香港模式的「更緊密經貿關係協商(CEPA)」，被抨擊之後才改爲「綜合性經濟合作協定(CECA)」，被批評換湯不換藥，最後才改爲ECFA，可是還是一樣換湯不換藥，國民黨政權不斷欺騙國家的主人。

一個國家與他國簽訂自由貿易協定時，有些行業會占便宜，但有些行業必定吃虧，一般民主國家吃虧的行業必定群起抗爭，他們不能忍受政府犧牲部分國家主人，只有台灣的國家主人沒有意見。兩岸若是簽訂ECFA，占便宜的行業大部分是富人的行業，吃虧的行業又製造更多的窮人，形成富人越富，窮人越窮的雙峰(M型)經濟，不知台灣的窮人爲何能忍氣吞聲？

(三)台灣人必須恢復自尊，扮演國家主人的角色

正常的民主國家其人民都會認定自己是國家的主人，監督政府及公職人員是當然的事，所以人民會支持改革。台灣人忘了自己是國家的主人，只關心自己的直接利益，不會思考國家利益。當執政者提出改革時，既得利益者會抵制，但非既得利益者卻不關心，因爲改革無關自己的直接利益。難怪政治人物頻頻提出政策賄選，很少人會提出改革的政見。

台灣人所以會出現畸形的心態，是因爲外來政權統治太久。在外來政權統治的環境，人民不只會切割政府，還與政府對立。在台灣的政治民主化之後，人民與政府切割的心態還是沒有改變，所以沒有將自己當作國家主人。台灣人只有恢復自尊，扮演國家主人的角色，台灣才有機會正常化。

做個獨立自尊的主體人 / 李永熾

一、明治維新：自尊尊人的精神風氣

明治維新時，日本正面臨內外交迫的危機。對內，日本面臨德川幕府瓦解可能帶來的社會解體，避免社會解體、重構新的社會體系是當時日本知識人的重要課題。對外，日本可能遭遇歐美帝國主義的侵略造成日本的亡國之局。爲免此，日本知識人也必須以重構的社會形成足於跟歐美帝國主義相抗衡的國家體制，藉此形成國家認同的國民共同體。

李永熾

出生於台中縣東勢地區的客家人。台中一中畢業後，入國立台灣大學歷史系，旋即考入台灣大學歷史研究所。研究所畢業，受聘為台大歷史系講師，並赴日研讀日本史，尤重日本近代史。回國後，一直在台大任教，直到2004年屆齡退休。著作有《日本近代史研究》、《切腹與心中——日本文化與思想論》、《從啟蒙到啟蒙——歐洲思想與歷史》、《民主與統獨論》等。

在內部社會解體和外部帝國主義侵略的可能狀況下，明治維新時期的知識人提出了各類各樣的救亡方略。其中，福澤諭吉(1835-1901)認爲，每個日本人都必須有自由平等獨立的主體人觀念。他把這種主體人稱爲獨立自尊的人，也就是說，自己能夠自由決定自己的未來，不依靠他人、也不依靠政府，排除封建時代官尊民卑的奴才性格，而自視爲具備獨立人格的文明人，才算是一個獨立自尊的人。自己獨立了、自由了，期望他人也能自由、也能獨立；自尊也要尊人，自尊尊人，就是近代主體的平等觀。

獨立自尊，而後尊人，這種價值觀或道德觀一旦成爲新的社會規範，變成日本社會的精神風氣，才不會害怕日本瓦解，希冀日本能長存於世界。所以，福澤諭吉認爲個人獨立而後國家獨立。個人自尊尊人所形成的整體社會的精神風氣，就是韋伯(Max Weber)所指稱的近代社會的Ethos(社會或民族等的精神特質)，也是盧梭《民約論》中所說的共同體或共和國。這種精神風氣就是國家認同的基礎。他認爲，國家是所有國民或市民所共有的，不是一小撮人所獨有的。所以國家是Nation，是Republic，不是某階級(不管是資產階級或無產階級)的國家機器。不以國家爲人民所共有的階級國家，事實上已非Nation或Republic，而是福澤諭吉所批判的官尊民卑的「有司政府」，也是目中無民的官僚政府。這是會讓眞正的國家滅亡的階級國家。所以，福澤在面臨日本內外危機的時候，提出以獨立自尊的個人獨立爲基礎，希望能形成自尊尊人的精神風氣，此一精神風氣形成國民共同體的國家觀念，日本才能在國際上與其他國家相競爭。

二、意圖讓台灣人都認同施暴者

事實上，台灣當前正面臨日本明治維新時的內外危機。台灣在兩蔣時代正處於類似德川幕府的專斷獨裁局面，甚至比德川幕府更專斷。德川幕府還會遵守傳統的祖法，兩蔣不僅沒有所謂祖法，甚至可以憑兩蔣的個人意志改變司法刑期，這種個人意志超乎一切，已經很難用「威權主義」來形容，也許更接近於「全體主義(極權主義)」。台灣人民只是全體主義宰制下的奴才。在某種層面台灣人民也許更接近古希臘時代的奴隸，古希臘的奴隸專事生產，提供不事生產的自由民享受。兩蔣時代，台灣人民專事生產，提供「高級外省人」享受。但是台灣人民更悲慘的是，在某種現象上，又如羅馬外來者統治下的近東人民。在這種情況下，台灣人的反抗只是奴隸暴動，奴隸暴動都要受到嚴厲的懲罰，看看白色恐怖受難者的遭遇就可以知道。

李登輝和陳水扁的20年，在台灣人眼中也許是自由化、民主化的時代；但在高級外省人眼中則可能是奴隸暴動的20年，李登輝和陳水扁只不過是奴隸的頭子，是斯巴達庫斯(羅馬共和國末期的斯巴達克起義的領袖)。因此，高級外省人及其培育出來的台灣奴才，不時地把李陳描繪爲竊國者，亦指台灣是他們的，李陳沒有資格當台灣的主人。換言之，他們綁架台灣人，強暴再加以洗腦，意圖讓台灣人都認同施暴者，個個都得了斯德哥爾摩症候群。

三、各個台灣人都要成為獨立自尊的主人

另一方面，台灣也有許多福澤諭吉。要被奴隸化的台灣人民，認識自己原有的身分與處境，從奴化中脫離出來，成爲一個獨立自尊的主體人，進而形成台灣共同體，創出具有獨立自尊的新國家，並否定古羅馬式的外來占領國家。可是，大多數台灣人民並沒有充分克服斯德哥爾摩症候群，雖自覺是台灣人，但在潛意識中依然認同施暴者與施虐者。因此，在選舉中認同施暴者的依然占多數。2008年，馬英九的勝利是施暴者的勝利。

馬英九已掌握住台灣人的台巴子性格，以統治者的高級外省人姿態，不理台灣人的一切要求，什麼集會遊行，只要硬拗就可繼續宰制下去。他更清楚，把台巴子的奴隸頭子以貪腐抹黑，再像兩蔣暗中指揮司法，就可以把陳水扁打入黑牢永不得翻身，就可證明奴隸永久不能成爲主人，阿扁的黑牢是有象徵意義的。

台灣維新必須如福澤諭吉所云，各個台灣人都要成爲獨立自尊的主人，彼此互相關懷，克服斯德哥爾摩症候群，形成台灣主體的精神風氣，並擁有國民共同體的國家觀，台灣才能化奴爲主，建立自己的國家。

願同弱小鬥強權／陳育青

(一)反抗威權、追求正義與公平

最近，一位長輩和我聊起那讓他頭疼不已的孩子。不論求學的任何階段，每學期他總會接到學校幾次的面談請求。孩子並不「壞」，學校的困擾是他對「威權」、「規訓」的反彈。當他覺得老師講不出道理服人，只會用「權威」壓制學生、用「規訓」威嚇學生，他便牛起脾氣來怎麼也不肯妥協；但是，處事公平、願意和他好好談話說服他的老師，卻能贏得孩子尊敬與強烈的學習熱誠。

陳育青

1975年生，台北人。曾於台北二二八紀念館、《自由時報》從事美術設計工作；現為自由影像工作者、台灣獨立建國聯盟(WUFI)台北市分部召集人、國際特赦組織(AI)台灣32小組召集人及環境、人權議題NGO志工。

一時感受頗爲複雜——欣羨這孩子的早慧與勇敢、擔心他必然面對艱辛的成長過程、期待他不被環境頓挫，美好的種子能長成傲然挺立的大樹……。

我尋思，在一個不健全的教育體制當中，學生表現乖巧、沒有懷疑、順服，恐怕才需要擔憂，因爲她／他未來可能就是一個乖巧、沒有懷疑、順服的公民；她／他會說：「『政治很討厭』，我是一個科學家／藝術家／運動選手，科學／藝術／體育和政治沒有關係。」「我是一個普通的上班族，只要公司按時發薪水給我，其他我沒有什麼意見。」「社區的事務就讓有錢有閒的人去操心好了，和我沒關係。」「這些遊行請願的人眞是無聊、浪費社會資源……」

社會運動具有反抗威權、追求正義與公平的理想性質，但若這個社會並不認爲反抗威權、追求正義與公平值得鼓勵，或是認同但不願參與其中，那麼國家機器很容易爲少數人的野心所操控。現代「政府」體制的建立原來是受託於人民，扮演服務公眾的角色，卻經常走向控制、壓迫人民的極權組織。沒有人樂意生活在受迫、不自由、不公平的境況中，但是公民權力的建立或喪失，並非一朝一夕，社會運動的場域和對象，也不只是街頭、政府。從家庭、社區、學校到社會，我們不斷被規約和威權形塑成不願或不敢表示異議的順民，也很少有機會學習用理性的思辨、理解、溝通，就公共事務進行討論，找出解決問題的方法。台灣需要各個層面的社會運動，刨出陳腐積習，灌輸新鮮空氣。不論是少年、青年、資深青年，改革具有大破大立的特質，都會帶來新的思維和感受。

(二)台灣需要激情的社會運動者

雖然對「進步」、「正常」等價值判斷是否有絕對的標準抱持懷疑，如果每一個人都能擘劃「台灣國民應有……」的藍圖，請容允我提出以下的看法，有實務上的觀察、也有個人見解(你當然可以不同意！)。

1. 給家長的

種子就在我家：如果您的子女有志於社會運動，請成為她／他翼下的風，沒有您的鼓舞支持，她／他想振翅高飛就少一股助力。

接受她／他的與眾不同：不需要拿別人家的孩子比較，與其顧慮他人眼光，不如關心孩子的願望。

2. 給青年的

尊重：主張自我權利的同時，尊重別人也有相同的權利。

政治是每個人的事：放棄公共事務的參與，就是棄守公民權、讓少數人寡占多數人利益，不要將「政治」等同於政治人物。

利他精神：不需勉強自己做爲「人格者」，但需經常爲他人考慮。

不懼威權：眾人的沉默將助長不義壯大，時時心念「願同弱小鬥強權」。

言而有信：量力而爲，不做誇大的形容或允諾，檢驗自己的承諾是否能夠做到。

心口一致：提倡的觀念和自己實際作爲的差距有多大？先要求自己符合標準，再要求他人。

永遠保持好奇心：不放棄和想法、看法相左的人交流意見，不封閉自己的視野。

永遠想做得更好：自問「有沒有其他的可能」？「可以做得再好一些嗎」？

不輕易下價值判斷：將他人本質化爲「某族人就是……」「某國人都是……」會導致誤解更爲糾結。

有事當面講：擺脫「不好意思」和「拉不下臉」的糾纏，不迂迴放話，當事人直接溝通、解決問題。

常保感恩心：不爭功、不諉過，成功須靠眾人齊心協力。

同情不是施捨：與受助者站在一起努力，不是站在高處指點方向。

深切期望台灣成為一個有尊嚴、良善的彩虹國家，不卑不亢立足世界，這樣的國家不僅需要激情的社會運動者，更需要具有主體意識的國民。

了解母語的重要／戴正德

(一)不能放棄對己身本土文化的堅持與確信

台灣國民要有什麼樣的素養與智識，台灣才能成爲正常與安康的國家？其實只要每一個台灣國民有一顆愛台灣的心，認同台灣的情懷並參與台灣的建設，就能把台灣變成一個快樂的國家，並不需要什麼特別的素養與智識，不過當我們仔細探索台灣到今天還不能成爲一個正常的國家，或退一萬步去贊同很多人所認爲，台灣已經是一個主權獨立的國家的假設來說，爲何台灣社會始終混亂？台灣

戴正德

比較(生命、社會、生態)倫理學博士。現任：中山醫學大學通識教育處處長、社會醫學科主任、醫學倫理、醫學人文學教授、加拿大莎省大學人類學與宗教學系客座教授。曾任：加拿大台灣同鄉會會長、加拿大台灣人教授專業協會會長、北美洲台灣人教授會理事、美國《公論報》主筆、加拿大莎省大學教授、彭明敏文教基金會執行長。

從認同模糊變成多元猜忌，人與人之間也相互鬥爭批判，環境更形雜亂，不是缺乏做爲台灣人應有的素養與智識所形成的嗎？日本撤離台灣之初台灣國民所得還能與日本並駕齊驅，且社會秩序環境生態幾乎可與日本平起平坐，到今天差距鴻溝愈形闊大，其原因何在？當然我們都明白其禍首是占領台灣的中國人，由其黨國私心又用愚民教育奴化台灣人民之政策所使然。不過過去二十年台灣其實已漸漸擺脫國民黨獨裁壓迫的行徑，開始邁向公民社會的形成，但台灣社會卻無法凝聚共識且又分化加深，南綠北藍的事實愈形明顯，做爲台灣人民，也許我們眞的缺少了基本的公民素養與智識。

2009年6月由北美洲台灣人教授協會與台灣教授協會合辦的研討會上，我極其驚訝地聽到台灣學生代表的談話內容，也發現台灣社會潛在的問題比我想像中的還嚴重數倍。我對這位把心中之不滿坦白敘述的學生感到敬佩，也讓我更深切的了解到台灣年輕一代內心的思想。但我更憂心，台灣要成爲一個別於中國的國家之可能性比我想像中的還更困難，我們極其缺乏應有的認知與催化劑。這些學生愛台灣，更關心台灣社會的走向，但對台灣文化的根本基礎與其價值可能有不同的見解。台灣的前途需要這些年輕人積極的投入與參與，缺少了他們，台灣的前景將是堪憂的。他們的談話令我再次去思考那些二次戰後獨立的國家，如何去重建他們的文化內涵、社會價值與國家認同，也再次發覺這些國家堅持並努力耕耘其本色文化，對他們的重新站立有不可否認的貢獻。在21世紀我們還是必須且不能放棄對己身本土文化的堅持與確信，這是台灣要成爲一個正常而安康的國家不可或缺的要素。

(二)台灣的文化命脈與獨特認同

在研討會發言的這位學生說，他在獨派色彩濃厚的聚會中因不諳台語而以華語發言時，常會被投以異樣的眼光。他說，不會說台語並不是他的錯，那是上一代所應背負的罪。這位同學講的一點也沒錯，年輕的一代不能以母語交談不是他的錯，而是我們這一批接近退休已算老人的一代努力不足所造成的結果，這位同學說華語我也樂於接受，但卻讓我想到猶太復國之初，也爲語言的問題傷透腦筋，印度、菲律賓……也同樣走過相同的路。台灣年輕的一代已因上一代的統治者強力的華語推銷並禁用台灣話，而使本土語言有的消失有的幾乎窒息。以色列人民歷史上雖也有語言的流失，但他們認爲喪失其語言其根本認同就會消失，因之在獨立復國之初發起振興希伯萊語的努力。

年輕的一代也認眞學習，雖然他們的英語都很流利，但並沒有捨棄母語而就英語，反而極力搶救母語，以說母語爲榮。菲律賓人在美國統治二百年之後，多樣的母語也有流失現象，但美國沒有像國民黨一樣禁止被統治者之母語，菲律賓獨立後還是以振興母語爲主，沒有採用英語爲國語，雖然大部分的人也學得一口流利英語，但文化的命脈是語言的事實使他們搶救了母語。文化的根本命脈沒有在這些國家被遺忘。我多麼希望台灣年輕的一代不會因不諳母語而就華語，他們爲何不能說我雖母語能力不足，但爲了搶救台灣的文化命脈與獨特認同，我們願意負起責任來搶救振興台灣語言呢？

台灣要成爲一個有尊嚴的國家，能捨棄本土語言而採取外來高壓統治台灣的極權統治者之外來語言嗎？要使台灣國民成爲有素養的國民，最重要的要務就是要學得母語並以說台灣話爲榮。

(三)故鄉人得知故鄉事

再則，「來自故鄉應知故鄉事，來自故鄉應說故鄉語。」做爲一位台灣人除了語言爲文化存亡之根本與持續認同的基礎外，不能不對故鄉的歷史與地理茫然無知。目前台灣的教育全以中國爲主，學生知悉中國的歷史與地理甚詳，但對自己成長的地方卻無所認識。當然這是國民黨要消滅台灣認同的陰謀之一，做爲台灣人不能不對自己故鄉的歷史與地理無所認識。當初台灣人的祖先隻身冒險來到台灣，就是要開拓新疆土、創造新命運。台灣人應該是往前規劃的，認識自己的歷史與地理是爲了記取教訓，不是要回歸中原。台灣人一定得以「故鄉人得知故鄉事，故鄉人得說故鄉語」爲根本，缺乏了這個，就失去做爲一位台灣人應有的素養。

「非暴力抗爭」的公民運動／蔡丁貴

(一)公民運動

一個國家或社會的公民或住民在政府體制內受到不公義的對待，就某一種議題有不同於統治者的看法或是根本不認同該政權的統治，以社會運動的方式喚醒公民或住民認同，改變問題的癥結，爭取受壓迫者的人權與尊嚴等權益，這種社會運動的方式藉助大量的公民直接的行動參與，可以稱之爲「公民運動(Civic Movement)」，有時也可以

蔡丁貴

1949年生於高雄縣蚵子寮。國立成功大學水利工程學士；土木工程研究所水利組碩士；美國康乃爾大學土木暨環境工程學院博士。現任：國立台灣大學土木工程學系客座教授、專任教授，歷任：借調行政院環保署副署長、代理署長，借調行政院研究發展考核委員會副主任委員，美國雪城大學土木暨環境工程學系助理教授、副教授，國立中興大學土木工程系講師。經歷：美國康乃爾大學台灣同學會會長、美國雪城台灣同鄉會會長、台灣教授協會會長、公投護台灣聯盟總召集人(現任)。

稱之爲「群眾運動」。

群眾運動訴求的主張時常與統治者完全相反，是一種受壓迫者對施壓者的抗爭或是革命行動，具有大破大立的大翻轉影響。革命(Revolution)的形式有不同的層次與方式，參與革命行動的人需要有爲愛犧牲、爲公義付出生命的行動勇氣，是屬於心靈革命層次的考驗。行動的方式有武裝(Military)革命及非暴力抗爭(Nonviolent Struggle)，前者時常以游擊戰進行武裝革命，藉由軍事力量打倒統治者取得勝利，但往往死傷慘烈代價重大，南非曼德拉的推翻白人政府的種族隔離政策是這一種方式；後者則以公民運動的方式直接訴諸人民的力量，以覺醒的公民參與非暴力抗爭行動，壓迫統治者改變政策甚至失去政權而下台，著名的例子有：美國金恩博士的黑人民權運動，改變美國南部地區的種族隔離政策；甘地的不合作運動，推翻了英國的殖民統治而讓印度獨立等等。

(二)非暴力抗爭的理念

非暴力抗爭的名稱時常被誤會是被動、軟弱而無效的，其實它存在的歷史已經很久，而且有不同的規模。不但大者有人民對政權的非暴力抗爭，小的有學生對學校或是員工對公司等等的非暴力抗爭。不但美洲國家發生過，歐洲國家及亞洲國家都有成功的經驗，台灣的鄰居菲律賓在近代歷史就發生過兩次，以「人民的力量」推翻他們政府成功的非暴力抗爭行動，群眾的堅持往往就會產生政治上強大的影響力。非暴力抗爭也並非犧牲者或是聖賢者的專利，大多數的抗爭都由一般的民眾所完成。一般人的迷思認爲武裝革命是快速的，而非暴力抗爭是漫長的，也不盡然正確。許多武裝抗爭或戰爭都進行了數十年，而有不少的非暴力抗爭都在很短的時間內就達成目標。文獻上雖然有一百種以上的非暴力抗爭方法可以參考，但是非暴力抗爭並沒有教科書的標準作業程序，它的成功取決於許多因素，包括參與抗爭的人數及抗爭的智慧。

非暴力抗爭經過多年在不同時間及地區的發展，基本上是參與者以「愛與公義」的價值觀，關心受迫害者的人權與尊嚴，具有「對抗邪惡、爲義受苦、幫助弱勢」爲目標的動機，產生勇氣，由創造性的少數人發起推動，以「非暴力」爲抗爭的手段，進行公民群眾的啓蒙教育與覺醒，克服個人內心的恐懼以行動結盟，形成人民的力量，推翻政府的政策甚至是不公不義的政權。非暴力抗爭者面對統治者的強力壓制，必須清楚認識統治者的威權建立在被壓迫者的接受與承認，而警察及軍隊只是統治者施壓的工具，抗爭者挑戰統治者的體制權威，但不必與警察及軍隊產生敵對的緊張關係，反而可以利用抗爭的機會向警察與軍隊曉以統治者的不公不義，爭取警察與軍隊對民眾的同情與支持，加速破解統治者的權威。

(三)非暴力抗爭的技巧

非暴力抗爭的經驗已經有累積相當的知識，URM(Urban & Rural Mission)的訓練是一個入門的基礎，一方面透過訓練讓參與者反省自己的價値觀並培養爲「愛與公義」付出的熱誠與勇氣，另一方面，教導經過分析社會問題的科學方法，以凝聚共識產生解決問題的對策，擬具行動方案，過程中強調夥伴之間的信任、合作與團結。與非暴力抗爭具有相同性質，而有助於解決個人或社團之衝突的處理、解決、避免及轉型的技術尙有「中性第三者TPN(Third Party Neutral)」、組織改造轉型的技術如「開放空間技術OST(Open Space Techniques)」，及以非武裝、非暴力、不合作及政治抗命的各種策略方法，適時、適地、適事地運用對付任何不具合法性、違反公民社會意願的外敵、篡政者或傀儡政權，則有「公民防衛CBD(Civilian-Based Defense)」的觀念與方法。

(四)非暴力抗爭的必要性

台灣的民主政治發展過程非常艱辛，歷經中國國民黨的中華民國流亡政府的軍事戒嚴與白色恐怖統治，受害的人可以說不計其數。台灣人民在被欺壓的狀態下，或曾思考以武裝革命的方式推翻外來政權，但除了零散的個別行動外，未曾發展出武裝革命的條件，外來政權在人民的反抗行動下逐步改變政策，解除戒嚴、開放黨禁與報禁、國會全面改選、總統直選、修改刑法第一百條、農民運動、勞工運動、反核運動、拯救雛妓運動、原住民還我土地運動等等，都是以群眾運動的方式進行完成目標，人民的權利逐步還給人民，爲台灣的民主政治奠立基礎。這不是流亡政府的德政，這是人民以非暴力抗爭方式爭取自己權利活生生的成功例子，但是人民可以自己決定自己前途重要權利的爭取還沒有任何進展，需要台灣人民繼續努力奮鬥。

中華民國是中國流亡在台北的中國前朝政府(Chinese Taipei)，侵占台灣土地及國家與人民的財產，早期透過軍事戒嚴與學校教育及媒體宣傳進行「中華民族主義」的洗腦。事實上，中華民國政府對台灣只是代理占領的關係，美國多次公開宣布台灣不是中國的一部分；中華民國不是一個國家；台灣也還不是一個國家。台灣人民在國際上沒有國格及國家尊嚴的困境，這是台灣人民的痛。審視這個問題，發覺台灣人民在流亡政府的體制下，直接民權被「鳥籠公投法」閹割了，間接民權被「分立式的立委選舉制度」嚴重扭曲了，人民要表達不同意見的基本人權被「集會遊行法」剝奪了，在這種體制之下，人民不是國家的主人，而是中國國民黨少數權貴及台籍買辦組成統治階級的奴隸。

2008年10月25日，台灣人民在台北市舉辦大遊行，反對中國國民黨復辟成功之後走回流亡政府的老路，企圖與中國共產黨談判出讓台灣及出賣台灣人民的國家利益。遊行之後，在台灣國民會議的平台之下，台灣教授協會、台灣教師聯盟、908台灣國運動、台灣建國聯誼會及政治受難者協會等團體組成「公投護台灣聯盟」的公民組織，進行「還我民權」的公民運動，主張以體制外的方式進行群眾啓蒙運動，推翻流亡政府，建立台灣人民自己的國家。台灣人民必須繼續以非暴力抗爭的方式，公開而明確地否定「中華民國」流亡政府的合法性與正當性，克服自己的惰性與恐懼，以實際行動參與運動，用微笑對待對台灣歷史無知的同胞，使其覺醒；用微笑鼓勵鄉親克服恐懼，使其行動；用同理心對待警察或軍隊，使其中立。更重要的是以「非暴力抗爭」的知識與紀律，進行有秩序爭取人民權利的行動，讓中國共產黨沒有趁機介入台灣內部事務的理由。

台灣人民的最痛就是缺乏台灣國家的國際人權。推翻流亡政府，建立台灣自己的國家已成台灣人民的首要目標，在馬統幫的引進中國勢力併吞台灣之際，台灣人民必須推翻流亡政府而獨立，建立台灣新國家，這是台灣人當前的燃眉之急。台灣現實上並無武裝革命的社會條件，但是台灣人民要進一步追求國際人權、深化民主，徹底反轉台灣人被奴隸的命運，必須藉助非暴力抗爭的公民運動讓民眾覺醒，使用集體公民的力量，將不公不義的外來政權與剝削體制推翻，台灣人民才能跳脫被奴隸的宿命，有尊嚴的站上國際舞台，爲人類文明做出更多的貢獻。

第十一章
在兩性族群領域
【導讀】

尤美女：以萬物共生平等的慈悲，提升自我的視野
謝若蘭：從性別主流化建構性別平權的台灣
林琇梨：台灣女性應有的胸懷
陳延輝：認識台灣的族群關係、促進族群和諧、發揚族群文化
卓春英：社會福利權的保障

當台灣進化成一個正常而安康的國家之日，一個必備的條件是對兩性的平等看待及各族群的相互尊重與和平共處。

一、營造軟性國力

尤美女律師在其〈以萬物共生平等的慈悲提升自我的視野〉(2009)一文中指出面對中共的威脅，台灣應思考：「……如何讓台灣的民主、自由、人權、法治、性別、科技、和平等soft power or smart power來豐富台灣的認同，讓台灣成爲一個值得所有住民驕傲的民主自決共同體，使台灣邁向正常國家，……。」

從性別的觀點而論，尤律師說：「……聯合國於1995年第四次世界婦女大會確認，『性別主流化』(Gender mainstreaming)爲各國政府政策行動綱領，要求各國中央政府設置一級的性別平等專責單位，從所有面向、所有層級，

以性別觀點全盤地檢視目前各種政策隱藏著的性別不平等，藉由政府各層級性別統計資料之建立，以對各項立法、政策、計劃、方案、人才培育及法律適用結果等作性別意涵之質性分析，依其分析結果，各依其需求調整性別預算、重新調整資源分配，並於政策之制定、執行、立法、修法之前及執法之後作性別影響評估，以明瞭對不同性別的衝擊，打造一個符合性別正義的社會，使任一性別均能平等參與各層級決策，包括衝突之預防及解決。」在2000年通過的1325號決議，聯合國安理會重申婦女在預防和解決衝突及建設和平所扮演的重要角色，並強調婦女平等參與和充分投入，於維持並促進和平與安全的重要性及必要性。

根據聯合國所揭示的精神，尤律師呼籲：「……只有讓女性能平等參與國安、外交、兩岸政策之決策，……對於這些攸關台灣人民前途之重大決策透過『性別影響評估』，評估受益人爲何，對其影響爲何，以實踐分配正義、匡正正義、程序正義。……以培養關懷弱勢、重視人權、尊重多元、萬物共生、平等參與的文化價值。」經由這樣的文化價值營造而成的社會穩定與社會和諧，就如同人權、自由、民主，將是可貴的軟性國力。

二、尊重性別主流化

美國國務卿 Hillary Rodham Clinton在2010年世界婦女節的慶典中說：「這個世界將無法解決經濟危機、天氣變化、疾病、貧窮等問題，假若一半的人口不能參與。」

在 1995年聯合國推動的「性別主流化」，其用意是要將性別的差異納入各項政策的考慮中。謝若蘭教授在〈從性別主流化建構性別平權的台灣〉(2009)一文中闡釋，在政策上推動性別主流化的必要性與正當性。她說：「社會中的各領域，如政治參與、教育政策、法律制定、醫療、經濟發展、文化、科技、環境等各方面，在傳統上都是以男性經驗及觀點所制定的制度，因此女性的需要、經驗、意見與參與等常被忽略在主流的制度之外，政策的執行也因為聽不到眞實的聲音而忽視婦女的需求。所謂『性別主流化』就是把女性做爲社會參與的實體，把性別觀點納入決策主流，以達性別平等的目標。」

「性別主流化是邁向一個社會公義之建構的關鍵，因爲忽視占有半數的女性人口而言不僅不公平而且是無知的，而要建立一個具有社會正義與人文素養兼具的台灣，性別議題的關懷是非常重要的。更值得注意的是，性別／族群／階級都常常是相互交疊的社會正義議題，也因此，台灣人民應該在一個平等與相互尊重的考量下——各個層面的——看見差異並且尊重差異，才能去除因爲差異而產生的社會壓迫，共同爲一個和諧進步的台灣社會邁進。」

三、公民參與

當我們的社會政策變得更能接受女性的參與，而女性同胞應如何面對這種新的文化價值？台北水噹噹姊妹聯盟林琇梨榮譽理事長，在〈台灣女性應有的胸懷——從家庭到社會〉(2009)一文中指出：「成功的社區大多是因女性積極投入而有卓著的成果。家庭主婦因爲對子女教育及生活環境的高度關切，從家庭的瑣碎生活中走出，開展自己的生活圈子，關心子女教育品質和社區發展，並不惜付諸行動，扛負起維護與改善社區的責任。」

爲能從自我學習拓展到社會參與，她提供女性同胞如下的建言：(一)調整心態，「女性常自認力量薄弱，或被外在環境塑造成婦人之見無關宏旨而失去信心。其實透過各種學習，女性不只能自我培養，更能具有獨立思考和判斷的能力。如果將女性的獨特優點匯集起來，必能成就一番事業。」(二)學習與自我成長，「藉著廣泛的閱讀和文化活動，充實自己的知識，拓展自己的視野，了解台灣的歷史文化是女性應該努力的方向。」(三)堅持理念，「現代女性對周遭的人與事，應抱著一顆關懷的愛心，並以身作則投入工作。」

四、尊重各族群的文化

誠如謝若蘭教授所言，性別／族群／階級都常常是相互交疊的社會正義議題，那麼我們應該如何來看待台灣的族群問題？陳延輝教授在〈認識台灣的族群關係、促進族群和諧、發揚族群文化〉(2009)一文中指出：「自十七世紀初荷蘭人在台灣因語言的不同記錄到有多種族群的存在。當時台灣從南到北就有西拉雅、洪雅、巴布薩、拍瀑拉、拍宰海、道卡斯、凱達格蘭、噶瑪蘭等平埔族群。由於鄭氏和滿清沒有族群平等的觀念，因此台灣除了漢語系的福佬和客家人外，就是生番和熟番而已。……二次戰後國民黨帶來了外省族群，倡言台灣只有一個中華民族，並實行種族同化主義。……戒嚴的國民黨統治階級一方面利用白色恐怖，另方面利用籠絡的方式控制著台灣。等到強勢的外省統治階層逐漸老去時，解嚴前後出現各種不同的族群抗議事件。解嚴後李登輝的執政，國民黨才願意接受台灣有不同族群存在的事實。憲法增修條文才正式納入了原住民族文化及政治地位平等的規定。」

爲求台灣社會的公平正義、穩定與和諧，我們必須了解台灣是個多元族群共存的社會，必須尊重各族群的文化、語言與生活方式。關於這一點，陳延輝教授有如下的論述：「過去台灣的外來統治者大都利用台灣族群的內部矛盾加以操控，……。將來台灣的各個族群要能有尊嚴地在這塊土地上活下去，首先要能自由地使用自己的語言，依照自己的生活方式，才能保存自己的傳統文化。……爲了使台灣各族群能夠長治久安以及寶貴的族群文化的發揚，將來台灣的國家領土規劃應該使這些本來就是生活在一起的各個族群，生活在自己的傳統生活領域裡，有機會讓他們發揮各自的優良文化，替人類保存並發揚千百年來的智慧財產。」

五、認識我們的社會福利權

當台灣進化成一個正常而安康的國家之日，另一個必備的條件是人民有免於恐懼貧窮無助的自由，這就是人民的福利權。卓春英教授在〈社會福利權的保障〉(2009)一文中闡釋：「……台灣要成爲現代世界的正常國家，除了應順應及落實政治民主、經濟自由、公民社會及永續發展等國際社會主流價値外，亦須注重人權保護，特別是人民的福利權——政府應如何透過社會福利(或社會安全)——『滿足人民基本需要的權利』，台灣國民對此應有基本的認識，方能監督政府擔當保障人民的責任與角色。」

「社會福利的實施有幾項要素：周延的法令與政策、健全的組織與人員、充裕的財政與預算，這些要素環環相扣，處理不當可能影響福祉社會的建構。遺憾的是台灣的社福政策受政治影響層面太大，……。以2008年政黨輪替之後，新政府即推翻前朝所制定的重大社會福利政策，而提出操短線的福利方案，例如『馬上關懷』專案，不用社工專業人員，卻授權給有選舉樁腳功能的村里長；……」所以我們必須透過公民參與，監督社會福利的執行符合公平正義。也應認知福利權是人民的基本人權，更應了解：「惟有公民的政治權利(第一代人權)確立，福利權(第二代人權)才得以保障。」

延伸閱讀

《人權思潮導論》，卓春英主編，蔡明殿等著。台北：秀威資訊科技，2007。

《女性主義理論與流派》，顧燕翎等，台北：女書文化，1995。

《日據時期台灣婦女解放運動》，楊翠，台北：時報文化，1993。

《台灣民族運動史》，吳三連等，台北：自立晚報社文化出版部，1993。

《台灣的社會福利——歷史經驗與制度分析》，林萬億，台北：五南圖書，2006。

《台灣原住民族政治與政策》，施正鋒，台北：新新台灣文化教育基金會，2005。

《再現台灣——台灣婦女運動》，楊翠，台北：暢談文化，2008。

《我把羅曼史變教材了》，鍾佩怡，台北：女書文化，2002。

《性別向度與台灣社會》，黃淑玲、游美惠主編，台北：巨流圖書公司，2007。

《性屬關係——性別與社會、建構》(上、下)，王雅各編，台北：心理，1998。

《從背景到焦點——台灣性別平權發展史》，台北：光啓社，2008。

《跳脫性別框框》，黃莉主編，台北市婦女新知協會籌劃，台北：女書文化，1999。

〈福利權是否人權？〉，蔡建誠，《星島日報》，1996年6月12日。

《鄭成功復台外記》，李辛陽、李振華譯，C.E.S.著，台北：中華文化出版事業委員會，1955。

〈關於福利權的哲學思考〉，簡守邦，《台灣社會福利學刊》

第四卷第二期，pp.139-178，2005。http://www.sinica.edu.tw/asct/asw/journal/040204.pdf

〈邁向「正常國家」──台灣主體性的追尋〉，李登輝專題演講，2002年10月19日。

〈歐洲悠閒生活的背後──談公民福利權〉，茉莉，香港《争鳴》雜誌，2006年8月號。

以萬物共生平等的慈悲，提升自我的視野 / 尤美女

台灣從1987年解嚴，1991年廢止動員勘亂時期臨時條款，1996年選出台灣第一位民選總統，使台灣正式邁入民主國家！2000、2008年歷經二次政黨輪替，使台灣的民主逐步深化。

但1971年的聯合國2758號決議：「中華人民共和國政府爲中國在聯合國之唯一合法代表，且爲安理會五個常任理事之一。爲回復中華人民共和國之所有權利，並承認其政府爲中國在聯合國之唯一合法代表，乃逐出非法占有聯

尤美女

現任：尤美女律師事務所主持人、婦女新知基金會監事、台灣婦女團體全國聯合會創會理事長。歷任：總統府人權諮詢小組委員、行政院婦女權益促進委員會委員、民間團體民法親屬編修修正委員會總召集人、兩性工作平等法主要起草人及主要推動者。從事婦女運動27年，督促修改法律和憲法、率先主動立法並帶動民間聲請釋憲風潮、推動制度改革、保障婦女人身安全、致力於人權議題、推廣人權概念。

合國席位及所有相關組織之蔣介石代表。」38年來就像一個緊箍咒罩住台灣，使台灣不被國際社會公開承認，加上中共近幾年來挾著經濟崛起的影響力無所不用其極的壓縮台灣的國際空間；不只是國際組織，尚包括非政府組織的國際參與，更挾其龐大的軍事力量在台灣海峽對岸布置一千枚飛彈對準台灣，更頒布「反分裂法」企圖讓犯台合法化。這種種內外交迫，使台灣民眾對兩岸問題竟以「民主」與「和平」的認同為對立選項，而不思尋求共同對抗中共專制的可恃武器。

因此如何讓台灣的民主、自由、人權、法治、性別、科技、和平等soft power or smart power，來豐富台灣的認同，讓台灣成為一個值得所有住民驕傲的民主自決共同體，使台灣邁向正常國家，實為值得大家深思的課題。茲從性別的角度來探討此問題。

(一)聯合國1325號決議女性平等參與衝突預防、解決及和平建設

女性因孕育、撫育子女為大地之母，因此女性較愛好和平，但女性囿於傳統性別角色分工之刻板印象，女性的身影在許多重要的決策過程中缺席，或被拒於衝突預防及解決的對話場域外，全球的女性無論來自已開發或開發中國家，身處在和平社會或戰火頻繁的地區，都面臨著參與決策或衝突解決的阻礙與困境。

而在衝突或戰爭中，女性及兒童又經常被性侵、凌虐或殺害，因此聯合國安理會於2000年通過1325號決議，「重申婦女在預防和解決衝突及建設和平所扮演的重要角色，並強調婦女平等參與，和充分投入維持和促進和平和安全的一切努力的重要性，以及增加婦女參與有關衝突預防、管理、衝突解決，及衝突後和平建立的必要性。」

(二)以「性別主流化」的策略，使任一性別均能平等參與「衝突之預防及解決」

聯合國於1995年第四次世界婦女大會，確認「性別主流化」(Gender mainstreaming)爲各國政府政策行動綱領，要求各國中央政府設置一級的性別平等專責單位，從所有面向、所有層級，以性別觀點全盤地檢視目前各種政策隱藏著的性別不平等，藉由政府各層級性別統計資料之建立，以對各項立法、政策、計劃、方案、人才培育及法律適用結果等，作性別意涵之質性分析，依其分析結果，各依其需求調整性別預算、重新調整資源分配，並於政策之制定、執行、立法、修法之前及執法之後作性別影響評估，以明瞭對不同性別的衝擊，打造一個符合性別正義的社會，使任一性別均能平等參與各層級決策，包括衝突之預防及解決。

(三)兩岸問題不論「民主統一」或「和平獨立」，其決策過程均應符合民主程序，並有女性平等參與，以預防衝突之發生

兩岸的問題不論是「統」或「獨」，若「統」，亦須在「民主」的前提下「統一」；若「獨」，亦須在「和平」的前提下「獨立」，因此「民主統一」與「和平獨立」不僅不對立，而且存在著互為因果的關係。台灣不論民主、自由、人權、法治均較中國進步，因此台灣應先成為促進和平的力量，才能有助於民主統一或和平獨立。而民主的核心即是「官民協力，共同治理」，如何增加決策的合法性、說服性、代表性，必須讓男女兩性均有共同參與決策的權力。

只有讓女性能平等參與國安、外交、兩岸政策之決策，並且使資訊公開、透明，使議題之討論符合民主參與的正當程序，讓每一個公民均有表達意見的機會，且對於這些攸關台灣人民前途之重大決策透過「性別影響評估」，評估受益人為何，對其影響為何，以實踐分配正義、匡正正義、程序正義。更應以「和平價值」來提升國民素質，以此做為民主優質化的基礎。

反省自我對不同性別族群之刻板印象、偏見和歧視，進行理解差異，以培養關懷弱勢、重視人權、尊重多元、萬物共生、平等參與的文化價值。且能以理性分析政府與

人民之不同，在面對中國黑心商品時，不將之轉為對中國人民與社會的憎恨與污名，而是在堅持我國主權獨立的同時，也能夠關心受害的中國弱勢人民，因為問題在於專制的統治階級，而不是同樣受害的中國弱勢人民。透過兩岸NGO的密切交流與合作，促進彼此的理解與信任，才能使兩岸人民攜手合作共同阻止戰爭的發生。

(四)結語

綜上，做為一個台灣現代公民應有的素養，即是主體性、差異包容性、弱勢關懷、人道關懷、性別意識、人權尊重，並且以萬物共生平等的慈悲提升自己的視野，以更為寬廣理解的胸懷與更積極的行動，為中國民主化創造良好的環境，提供善意的幫助，經由國際合作之展開及人道救援服務，以達成兩岸民主統一或和平獨立之任務！

從性別主流化建構性別平權的台灣 / 謝若蘭

一、推動性別主流化的必要性與正當性

台灣雖然與世界同步走到一個高喊性別平權的時代，近年來也經過民間團體的性別平權倡導，陸陸續續立法通過《性別平等教育法》與《性別工作平等法》等，在國家政策中，更是將「性別主流化」正式納入其中，不過許多人對於所謂的性別平等的觀念不太清楚或有誤解。我們必須要認知性別議題是一個公民社會中，每個人切身相關且

謝若蘭

司法正義學哲學博士。現任國立東華大學族群關係與文化學系暨研究所副教授，研究領域為司法正義學、人權、法律與社會、性別／族群／階級、原住民族議題。在美國期間曾任台灣學生社／台灣查某／台灣環境行動網社委、台獨聯盟美國本部中央委員暨秘書長、台灣人公共事務會全國性委員等。返台後，曾任台灣綠黨共同召集人、台灣環境行動網協會常務理監事、國家展望文教基金會執行長、《台灣原住民族研究季刊》執行編輯等；目前擔任台灣國際研究學會秘書長、馬偕事業紀念基金會董事。

應關注的，也因此我們必須要了解到女性主義並非某一群人的專利；而在政策上推動性別主流化則有其必要性與正當性。

首先，我們必須要了解女性主義思潮對於性別平等的貢獻，但一般人對女性主義認知或多或少有偏差。有人認爲那多半是中上階層，或是女性知識分子跟著西方潮流走向而生的研究，有人詮釋那只是一種專爲女性吶喊其內心不平的自由解放論調；有人將之視爲一種張牙舞爪、痛恨男人的變態女人所玩的一種把戲；有人說那是不愛男人只愛女人的女同志所提的不與敵人共枕論調；更有人說那不過是一堆沒事幹的女人，爲自己推卸傳統女性天職之冠冕堂皇的謊言及藉口罷了。這些帶有男性霸權色彩的危言聳聽觀點，扭曲了女性主義的眞正意涵，以及其可協助我們走向一個性別平等社會之可能性。

實際上，女性主義爲具有多采多姿流派論述且值得鑽研的研究領域，舉凡文學、歷史、生理、醫學、理學、政治、法律、宗教及藝術等等，皆是女性學者所欲探究亦必須具備的探究領域，並藉由不同領域的研究來與女性經驗產生交集。如此一來，既可解釋各種已發生或可預見的相關性別不平等議題，以女性觀點及經驗來集合各領域的論述爲點，來進行學術論述及實際行動的準則，並提供我們擺脫既有的性別角色桎梏，而達到人——男人與女人——的成長及解放可能性。

二、性別主流化的意涵

接著我們必須要了解性別主流化。正如前所提及，社會中的各領域，如政治參與、教育政策、法律制定、醫療、經濟發展、文化、科技、環境等各方面，在傳統上都是以男性經驗及觀點所制定的制度，因此女性的需要、經驗、意見與參與等常被忽略在主流的制度之外，政策的執行也因爲聽不到眞實的聲音而忽視婦女的需求。所謂「性別主流化」就是把女性做爲社會參與的實體，把性別觀點納入決策主流，以達性別平等的目標。

事實上自聯合國從1976年到1985年推動「婦女十年」的期間，要求各會員國針對國內造成性別不平等的法規進行檢討，在1995年聯合國推動「性別主流化」的工作方向之後，擬定了十項性別議題的具體工作方針，而各會員國也被要求每年必須要針對其中議題進行年度報告，以此監督性別平權政策的推動與落實。

因爲我國並不是聯合國的會員，以至在推動相關性別平等政策及法規方面比其他國家晚，但台灣自從解嚴之後，許多不平等之社會議題開始成爲解嚴後的社會改革之目標，而「性別平等」便是重要的關注焦點之一，包括1990年代開始民法親屬篇多次修法、《性侵害犯罪防治法》(1997年)、《家庭暴力防治法》(1998年)、《兩性工作平等法》(2002年，於2008年修改為《性別工作平等法》)、《性別平等教育法》(2004年)，以及《性騷擾防治法》(2005年)的通過等，都是在這股性別平等運動風潮之下的相關法規。

除此之外，行政院也於1997年成立「婦女權益促進委員會」來推動促進婦女的權益，目前爲止完成了許多重要的性別平等相關政策制定，包括2000年的「行政院暨所屬各機關女性人才培育計畫」及「跨世紀婦女政策藍圖」、2001年的「婦女人身安全政策及實施方案」、2002年的「婦女教育政策」、2003年的「新世紀婦女勞動政策」(並於2004年頒布)、2004年訂定的各機關公務人員性別主流化訓練計畫、2004年提出「婦女政策綱領」及婦女政策白皮書。

三、性別主流化是邁向一個社會公義之建構的關鍵

2005年在民進黨執政下，陳水扁總統以至高位宣示通過行政院各部會推動性別主流化的具體實施計畫，眞正奠定國內性別平等的政策規模與位階，而2008年則核定「婦女健康政策」，以具體落實2004年所提出的「婦女政策綱領」之政策內涵，包含婦女政治參與、婦女勞動與經濟、婦女福利與脫貧、婦女教育與文化、婦女健康與醫療與婦女人身安全等六項。

台灣原屬多爲南島語系之尊重性別差異，但各司其職的性別分工社會，然因長期被殖民因素導致今日社會成爲

男性霸權當道，而導致中國式的「男尊女卑」、「女子無才便是德」等觀念所產生的性別歧視。翻閱台灣歷史，我們不難看到台灣女性長期以來在不同的崗位與領域參與台灣的社會建構，但即使當今不乏出色的女性菁英在各行各業爲台灣付出與貢獻，台灣社會的眞正性別平等仍尙待努力。

性別主流化是邁向一個社會公義之建構的關鍵，因爲就忽視占有半數的女性人口而言不僅不公平而且是無知的，而要建立一個具有社會正義與人文素養兼具的台灣，性別議題的關懷是非常重要的。更値得注意的是，性別／族群／階級都常常是相互交疊的社會正義議題，也因此，台灣人民應該在一個平等與相互尊重的考量下——各個層面的——看見差異並且尊重差異，才能去除因爲差異而產生的社會壓迫，共同爲一個和諧進步的台灣社會邁進。

台灣女性應有的胸懷
從家庭到社會／林琇梨

(一)三種信念

1980年代以來，台灣女性的自主意識逐漸抬頭，2000年首位女性副總統誕生，在「兩性共治」、「女人半邊天」的認知下，台灣女性已具有與男性同樣的社會責任和影響力。今後台灣女性應具有那些信念及如何去發揮影響力，落實社會責任，進而讓台灣邁向眞正獨立的正常國家，我認爲需要具備下列信念。

林琇梨

1949年出生，台北人。1971年台灣大學歷史系畢業。曾任中研社區協進會秘書長、中研社區協進會理事長、台灣主婦聯盟消費合作社理事、台北水噹噹姊妹聯盟理事長。現任：南港區調解委員會、台北水噹噹姊妹聯盟榮譽理事長。

1. 心態的調整

目前台灣瀰漫著過分悲觀和失敗主義的論調，覺得台灣已經沒有救了，已快被馬政府出賣了，在心灰意懶之餘更責怪民進黨不夠積極和努力。與其終日怨聲載道不如好好反省自己，惕厲自己該做些什麼。記得曾讀過一篇名爲〈我雖僅一人，但不容忽視〉的文章，其內容強調個人力量的重要性。女性常自認力量薄弱，或被外在環境塑造成婦人之見無關宏旨而失去信心。其實透過各種學習，女性不只能自我培養，更能具有獨立思考和判斷的能力。如果將女性的獨特優點匯集起來，必可以成就一番事業。

2. 學習與自我成長

藉著廣泛的閱讀和文化活動，充實自己的知識，拓展自己的視野，了解台灣的歷史文化是女性應該努力的方向。女性在自我學習中，不斷求進步，並結合社區婦女熱心參與公共事務，如此必能凝聚共識，激發彼此之間愛鄉愛土的感情而帶動社會的進步。

3. 理念的堅持

台灣主婦聯盟合作社謝前理事主席曾說過：「我的人生存摺，存的不是金錢，而是許多必須實踐的理想。」她在過世前，始終爲這句話奮鬥不已。現代女性對周遭的人與事應抱持一顆關懷的愛心，並以身作則投入工作。這分努力得來的經驗如公開與人共享，我相信可激起眾人的熱忱而相互扶持，不再感覺孤單。

(二)投入廣大的公共事務、關心台灣前途

以我多年從事社區工作和參與公共事務的經驗，認爲以上三種信念是我能夠落實理想、化熱誠爲行動的原因。成功的社區大多是因女性積極投入而有卓著的成果。家庭主婦因爲對子女教育及生活環境的高度關切，從家庭的瑣碎生活中走出，開展自己的生活圈子，關心子女教育品質和社區發展，並不惜付諸行動，扛負起維護與改善社區的責任。十五年前，我本著「更深的參與，更多的成長」之信念投入住家中研社區的社區工作，從生疏到熟練，雖然其中有失望與挫折，卻使我的生活更多彩多姿，深刻體會出女性在社區工作的重要性而產生更積極投入社會工作的自我期許。

十年前，我逐漸意識到應走出社區，投入更廣大的公共事務關心台灣的前途。2000年，我加入台北水噹噹姊妹聯盟，參與本土社團關懷台灣政治社會的各種活動。台北水噹噹姊妹聯盟是一個熱愛台灣、關懷弱勢的團體。除了支持台灣的活動不缺席外，我們也舉辦知性、慈善、育樂和養生的活動，讓會員在活動中學習成長，並藉此鍛鍊自己，以行動表達我們疼惜台灣的決心。

數十年來，我從家庭到社會，從自我學習拓展到社會

關懷，從理念到行動，逐漸體會台灣是個寶島，是我們永遠的故鄉，需要關心與灌溉才能眞正成爲民主、自由與獨立的國家。

認識台灣的族群關係、促進族群和諧、發揚族群文化

／陳延輝

(一)接受台灣有不同族群存在的事實

人是時間和空間的產物。台灣是一個適合人類居住的地方。自十七世紀初荷蘭人在台灣因語言的不同記錄到有多種族群的存在。當時台灣從南到北就有西拉雅、洪雅、巴布薩、拍瀑拉、拍宰海、道卡斯、凱達格蘭、噶瑪蘭等平埔族群。由於鄭氏和滿清沒有族群平等的觀念，因此台灣除了漢語系的福佬和客家人外，就是生番和熟番而已。日本人到台灣後才開始對台灣的族群有了更準確的分類，

陳延輝

1946年台南縣鹽水鎮出生。德國哥丁根大學政治學博士。東海大學文學院國父思想專任講師。哥丁根大學漢學系台語專任講師。台南師範學院社會科教育學系兼鄉土文化研究所副教授。台灣師範大學三民主義研究所副教授、教授暨所長，政治學研究所教授暨所長。中央研究院平埔研究工作會，暨台灣史研究所沿山地區族群研究坊小組成員。

原住民族除平埔族外，還有泰雅族、賽夏族、布農族、鄒族、魯凱族、排灣族、卑南族、阿美族和達悟族。二次戰後國民黨帶來了外省族群，倡言台灣只有一個中華民族，並實行種族同化主義。到了2000年民進黨執政前後才又接受了台灣多元族群的概念，並確認邵族、噶瑪蘭族、太魯閣族、撒奇萊雅族以及賽德克族等14個原住民族的法定地位。反映出台灣本來就是一個多元族群居住的地方。

以往強勢的族群利用武力征服了弱勢的族群並組成了國家，因此在社會中形成了統治與被統治的階級。荷蘭人上岸之前，台灣由於高山和溪流的阻隔，族群千百年來各自固守領域，沒有一個統治全台的領袖。荷蘭人來台之後，利用現代化的武器征服了各個部落，依照母國的政治體制召集了地方分區會議，使台灣變成了東印度公司下的子民。隨後的鄭氏和滿清是一個專制集權的王朝，台灣各族群關係再回到人與非人之分，征伐與出草重現在台灣的這塊土地上。日本時代，現代化國家的法治取代了傳統的人治；但是台灣畢竟是個殖民地，各個族群還是日本帝國下的次等國民。戰後國民黨來到台灣，宣稱我們都是黃帝的子孫，但卻有省籍和山胞之分的差別。戒嚴的國民黨統治階級一方面利用白色恐怖，另方面利用籠絡的方式控制著台灣。等到強勢的外省統治階層逐漸老去時，解嚴前後出現各種不同的族群抗議事件。解嚴後李登輝的執政，國民黨才願意接受台灣有不同族群存在的事實。憲法增修條文才正式納入了原住民族文化及政治地位平等的規定。

(二)各族群的語言應該受到尊重

過去台灣的外來統治者大都利用台灣族群的內部矛盾加以操控，尤其是滿清時代。將來台灣的各個族群要能有尊嚴地在這塊土地上活下去，首先要能自由地使用自己的語言，依照自己的生活方式，才能保存自己的傳統文化。台灣族群一直在外來統治者的不平等對待下，強迫放棄講自己話語的權利，所以台灣各族群要要求用自己的語言來表達各族群心裡的意見。因此除了一種最多數人使用的共同語言外，各族群的語言應該受到尊重，尤其在自己的生活領域裡。

(三)讓各族群發揮各自的優良文化

有關生活領域，以目前的情況來看，各個族群歷史以來都被支解成爲一個十分破碎的版圖。如以南部的客家族群除了被分成高雄縣包括美濃、杉林、六龜3個鄉鎮，以及屏東縣高樹鄉、長治鄉、內埔鄉、佳冬鄉、新埤鄉、萬巒鄉、麟洛鄉、竹田鄉等8個鄉鎮的政治領域裡。如果各鄉鎮整合起來成立一個六堆縣的話，南部客家族群不但可以產生一個，用客家語管理自己領域的台灣國家級的領導人外，亦可共同發展六堆客家文化，保存客家生活方式不會受到外來族群文化的侵蝕。如再以9萬人的泰雅族群來看，他們被劃分在從台北縣烏來鄉，到台中縣的和平鄉等8個縣13個山地鄉裡。因此爲了保存人類稀有的台灣各族群語言和文化，爲了使台灣各族群能夠長治久安以及寶貴的族群文化的發揚，將來台灣的國家領土規劃應該使這些本來就是生活在一起的各個族群，生活在自己的傳統生活領域裡，有機會讓他們發揮各自的優良文化，替人類保存並發揚千百年來的智慧財產。

社會福利權的保障／卓春英

一般而言，一個「正常國家」的發展，必然受到其國家的歷史發展軌跡以及所處的天然地理環境所影響；而一個「正常國家」的人民，也應有一定的素養與知識依其歷史經驗與地理環境，以己為主體找尋一套適合的架構與制度，用心來經營自己的國家。

寫作《社會契約論》的十八世紀啓蒙思想家盧梭，在〈論一個好政府的標誌〉一章中提出：「政治結合的目的就是為了它的成員的生存和繁榮。」因此，台灣要成為現

卓春英

香港中文大學社會福利研究所博士。歷任：總統府機要室、公共事務室副主任，行政院顧問兼行政院南部中心執行長、行政院婦女權益促進會委員暨基金會董事，省府委員兼代理台南市長，高雄縣政府社會科長、副縣長。現任：長榮大學社工系副教授、南台灣社會福利聯盟總召、民進黨性別主流化諮詢顧問委員、台灣社會工作專業人員協會理事。近期著作：《頤養天年——台灣家庭老人照護的變遷》，台北：巨流，2001；《人權思潮導論》，主編，台北：秀威資訊科技，2007。

代世界的正常國家，除了應順應及落實政治民主、經濟自由、公民社會及永續發展等國際社會主流價值外，亦須注重人權保護，特別是人民的福利權——政府應如何透過社會福利(或社會安全)——「滿足人民基本需要的權利」，台灣國民對此應有基本的認識，方能監督政府擔當保障人民的責任與角色。

(一)社會福利權是基本人權

人權是一規範性觀念，指導著我們考慮現實上人的尊嚴受損的具體情況，並要求他人(包括一國之政府及國際間)承擔義務，促進不分國界平等享有人權。「人權」的意涵是否高深、遙不可及？事實上，人權的觀念自古在東西文化中皆有跡可循。如《禮記》中「老吾老以及人之老，幼無幼以及人之幼」、《四書》中的「己所不欲，勿施於人」等；西方學者洛克(John Locke)、潘恩(Thomas Paine)也先後貢獻各層面多元的人權思想。直至1948年聯合國通過的「世界人權宣言」，更加界定並規範一種人類共同的理想，三十條條文中明示人權的「公民、政治權利」，以及「經濟、社會、文化權利」兩大項，從權利分類上看，公民和政治權利屬於「第一代人權」，經濟、社會和文化權利(通常稱為福利權)屬於「第二代人權」。

社會福利權的概念，是第二次世界大戰以後發展出來的，主要是保障人民都能擁有社會福利服務的基本權利，福利國家的本質是在於由政府提供最低標準的所得、營養、健康、住宅及教育等。當今國際社會普遍確認爲福利權是一國公民的基本權利——「這是公民的基本權利，不是甚麼德政！」——身爲台灣國民，我們應有此認知。

(二)社會福利與社會安全

社會福利概念或社會安全制度濫觴於西元1883年，德國「鐵血宰相」俾斯麥頒布了《疾病保險法》，被認爲是現代社會福利制度產生的標誌。而1930、1940年代，由於經濟大恐慌與二次世界大戰，影響人類對於市場經濟的恐慌，因此歐美國家紛紛提出穩定社會的方案，例如1933年美國羅斯福總統提出的「新政」(New Deal)，以及1935年通過的「社會安全法案」；1941年的「大西洋憲章」；1942年英國的「貝佛里奇報告書」；1944年的「費城宣言」以及1948年的「聯合國世界人權宣言」，均一再提及社會安全的重要性而將之界定爲「社會安全權利」，是每個人都該享有的生存權。中華民國在1947年公布的憲法也訂有社會安全條款。

社會福利是國家提供來滿足人民生存需求的方案，因此，它是政治、經濟與社會的產物，不同的意識形態與價值就會有不同的社會福利界定，一般分爲「殘餘式的(residual)」與「制度式的(institutional)」社會福利。前者必須透過資產所得調查，例如國內的社會救助法；後者重點在於國民保障，例如「全民健保」。

社會福利的實施有幾項要素：周延的法令與政策、健全的組織與人員、充裕的財政與預算，這些要素環環相扣，處理不當可能影響福祉社會的建構。遺憾的是台灣的社福政策受政治影響層面太大，並不太注重這些要素，也沒有明確的意識形態與價值。

以2008年政黨輪替之後，新政府即推翻前朝所制定的重大社會福利政策，而提出操短線的福利方案，例如「馬上關懷」專案，不用社工專業人員卻授權給有選舉樁腳功能的村里長；一年花一百三十五億辦理依賴電腦篩選補助對象的「工作所得補助方案」；「立即上工計畫」；「九七短期就業促進措施」；「九八至一零壹年就業促進措施」；花費超過八百五十億的「消費券」發放等等方案。但另一方面中央政府又大減稅，包括調降「遺贈稅率」、「證交稅減半」等，粗估一年稅收損失超過一千二百五十四億元以上，如此做法，何能有完善的社會福利財務規劃呢？此外，因政治考量將農民抽離的「國民年金保險」，只有納入家庭主婦、失業者、學生等弱勢被保人，又如何能做到風險分擔、長期發展的保險呢？不得不令人擔憂台灣社會福利的未來！

總之，台灣國民應認知福利權是人民的基本人權，但也應認知到——唯有公民的政治權利(第一代人權)確立，福利權(第二代人權)才得以保障。

第十二章

在經濟領域

【導讀】

蕭聖鐵：百年來的台灣經濟發展動力
王塗發：台灣國民應有的經濟觀
陳博志：支配台灣經濟發展最重要的一個定理
龔明鑫：全球化及後金融海嘯時代下台灣經濟戰略地位
黃天麟：中資對台灣金融之衝擊

一個國家的政府，必須捍衛國家安全與經濟安全。在國家安全與經濟安全的前提下，政府的施政應以提升人民的生活福祉爲國家發展的主要目標。這就是說捍衛經濟安全與追求經濟發展是政府的重要責任。經濟安全的目標，是要繼續維持經濟在穩定中成長；經濟安全的工作，則是以前瞻性的視野，預測各種可能影響經濟穩定成長的因素，然後設法排除或減低不利因素，增加或強化有利因素。由於經濟安全涉及政治、外交、經濟、科技、社會、文化等多層面，必須由一個國家的政府領導，結合全民的力量共同維護。

從一個國民的立場而言，我們要追求個人所得與生活水準的提高，我們更要生活有所保障。生活水準的提高有賴政府的清廉、效率與對經濟發展的努力，而生活的保障則有賴政府對經濟政策的正確把關，以捍衛經濟主權與經濟安全。一般國民的責任，除了個人的創業盡職，就是要監督政府對經濟發展的施政能力與對經濟主權的捍衛能力。本章所討論的就是要培養這種智識。

一、台灣經濟發展的動力

蕭聖鐵教授在〈百年來的台灣經濟發展動力〉(2009)一文中，回顧百年來台灣經濟的盛衰及其因素，並提供有關各時期經濟發展的參考書目。他指出台灣的經濟奇蹟，早在20世紀初日本占領(1895)之後就奠下了現代化的基礎。「台灣工業化的起點是1930年代後半期。……1942年以後，台灣開始經濟獨立而不依賴日本本土。……台灣的中小企業也應運而生。這群具有企業精神的台灣人『老闆』，才是戰後台灣的以貿易立國、經濟奇蹟初期的骨幹。」他以台灣人相對於日本人的生活水準來檢視台灣經濟的盛衰：在1912年到1940年期間，台灣人的生活水準在日本人水準的60%上下變動；從1941到1950年，台灣的眞實個人所得成長率爲負的3.92%，是世界有統計資料的46個國家中的第44位，而日本爲最低第46位；1947年台灣的眞實國民所得曾回復到日本的58%；但其後年年下降，1970年竟下降到只有日本的29%。他歸納：「到1970年爲止日本發展更快以外，台灣戰後經濟管理不善、國家資本主義作祟、國共內戰及『反攻大陸』政策的消耗與剝削等等。……1970年後才開始上升，……但就是到了1992年，台灣仍然只有日本的60%，相當於戰前的平均百分比。……1970年後，隨著世界經濟向短、小、輕、薄的技術與產物發展，到了1980年代，台灣政府與民間中小企業能夠適應世界潮流，形成國際加工基地進而發展高科技產業，經由中小企業帶動的台日美貿易三角關係，台灣的眞實個人所得成長率遂能超過日本，實現了戰後世界第一的台灣『經濟奇蹟』。」

從蕭教授的文章我們可看出，台灣的經濟發展需要政府與民間企業的配合，善用世界潮流。民間企業要有創業精神及勤巧，國民要有高教育水準，更需要全體國民胼手胝足的配合。而政府不能有錯誤的政治或經濟政策，如1970年代以前的「反共復國」政策，更不能有剝削、貪腐、無能的施政；政府的經濟政策應該透明，讓全體國民檢驗其正確性，也讓民間企業知所配合。台灣國民應有這種監督政府的智識；糾正一些有關台灣經濟發展的迷失，是探索這種智識的第一步。

二、有關台灣經濟發展的迷失

台灣是一個貿易國，其經濟發展與國際市場息息相關。在全球化的聲浪中，台灣社會也有人強力主張台灣的經濟要「全球化」、要「自由化」，主張經濟無國界、主張不應對投資中國設限。王塗發教授在〈台灣國民應有的經濟觀〉(2009)一文中指出，這樣的主張含有危險的迷思，台灣國民必須糾正這些錯誤的想法。

第一、是「自由放任」的迷思。他指出，「認為對中國投資限制違反經濟自由化的市場法則，是犯了『自由放任』的迷思，是忽視自由市場經濟，必須在國家安全保障與明確的制度規範前提下自由競爭，才能導致最佳的結果。國家安全如果不保，何來自由競爭可言？換句話說，國家安全遠重於經濟利益。……大幅開放企業赴中國投資，壯大中國經濟與軍事實力，其實已傷害到台灣的國家安全。政府怎可放任不管？」

第二、是「以偏概全」的迷思。「當少數廠商基於成本考量往生產成本較低的中國投資，可能是有利的；但若因此而認爲所有企業都遷往中國生產全數都能獲利，國內經濟也能受益，則犯了『合成的謬誤』。當大多數企業都遷往中國生產，必導致台灣產業空洞化、失業嚴重、貧富不均惡化、社會問題叢生，對台灣整體經濟是非常不利的。」

第三、是「全球化須先中國化」的迷思。「有些人認爲現在中國崛起，台灣要『全球化』就必須做爲接軌中國與世界的『橋梁』，或是做爲世界各國進入中國的『門戶』。這種想法導致台灣現在投資及出口都過度集中於中國；而『中國化』的結果卻反而不利於台灣的『全球化』布局。」

第四、是「敵友不分」的迷思。「有些人認爲……台灣必須與中國在經濟上垂直分工合作，研發在台灣、製造在中國，利用中國低廉的生產成本才能提高競爭力，……。殊不知台商大量投資中國、利用中國市場的結果，台灣對外投資與出口都過度集中於中國，已逼使台灣逐漸落入中國『以商圍政、以民逼官、以通促統』的經濟統戰陷阱而喪失經濟自主性與經濟主權。這是……台灣最大的危機。」

打破這些錯誤的想法之後，我們才能理智的面對經濟政策。但在我們思考經濟政策之前，我們必須了解：一個支配財富的流向，也會支配台灣經濟發展的定理。

三、支配台灣經濟發展最重要的一個定理

陳博志教授在〈支配台灣經濟發展最重要的一個定理〉(2009)一文中解說：「國際經濟學中有個很重要的學理叫國際要素價格均等化定理(Factor Price Equalization Theorem)。它指出在兩個國家有密切的經貿往來時，兩國同樣能力的勞工、工資將會彼此拉近，也就是趨於相等。」譬如說，台灣的經濟發展與國民所得原本高於中國，但假若台灣想藉中國廣大的市場與廉價勞工獲取利潤，而與中國有密切的經貿往來時，中國的工資會快速提高，而台灣的工資的提升會相對的緩慢，甚或下滑或降低就業機會。這就是國際要素價格均等化定理的效應。當一個高工資的小經濟體(如台灣)，與一個低工資的大經濟體(如中國)有密切的經貿往來時，這種效應就更明顯。

爲了防止台灣掉入這種困境，爲了維持台灣能有高所

得和經濟成長而不被低工資國家拉下去，台灣不能貪圖近利將經濟發展寄望於其他國家的低工資，而是要發展知識經濟，藉著別人沒有的知識和自己獨特的文化，來生產別人不能生產的東西。要發展科技產業，研發新的產品，永遠比其他國家的產品領先一步。要達到這樣的境界，我們就要來探討全球化的聲浪中台灣經濟應有的戰略定位，以確保台灣的經濟主權與經濟安全。

四、維持台灣經濟發展之道

龔明鑫教授在〈全球化及後金融海嘯時代下台灣經濟戰略地位〉(2009)一文中指出：「台灣的產業在過去扮演著國際商品的製造者與供應者的角色，隨著亞洲市場的興起、能源供需的變化，台灣的經濟在未來應扮演著世界商品附加價值與服務經濟創造者的角色。」他提出以下的構想：

1. 打造台灣成為亞太創新創業天堂

利用由國內到海外之創新平台，台灣雙網無接縫通訊環境的全球營運總部與電子商務中心，及東方NASDAQ的推動，架構台灣成爲亞太區域創新創業天堂。……以產學合作爲核心，串聯台灣創新、少量多樣化能量，爲海外台商複製量產奠定持續發展基礎。……

2. 創造亞洲生活及文化產業新典範

以多元文化及生活經驗，創造亞洲生活及文化產業新典範，包括醫療產業的海外延伸服務、生活創意產業典範輸出、在地文化全球化及亞洲流行文化加值中心等，……發展台灣成爲全球南島文化及漢學文化中心；同時台灣亦是最瞭解亞洲或華人區域流行文化通路，並擁有串聯不同文化的能力。……

3. 形塑亞洲綠色革命新價值

發展台灣成爲亞洲新能源與再生能源發展中心與實驗場：在科技能力、太陽光場域、農業生質能源環境相對其他亞洲國家的優勢條件下，台灣可塑造成爲亞洲新能源與再生能源發展中心與實驗場。並以此經驗輸出及協助後進國家的自主能源問題。

執行這種前瞻性的構想，創造原有商品的新價值或研發新產品，而非利用其他國家的廉價勞工，才是持續維持台灣經濟發展之道。

五、捍衛台灣的經濟主權與經濟安全

維持台灣的經濟發展固然重要，捍衛台灣的經濟主權與經濟安全更是重要。錯誤的經濟政策不但會阻礙經濟發展，更可能會讓台灣經濟陷入他國控制之下而致民不聊生。譬如說，2009年台灣政府所採取的引入中國資金的政策與做法，實令人耽憂，因其所引進的多屬「投機性」資金，不利於總體經濟，而且潛伏著形成台灣金融海嘯的危險。

黃天麟前國策顧問在〈中資對台灣金融之衝擊——開啓台灣版金融海嘯〉(2009)一文中提出警告：「中資之所以令人難以放心者，是它還會帶上政治目的收購股權，藉以搬運我國企業之關鍵技術，反過來打擊國內企業，阻斷台灣經濟命脈。……依當今(2009)政府對中資引進政策方向判斷，將來中資主要投資對象依序是：上市股票(求獲利外還有控制經營權之誘因)、媒體、電信、連鎖店等流通業、旅遊，……。(而)投資設廠從事製造、研發者即是鳳毛麟角，對我國產業之轉型、技術之提升幾無貢獻，……對國內資本之形成產生負面之影響。」「跡象已經相當明顯，由(當今2009 政府對中國的)『大開大放』、『ECFA』及『引進中資』三大政策所引領之台灣經濟，過去一年多來以及往後數年所將呈現的面貌是，『生產性投資資金持續外流至中國，投機性資金(中資)持續來台補位。』此種經濟模式明顯蘊蓄著一大危機，即台灣的製造業完全或幾已被淘空時，……國內投資萎縮、工作機會日減、薪資所得負成長、民間消費停滯、整體經濟成長率落後，至實質經濟之成長無法支撐由投機性資金所堆砌出的金融高塔時，股市、房市就會開始崩盤。跌落的股價、崩盤的房市必使銀行債權(放款)之呆帳一夕暴增，銀行、保險公司之淨值迅速蒸發，外資即落荒而逃，一場台灣版金融海嘯隨之呼嘯而來，誰都無法阻擋。」一旦台灣版金融海嘯襲台時，屆時會有便宜貨可撿，北京或許也會以援台爲名注資收購輕易控制台灣的金融。於是，台灣經濟主權即落入外人手中，國家的經濟安全無法維護，人民生活失去保障。

六、台灣國民對經濟發展與經濟安全應有的認知

1. 了解做為國家主人可有的期待與應有的責任

我們可期待政府用心的發展經濟、忠實的捍衛經濟主權與經濟安全。我們也有責任去了解有關經濟的正確觀念，就如在「有關台灣經濟發展的迷失」，及「支配台灣經濟發展最重要的一個定理」中所討論的議題；我們也有責任監督政府的經濟政策與施政效率。

2. 對台灣的經濟發展要有信心

台灣人有勇於冒險的創業精神、有良好的教育水準、勤勞奮鬥的民族性、有極強的適應力、有高度的活力，也有不拘舊的創意，只要我們發揮團隊的精神，我們不必依賴中國的廉價勞工。

3. 要有公民參與的意識

雖然經濟發展與經濟安全有賴國家的力量來主導，台灣國民應有公民參與的意識，支援政府的好政策也要反對政府的壞政策，維護國家與人民的利益。

延伸閱讀

《WTO時代：當前台灣經濟的省思與展望》，吳榮義，時報文化出版企業股份有限公司，2002。

《台灣的依附型發展》，陳玉璽著，段承璞漢譯，人間出版社，1992。

《台灣經濟的迷思與出路：群策會「全民經濟發展會議」實錄》，群策會，2006。

*《台灣經濟戰略：從虎尾到全球化》，陳博志，台北，時報出版社，2004。

*《台灣高科技產業發展之實證研究》，馬維揚，華泰文化公司，1998。 **這兩本書闡明八〇年代以後台灣資訊電腦業成長的經驗與成功，後者為理論性質。

《西進亡國論》，黃天麟，前衛，2007。

《經濟百問》，黃天麟，2000。

Chen, Pochih, *The Role of Industrial Policy in Taiwan's Development*, in Erik Thorbecke and Henry Wan, Jr (eds), *Taiwan's Development Experience: Lessons on Roles of Government and Market*, Boston: Kluwer Academic Publishers, 1999。

Friedman, Milton and Rose D. *Free to Choose*, 1980。

Prestowitz, Clyde. *Three Billion New Capitalists*, New York: Basic Books, 2005。

Smith, Adam *The Wealth of Nations*, 1776。

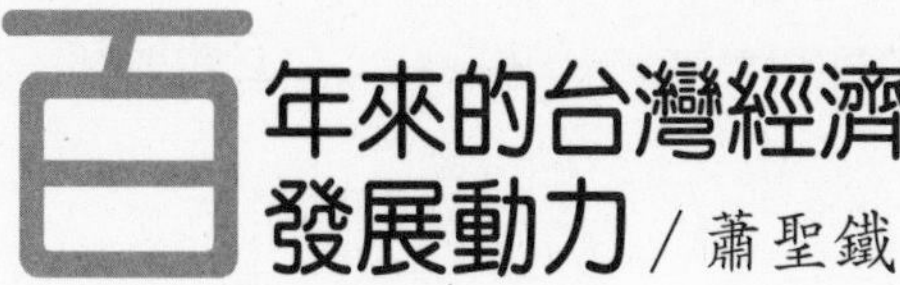

百年來的台灣經濟發展動力／蕭聖鐵

(一)引論

戰後台灣的經濟發展被稱為「奇蹟」，這是眾人所周知的。但是，如果有人說這個「奇蹟」是戰後才開始，或者完全歸功於國民黨的貢獻，那不是鼠目寸光，就是造謠惑眾。台灣的經濟奇蹟，是早在20世紀初日本占領(1895)之後就開始的，但如果說，台灣的經濟奇蹟更早在清朝或者建省(1885)後開始，那也是牽強附會。台灣清末的經濟發

蕭聖鐵

Professor Emeritus, Department of Economics, University of Colorado at Boulder, USA. BA and MA , National Taiwan University; MA and PhD University of Rochester, N.Y. Assistant Professor , Associate Professor , and Professor, Department of Economics, University of Colorado at Boulder. Was a Fulbright-Hayes Research fellow. Publications: over 120 authored or coauthored academic papers , two books, and papers on Asian Studies. Has lectured in Japan, Taiwan, Hong Kong, Korea, Thailand, Malaysia, China, Mexico, and the Netherlands. Is an associate editor of *Journal of Asian Economics*.

展是封建制度下的商業發展，絕不能與日治時代的資本主義產業發展相提並論 。

這是台灣國民應有的智識。可惜，從這個歷史觀點來論述的書本鳳毛麟角。倒是可以從新的中、大學教科書中或可約略看出。例如：

(1)國民中學《認識台灣歷史篇》第六章到第十一章，國立編譯館主編，2000。

(2)《台灣開發史》第七章到第十八章，張勝彥、吳文星、溫振華、戴寶村編著，國立空中大學印行，1996。

(3)《經濟地理》第九章到第十五章，姜善鑫、陳明健、鄭欽龍、范錦明編著，三民書局，1996。

比較客觀的專書則有如下：

(4)《台灣的經濟發展》，何寶山，耶魯大學出版社，1978；何寶山(？)譯，上海譯文出版社，1981。這是比較公正的台灣經濟史，但不爲台灣經濟學界所重視 。

(5)《台灣近代史．經濟篇》，台灣省文獻委員會編印，1995。由黃富三主編，探討晚清、日治、戰後的各產業發展史。但書中尚未確立台灣人爲主體的歷史觀。

(二)日治前期的經濟發展——農業

此時期大約可分爲「工業日本，農業台灣」時期(1895-1935)，及「工業台灣，自給自足」時期(1936-1945)。從1900年代初期到1930年代後期，台灣的農業生產量已登峰造極。台灣的香蕉及鳳梨罐頭已達到世界第三位；蔗糖及蕃薯世界第四位；茶第六位；米及土豆第十位；鹽第十三位。當時世界上很少有一個國家能夠生產這麼多種的農產品，而且出產量這麼多。這些農產品(尤其是米糖)輸出外國(尤其是日本)，奠定了台灣貿易立國的基礎。這也是戰後美援之外，台灣尚能養活從中國湧進台灣的中國難民的主因。此時期的參考書可參閱如下：

(6)《帝國主義下之台灣》 矢内原忠雄，1929，岩波書店；周憲文譯，帕米爾書店，1987。又，林明德譯，吳三連台灣史料基金會2004。描述台灣人與日本官僚之間的關係。

(7)《日據時代台灣米穀經濟論》，川野重任，有斐閣，1941。林英彥譯，《台灣研究叢刊》第102種，台灣銀行經濟研究室編印，1969。從此書可看出龐大勞苦台灣農民與少數獨占日本工廠與商人之關係。

(8)《日本帝國主義下的台灣》，涂照彥，東京大學出版社，1975。李明峻譯，台北人間出版社，1991。本書上半部描述日本資本與台灣地主與佃農之關係。

(三)日治後期的經濟發展——工業

台灣工業化的起點是1930年代後半期。台灣在1934年完成了日月潭水力發電廠，於是重化工業如煉鋁廠、鋼鐵合金工業、造船(1936)、紙漿(1935)、肥料(1937)、石油脂(凡士林，1935)、金屬加工、機械(包括兵器、飛機、汽車)、化學及製藥，也在1937到1941年間相繼成立。1942年以後，台灣開始經濟獨立而不依賴日本本土。因此消費品、日常用品工業(糖果、醬油、鉛筆、皮革、電池等)開始建立發展。於是台灣的中小企業也應運而生。這群具有企業精神的台灣人「老闆」，才是戰後台灣的以貿易立國、經濟奇蹟初期的骨幹。

此期的參考書除了涂(8)以外，尚有：

(9)《光復前台灣之工業化》，張宗漢，聯經出版事業公司，1980。主要資料來源為《台灣省五十一年來統計提要》。可以看出此期台灣工業的蓬勃發展。但過分強調台灣工業化之殖民性，有意無意矮化台灣人的自主性與貢獻。

(10)《日本據台末期(1930-1945)戰爭動員體系之研

究》，林繼文，稻鄉出版社，1996。述說當時政經政策互動的關係。

(11)《台灣經驗的開端——台灣電力株式會社發展史》，林炳炎，台灣電力株式會社資料中心出版，三民書局，1997。詳述一個台灣人台電職員對戰爭前後的工作及人事經驗與看法。指出國民黨的虛僞、歧視與殘忍(228事件)。來台中國科技人員竟不會操作機器，仍待遺留的日本人來教示，充滿台灣人被殖民及再被殖民的悲哀。

(四)日治時期的「經濟奇蹟」

上述台灣農、工業的發展，提高了台灣住民的生活水準。到了1930年末，台灣人的眞實個人所得水準在全亞洲中僅次於日韓。其1912年到1940年間的眞實個人所得成長率，在全世界有統計資料的49個國家中占第12位。在這期間，台灣人的生活水準在日本人水準的60%上下變動。在全面戰爭的風暴前，台灣社會安定又繁榮。

(五)戰後眞實個人所得一落千丈及戰後的經濟發展

戰後台日韓都受戰災，尤以日本爲甚。但是在1944

年，台灣的眞實國民所得只有日本的27%。從1941到1950年10年間的眞實個人所得成長率爲負的3.92%，是世界有統計資料的46個國家中的倒數第三，占第44位(日本為最低，占第46位)，可見台灣的亂象。1947年台灣的眞實國民所得曾回復到日本的58%，但其後年年下降，1970年竟下降到只有日本的29%。其主要原因是，到1970年爲止日本發展更快以外，台灣戰後經濟管理不善、國家資本主義作祟、國共內戰及「反攻大陸」政策的消耗與剝削等等。1970年後才開始上升而與戰前接軌，繼續戰前的奇蹟。但就是到了1992年，台灣仍然只有日本的60%，相當於戰前的平均百分比。

1970年後，隨著世界經濟向短、小、輕、薄的技術與產物發展，到了1980年代，台灣政府與民間中小企業能夠適應世界潮流，形成國際加工基地進而發展高科技產業，經由中小企業帶動的台日美貿易三角關係(在1980年代，中小企業輸出額曾占台灣總輸出額的80%)，台灣的眞實個人所得成長率遂能超過日本， 實現了戰後世界第一的台灣「經濟奇蹟」。不過台灣人應該認識，在解嚴以前這個奇蹟是在犧牲環保、剝削勞工(沒有獨立工會)、沒有政治自由、沒有人權，而且中小企業對外貿易沒有外交保護之下達成的；台灣人也應該認知，台灣中小企業之所以蓬勃發展，是由於台灣人精英在國內政治經濟被堵塞，只得向外發展所致。

此期的參考書除了涂(8)以外，有如下列：

(12)《台灣二二八事件的經濟與文化背景——社會期望理論之應用》，蕭聖鐵(美國林義雄譯)，刊在《二二八學術研討會論文集(1991)》，二二八民間研究小組等編，1991。從戰爭前後的文化及經濟的鉅變，探討二二八事件發生的原因。

(13)《台灣戰後經濟分析》，劉進慶，東京大學出版社，1975；王宏仁、林繼文、李明峻漢譯，台北人間出版社，1992。從馬列主義立場剖析戰後台灣公私營獨占資本之形成，及對美日資本的附庸性。

(14)《台灣之經濟——典型NIES之成就與問題》，隅谷三喜男、劉進慶、涂照彥，東京大學出版社1992；雷慧英、吳偉健、耿景華譯，人間出版社，1993。此書爲涂(8)劉(13)的續編。

(15)《解構黨國資本主義——論台灣官營事業之民營化》，陳師孟等合著，澄社，1992年四版。討論台灣官營、黨營、黨庫通國庫的弊端及如何私營化；《解剖台灣經濟：威權體制下的壟斷與剝削》，蕭新煌等合著。前衛出版社，1992。台灣人必讀之書之一。

(16)《台灣的工業化：國際加工基地的形成》，谷蒲孝雄編著，亞細亞經濟研究所，1988；雷慧英譯，人間出版社，1995修訂版。解明台灣資本主義經濟如何在美日國際加工基地的結構下發展。

(17)《中小企業白皮書》，台灣政府經濟部，1991。仿日本同名書 1991年才開始發行(日本早在1963年刊行)，每年發行一次。1991年版有台灣中小企業的發展與貢獻，但不提日治時期台灣中小企業的生成。其實，一直到1980年代，國民黨政府忽視(因私業不通黨庫，見(15))、輕視(台灣人的)，甚至敵視中小企業(「發展國家資本，節制私人資本」的政策)。

(18)《台灣農業興衰40年》，蕭國和著，1987；《台灣民間產業40年》，王克敬著，1987。自立晚報「台灣經驗40年」系列叢書。敘述戰後台灣農民及企業家的興衰苦樂。

(19)《半世紀的奮鬥——吳火獅先生口述傳記》，黃進興，允晨文化公司，1990；《吳修齊先生訪問記錄》，謝國興等，中央研究院近代史研究所，1992。日治時代的學徒戰後變成「老闆」的奮鬥史。

(20)《台灣經濟的苦難與成長》，溫世仁著，蔡志忠繪圖，大塊文化出版公司，1997。漫畫家看台灣經濟50年。讀者要了解書中「50年代苦難的日子」是人爲的，是蔣家軍隊與中國難民帶來的，才是正確的認知。

(六)最近20年台灣高科技產業與經濟之發展，可參考下列各書

(21)《電腦王國ROC：Republic of Computer 的傳奇》，黃欽勇，天下文化出版公司，1996修訂；《台灣高科技產業發展之實證研究》，馬維揚，華泰文化公司，1998。這兩本書闡明八〇年代以後台灣資訊電腦業成長的經驗與成功，後者爲理論性質。

(22)《速度與變動之間——從資訊電子產業發展看台灣經濟社會變遷》，陳舜香，黎明文化公司，2007。從台灣電子資訊業的興起，論台灣經濟結構與變遷及國家角色。

(23)《台灣泡沫經濟》，于宗先、王金利，聯經，1999。探討1980年代以後股價變動與金融危機，可了解今日台灣金融經濟如何受國際政經變動的影響。

(24)〈台灣經濟的奇蹟與挑戰〉，龔明鑫，收錄在《跨戒——流動與堅持的台灣社會》，王宏仁、李廣均、龔宜君編，群學出版公司，2008，第八章。作者要：「重新認識找尋台灣經濟生命力。」附有延伸閱讀書目，可了解今日台灣經濟的現狀、成就與透視。

(25)《台灣21世紀國家總目標》，群策會，玉山社出版，2003。論述台灣人要確立國家認同、適應國際新情勢、建立永續發展的經濟與政治。

綜觀100多年來的台灣經濟發展，每期固然受到外來政權的政治經濟政策的影響，但是國際政治經濟環境的影響扮演著更重要的角色。我們應該認知戰後的台灣經濟奇蹟，起初得益於日治時期達成的經濟奇蹟與社會基本建設，也得益於美國經援及軍援帶來的社會安定，後來更受益於國際加工基地與太平洋台日美貿易三角關係的形成。

(七)結語

總之，不論戰前或戰後，台灣的「經濟奇蹟」是台灣人精英在農工商業發揮的企業精神，開拓創業、刻苦耐勞、慘澹經營的碩果。也可以說，經濟奇蹟是全體台灣人胼手胝足創造的。在此同時，在九〇年代台灣人也創造了「政治奇蹟」：在台灣400年歷史上第一次從威權專制的政治體制，和平轉移爲民主自由的社會。台灣人，不論是「舊」台灣人還是「新」台灣人，應該珍惜、愛護、捍衛這個世界上罕有的「雙重奇蹟」。大家應該攜手合作，共同來創造更美麗、更進步的家園。這是所有台灣國民應有的認知與素養。

近來，台灣的眞實個人所得水準已經逼近日本(90%左右)，在這二、三年內將會趕上(由筆者用美國CIA, Factbook(2009年版)的2007-09三年資料以線形迴歸估計)。但是現今面對世界空前的經濟危機、強鄰中國的崛起，台灣經濟正面臨著交叉路口。當今政府不應喪權辱國，想依附專制後進國家如中國來求生存，台灣是否從此又沉淪爲再「再被殖民」(第三次被殖民)，或能再「再創奇蹟」(第三次創奇蹟)難以逆料，天祐祖國台灣。

◎附註：參考資料(4)及(6)的譯者名單及參考書(22)與(24)，由台灣經濟研究院施冠宇先生調查提供。作者也得益於周鉅原、歐昭惠、李學圖諸兄之建言，謹在此致謝。

台灣國民應有的經濟觀／王塗發

一個正常的國家意謂著具有主權獨立的自由國家，不受他國的支配，不是他國的附庸或殖民地或特別行政區，本身可以自主選擇決定自己的政治、經濟制度與發展方向。而一個正常國家的政府，則會極力捍衛國家主權(包括經濟主權)的完整獨立，絕不容受到絲毫的侵犯。在國家主權完整獨立的前提下，一個正常國家的政府之施政，會以提升人民的生活福祉爲國家發展的主要目標。

而經濟學就是一門「研究如何選擇利用有限的資源，

王塗發

1948年生，台灣高雄縣人。美國加州大學聖塔芭芭拉校區經濟學博士。現職：財團法人國家展望文教基金會董事長、台灣經濟研究院顧問。曾任：國立台北大學教務長、經濟學系(所)教授兼系主任、國立中興大學經濟學系主任、研究所所長、美國University of Pennsylvania訪問學者、立法院第六屆立法委員、經濟及能源委員會召集委員。專長：產業關聯分析；經濟政策與經濟發展；能源與環境經濟學；台灣與中國經貿關係。著作：專書、論文三十餘篇、學術期刊與研討會論文百餘篇、研究報告五十多份。

來提升人民的生活福祉」之科學。提升人民的生活福祉包含提高人民的生活水準與改善人民的生活品質。不過，當代經濟學往往偏重在可量化的生活水準之提高，而較忽視難以量化的生活品質之改善的部分。一般都以每人國民所得水準做爲衡量一國國民生活水準高低的指標。因此，想要提高生活水準，就必須提高國民所得水準，也就是要追求經濟成長。由於著重在追求經濟成長，經濟學的研究大都聚焦於經濟效率的提升，或追求最佳經濟效率，以及探討與人民生活關係密切的經濟問題，如失業、通貨膨脹等。至於經濟公平、經濟安全、經濟主權、生活環境等難以量化但攸關生活品質的問題，則著墨較少。

自十八世紀亞當斯密(Adam Smith)提倡自由經濟以來，自由學派的經濟學家都強調，自由競爭市場透過一隻「看不見的手」(即價格機能)調整供給與需求，市場將會自動達成供需均衡，並且達到社會福利最大，即最佳經濟效率的境界，故主張政府不要干預市場。但他們忽視了亞當斯密的自由市場經濟，是在國家安全保障與明確的制度規範(公平競爭的遊戲規則)前提下，自由競爭才能導致最佳的結果；也忽視了在某些情況下，如存在外部效益或外部成本時，市場會失靈。通常在市場失靈時，政府便會主動介入或被動被要求介入，如最近的全球金融海嘯問題。不過，政府介入有時候不但解決不了問題，反而會造成更大的問題而產生政府失靈的現象。一般國民對於這些前提以及市場與政府都可能會失靈，都應有所認知。

在二十一世紀全球化的浪潮下，世界上沒有一個國家的經濟發展能免於遭受全球化的衝擊。台灣是個島國，本身的市場有限，經濟發展相當仰賴國際市場；長期以來，出口之所以被認爲是「帶動台灣經濟發展的引擎」，道理就在於此。因此，台灣受全球化衝擊的程度遠甚於其他國家。由於台灣的經濟發展相當仰賴國際市場，經濟「全球化」與「自由化」的主張幾乎成爲台灣社會的主流聲音；有些人甚至以「全球化」爲由，主張經濟無國界，與中國的經貿交流要全面自由化，更不應對投資中國設限。這樣主張的背後隱含不少的迷思，台灣國民必須明辨。

1.「自由放任」的迷思

首先，認爲對中國投資限制違反經濟自由化的市場法則，是犯了「自由放任」的迷思，是忽視自由市場經濟必須在國家安全保障與明確的制度規範前提下，自由競爭才能導致最佳的結果。國家安全如果不保，何來自由競爭可言？換句話說，國家安全遠重於經濟利益。而中國不論在外交或經貿上皆強烈打壓台灣；近年來更是透過「以商圍政」的經濟統戰，以及1500多枚飛彈的軍事威嚇之兩手策略來打擊台灣。大幅開放企業赴中國投資，壯大中國經濟與軍事實力，其實已傷害到台灣的國家安全。政府怎可放任不管？

2.「以偏概全」的迷思

其次，主張不應對投資中國設限者，大多以爲對個別企業有利就會對整體國家有利。這是犯了邏輯推論上「合成的謬誤」，即「以偏概全」的迷思。當少數廠商基於成本考量往生產成本較低的中國投資，可能是有利的；但若因此而認爲所有企業都遷往中國生產全數都能獲利，國內經濟也能受益，則犯了「合成的謬誤」。當大多數企業都遷往中國生產，必導致台灣產業空洞化、失業嚴重、貧富不均惡化、社會問題叢生，對台灣整體經濟是非常不利的。

3. 全球化須先中國化的迷思

第三個迷思是有些人認爲現在中國崛起，台灣要「全球化」就必須做爲接軌中國與世界的「橋梁」，或是做爲世界各國進入中國的「門戶」，這種想法就等於說台灣要「全球化」須先「中國化」。這種想法導致台灣現在投資及出口都過度集中於中國；而「中國化」的結果卻反而不利於台灣的「全球化」布局。

4.「敵友不分」的迷思

還有一個更嚴重的迷思是「敵友不分」。有些人認爲在全球化的趨勢下經濟無國界，台灣必須與中國在經濟上垂直分工合作，研發在台灣、製造在中國，利用中國低廉的生產成本才能提高競爭力，賺全世界的錢。這種主張是天眞的以爲可以「政經分離」，將「敵國」視爲「友邦」。殊不知台商大量投資中國、利用中國市場的結果，台灣對外投資與出口都過度集中於中國，已逼使台灣逐漸落入中國「以商圍政、以民逼官、以通促統」的經濟統戰陷阱，而喪失經濟自主性與經濟主權。這是把台灣的經濟命脈置於「敵國」的掌握中，讓中國可以不費一兵一卒就能併吞台灣。這種依賴敵國來發展經濟的「敵友不分」迷思，乃是台灣最大的危機。

支配台灣經濟發展最重要的一個定理／陳博志

台灣經濟過去的發展以及未來要如何發展都受很多因素影響，地理條件、政策，以及特別是人民的素質和努力，都有它們的重要性和功過，但最重要的因素乃是國際情勢和它所帶動的市場力量。政府和人民的功勞，主要是他們配合而未強力阻礙這種市場力量。

(一)國際要素價格均等化定理
——台灣的經濟被往上拉的例子

陳博志

1949年生於台灣虎尾。台灣大學經濟學博士。現職：台灣智庫董事長(2002.6迄今)、台灣大學經濟系教授(1976年迄今)。經歷：總統府國策顧問(2004.5-2006.6)、總統經濟顧問(2003.7-2004.3)、行政院經建會主任委員(2000.5.20-2002.3.20)、中央銀行理事(1998-2000)、台灣大學經濟系主任及經濟研究所所長(1988-1990)。專長：產業政策、總體經濟、兩岸經貿。著作：有關經濟政策、兩岸經貿英文及中文多篇。

國際經濟學中有個很重要的學理叫國際要素價格均等化定理(Factor Price Equalization Theorem)，它指出在兩個國家有密切的經貿往來時，兩國同樣能力的勞工、工資將會彼此拉近，也就是趨於相等。這個定理的嚴格數學證明雖有一些複雜的條件，但若不要求兩地的工資變成完全相等而只是變得較接近，並不須很嚴格的條件，在大部分實際的情況都會發生這種均等化的作用。

1895年日本占領台灣之後，日本變成是台灣的國內市場，除了運輸需要成本之外，兩地間幾乎沒有經貿往來的障礙。當時台灣的工資遠低於日本，因此任何東西若可在台灣生產，其成本很可能會低於日本甚多。特別是熱帶農產品台灣又占了氣候上的優勢，成本可以更低。所以這類產品就會逐漸移來台灣生產，不只使台灣的總生產增加，工資也因工作機會增加而快速上升。

第二次世界大戰之後，以美國為首的先進國家努力開放市場給開發中國家利用，台灣又藉大量出口產品到先進國家，而讓工資快速向先進國家接近。我們藉著低工資造成的低成本，大量出口多用勞力的產品到美國，這些產品取代了美國自己生產的產品，因此這過程也像是把美國的生產和工作機會搬到台灣。由於當時亞洲四小龍之外的開發中國家都不願和先進國家密切合作，先進國家的市場幾乎是由四小龍獨享。而當時先進國家有七億人口，四小龍只有五千萬人口，因此四小龍才搶了一部分先進國家的生意和就業，自己多餘的勞工就用完了。於是廠商為了雇用更多人以賺更多錢就開始挖角，勞工的薪水也就快速上漲。

這種要素價格均等化的作用不只讓全民所得快速上升，因爲勞工原爲所得較低的階層，所以他們所得的快速上升也使台灣的所得分配變平均。這種成果被國民黨宣傳爲其「均富」政策的成功，但實際上是要素價格均等化定理的效果。

(二)國際要素價格均等化定理
——台灣的經濟被往下拉的例子

1980年代之後，中國和其他許多開發中國家加入國際競爭，他們的工資遠低於台灣，因此許多台灣的產業、生產以及工作機會被這些國家搶去，這依國際要素價格均等化定理將會把台灣的工資往下拉。而在實際上，則使台灣因其他努力本來該上升的工資之上升速度減緩。換言之1980年之前台灣工資低而享有和高工資國家合作的機會，因此工資及所得被往上拉；1980年之後台灣的工資已高，而又有工資更低的國家又來搶工作，所以工資和所得的成長變慢而失業率則上升。同樣一個定理，因爲國際情勢以及我們在其中地位的改變，我們由工資被往上拉變成往下拉，經濟成長也變得更爲困難。

戰後到1980年代間除了上述市場力量之外，台灣經濟發展成功也很重要的因素，還有人民的努力及美國的援助。至於某些人所說的國民政府由中國帶來的黃金，其實並未幫助台灣的發展，它不僅數量甚小，而且也未用於經濟發展，戰後那幾年台灣大量流向中國的物資之價值，更遠大於國民政府移來台灣的黃金，但換到的只是後來變成廢紙的國民政府貨幣。

(三)台灣最重要的策略就是要發展知識經濟

現在面對全球的競爭，台灣若要維持高所得和經濟成長而不被低工資國家拉下去，台灣最重要的策略就是要發展知識經濟，藉著別人沒有的知識，如創新和自己的文化而生產別人不能生產的東西。這樣的產業和就業不容易被搶走，工資才可能長期高於別人。然而1980年代之前以低成本競爭的經驗，以及政府教育政策對學生獨立思考能力的忽略甚至壓抑，使台灣人民創造新知識的潛力未能充分發揮，台灣本身的文化也被壓抑而未能有夠多特色，因此知識經濟的發展仍須再努力。

而儘管國際要素價格均等化定理已明白指出，台灣應多和先進國家合作以得到向上提升的力量，目前的國民黨政府卻一味要加強和中國之結合，而讓中國拉低台灣工資的力量更充分發揮出來。這種由大中國意識形態所引導的錯誤方向，將使台灣經濟和工資的成長率下降，失業率上升而所得分配惡化。

全球化及後金融海嘯時代下台灣經濟戰略地位／龔明鑫

一、面臨挑戰與基本主張

1990年代後全球化的發展以風起雲湧之勢橫掃全球，各國所推出政策無不呼應此趨勢的發展，也因此造就了全球經貿及跨國企業的快速發展，不過，在全球化的捲動下，並非所有的人都因此受惠，多數的人因爲全球要素(工資)均等化趨勢而面臨生活水準無法提升的困境，許多人甚至因爲全球化的競爭而失業。

對台灣而言，隨著中國國際經貿能力增強，不僅已對

龔明鑫

學歷：國立中興大學經濟學博士、國立台灣大學經濟學碩士。現任：台灣經濟研究院副院長。經歷：台灣經濟研究院研究二所所長、台灣經濟研究院研究三所所長、行政院科技顧問組兼任研究員、行政院青年輔導委員會兼任研究委員、行政院陸委會諮詢委員。專長：計量經濟、產業發展。

國際經濟產生一定的影響力，同時亦利用其市場來換取各國立場，打壓台灣在國際的生存空間。例如，中國一直警告各國不可與台灣簽訂FTA；而另一方面，也不斷地透過所謂和平發展在經濟上對台灣釋放利多，以期達到兩岸經濟一體化的目的。面對中國的經濟施惠與在區域整合的打壓手段，台灣如何因應與定位成爲不可迴避的挑戰。

長久以來我們一直堅持一個觀念，就是台灣經濟的發展必須維持自主性。所謂的自主性，並非是台灣經濟矇著頭自己發展，而是在全球化的競爭下保持不被取代的獨特性與必要性，也就是說，台灣經濟的發展應是向上升級，朝先進經濟體轉型，而非退卻至與開發中國家作成本與價格競爭。因此，在全球化的趨勢下，我們雖也贊成國家間的經貿藩籬亦應合理去除，以降低經濟交易成本，但這卻不應成爲台灣賴以經濟永續發展的依恃，台灣的經濟也不應倚賴單一他國的發展而發展。

我們主張，台灣的經濟發展原則應秉持著過去轉型價值與經驗，持續深耕台灣、布局全球，在技術發展上，應是開發資源與核心技術、強化產業與基礎科學的集結、策略性發展的下一世代技術；在生產力的經營上，應是培養知識型的人力資源、著重先進產品與經營，知識、技術與資訊的強化、面對需求具有生產彈性；而在附加價值的提升上，應是每次小量生產、高技術的零組件與原料、從Taiwan-Discount(台灣折價)轉化成Taiwan-Premium(台灣優質)品牌，而這些特質正是策略大師波特的經濟發展階段論裡，第三階段的創新導向經濟階段；在布局全球上，唯有發展多元的市場，才能維繫創新多元的永續發展力量。

二、全球化下過去台灣經濟轉型奇蹟與經驗

1. 從「中小企業奇蹟」到「全球經濟高速公路」

從1999年台灣發生921大地震，震驚全球股市；到2005年5月16日的美國商業週刊(*Business Week*)，以「Why Taiwan Matters ？」爲題，指出世界經濟沒有台灣無法運作，在台灣從台北內湖到新竹科學園區的中山高速公路沿線上，聚集了全球最重要的IT相關零件、產品供應廠商及其營運總部，而這段70公里高速公路成爲連結擁有巨大市場及數位動力的美國，與世界工廠中國間的最快速通道。顯示在傳統產業式微後，隨著高科技產業的成功發展，台灣已爲科技島奠立了基礎，並成爲國際電子資訊產業不可或缺的代工重鎮。

2. 從「投資製造」到「研發創新」驅動的轉型挑戰

無論是IMD、WEF或是EIU等對於科技或創新的評比，台灣均列名全球前10位，2000年以來在美國所累積的4萬9000件的專利，在所有國家中排名第四。這些科技排名與專利表現不僅反映出台灣研發創新的能力，也爲未來

的發展奠定了堅實的基礎。

3. 從「代工基地」到「品牌台灣」(Branding Taiwan)的破繭

每一個時期，台灣所生產的產品數量冠於全球的項目一直都有十幾項，台灣經濟的規模或平均規模也都排在全球十幾名的位置，但在長期的代工形式之下，台灣產業過去幾十年間從沒有全球知名品牌的出現，但2000年後勇於嘗試品牌、突破微利代工枷鎖，已蔚爲一股風潮。

從2003年開始舉辦的「台灣國際品牌價值調查」中，2008年前十大品牌價值達75.37億美元，較2003年的35.6億美元成長了一倍以上，並有四家廠商品牌包括趨勢科技(Trend micro)、華碩(Asus)、宏碁(Acer)及宏達電(HTC)品牌價值超越10億美元。這樣的品牌發展意願與成長動能，是2000年前所無法想像的。

4. 從「金融風暴陰霾」到「258金融改革」

從1997年亞洲金融風暴到1998年本土金融風暴，台灣金融問題一直沒有獲得根本性的解決，於2001年時因爲國際IT產業不景氣，台灣經濟受創，可能再次引發本土性金融風暴，直到2002年實施258金融改革計畫(兩年內，金融逾放比降至5%以下，資本適足率提升至8%以上)，銀行逾放比由2002年12月之8.85%降至2004年12月的3.80%，2006年12月的2.13%，至今2009年，即便發生金融海嘯，台灣金融逾放比最高也僅及1.63%。

5. 從「重北輕南」到「北中南串聯群聚」的共榮發展

中科、南科、高鐵的興建與完成，不僅由延伸北部「全球經濟高速公路」效益到中南部，也帶動了中南部地方繁榮、創造就業。

6. 從「生產關注」到「生產、生活、生態三生平衡」

2005及2009年全國能源會議的召開、永續發展委員會的運作、環評機制的建立，及「能源稅條例」草案與「溫室氣體減量法」草案的擬定，均顯示台灣對於環保永續的重視。

三、我們的未來主張：深化創新創造價值

過去台灣產業在國際分工角色上，基本上是嵌在國際價值供給鏈裡的一環，而且是幾乎不可或缺的地位。這樣角色的形成原因，並非因爲台灣與中國或其他單一國家間簽訂了貿易或相關協議所致，也並非根源於地理區位而來，而是基於台灣本身的實力與各區域間的生產效率連結。但未來隨著後金融海嘯、亞洲市場的興起、新能源趨勢的確立，台灣經濟的未來發展也需由單純的供應鏈參與者，充分展現經濟發展之自我主體性，以全球創新連結及創新力量來驅動貿易及服務經濟，在國際價值鏈上創造價值，才是台灣在全球化與後海嘯時代下保持不被取代戰略

地位的關鍵。因此，我們認為台灣有能力也應：

(一)打造台灣成為亞太創新創業天堂

利用由國內到海外之創新平台，台灣雙網無接縫通訊環境的全球營運總部與電子商務中心，及東方NASDAQ的推動，架構台灣成為亞太區域創新創業天堂。

1. 由國內到海外之創新平台

以產學合作為核心，串聯台灣創新、少量多樣化能量，為海外台商複製量產奠定持續發展基礎。

2. 一機在手掌握全球的營運總部與電子商務中心

以台灣雙網無接縫通訊環境為核心，串聯PDA、手機、無線上網整合一機能力，讓全球企業領導者，在台灣能夠第一時間無接縫瞭解全球及掌握海外動態，並發展遠距電子商務中心。

3. 東方NASDAQ

台灣上市櫃及興櫃已是亞太地區最重要的科技股投資地區之一，以台灣資本市場對高科技和其他知識經濟的專長，吸引海外台商或外商來台上市，發展出東方的NASDAQ。

(二)創造亞洲生活及文化產業新典範

以多元文化及生活經驗，創造亞洲生活及文化產業新典範，包括醫療產業的海外延伸服務、生活創意產業典範輸出、在地文化全球化及亞洲流行文化加值中心等。

1. 醫療產業的海外延伸服務

從台灣社區化醫療照護體系經驗為起點，並以台灣醫療體系為核心，配合遠距視訊及連接海外分院或合作醫院，小病海外當地看，中病視訊處理，大病至台治療的海內外完整醫療網。

2. 生活創意產業典範輸出

樹立生活創意中小企業的規模化典範，例如，7-11、全家便利商店、KTV、結婚婚紗店、珍珠奶茶或保全公司的連鎖或加盟並輸出。

3. 在地文化全球化及亞洲流行文化加值中心

在多元文化的洗禮下，發展台灣成為全球南島文化及漢學文化中心；同時台灣亦是最瞭解亞洲或華人區域流行文化通路，並擁有串聯不同文化的能力。

(三)形塑亞洲綠色革命新價值

發展台灣成為亞洲新能源與再生能源發展中心與實驗場：在科技能力、太陽光場域、農業生質能源環境相對其他亞洲國家的優勢條件下，台灣可塑造成為亞洲新能源與再生能源發展中心與實驗場，並以此經驗輸出及協助後進國家的自主能源問題。

中資對台灣金融之衝擊
開啓「台灣版金融海嘯」

／黃天麟

引進外資(尤其是中資)先應以「來台投資設廠生產工農產品」，方有助於經濟(民國五、六〇年代的台灣及一九九〇以後的中國均如此)。若不然，所引進的必然多屬「投機性」或「近投機性」資金，只會興風作浪，不利於總體經濟。但不幸的，此次政府對中資之開放，卻都著眼於對台灣證券、房地產及銀行等流通服務業，若依此方向持續開放下去，台灣之技術流出、股權之喪失等事小，一個台灣版金融海嘯即將默默地累積其能量，終將爆出一場難以收拾的浩劫。

黃天麟

1929年生於澎湖縣馬公市。台灣大學法學院經濟系、美國哥倫比亞大學研究、台灣高等考試財政金融人員及格。歷任金融人員研究訓練中心總經理、合作金庫總經理、第一商業銀行總經理、第一商業銀行董事長、輔仁大學講師、東吳大學講師、國家安全會議諮詢委員、金融財務研究訓練中心所長、總統府國策顧問。著有：《中國文．中國話》、《中國之興衰》、《東方與西方》、《金融市場》、《外匯市場與外匯管理》、《結構經濟學》、《經濟百問》、《台灣政經論衡文集》。

一、中資對台灣金融之衝擊

在正常的行爲規範下，中資對台灣金融之衝擊約可分爲下面四個層面：

(一)對銀行(設銀行、設分支機構、參股及收購)

中資來台設銀行之誘因不多，因在台灣銀行業已飽和且具競爭力，是以中資來台初期以設置分行之可行性比較大。主要目的，必以蒐集情報、學習技術，附帶會帶有廣結人緣影響台灣之民意等之統戰任務，但總體而言，如只限於分支機構，對台灣金融應無衝擊，應可「自信開放」。有人憂慮，中國銀行只要來台設分行，就能分享台灣「金融聯合徵信中心」多年來制度化、長期追蹤採集的聯徵資料，但其實讓中國銀行得此資料後，能多做對中國台商之授信，亦非一樁壞事，起碼可以分擔台灣的銀行對中國台商之放款重負。

至於參股，中資銀行對參股或許還比設分支機構更有興趣，但參股多屬「近投機性」投資，獲利後就會了結賺取差額，對台灣銀行股價形成一股波動因素，長期而言對台灣整體經濟並無助益。至於收購銀行，中資收購台灣公股銀行，因涉及政治敏感，可能性不大，即使有，亦只具指標性意義。至於非公股銀行，由於台灣民營銀行均由財團所控制，財團將會極力捍衛其經營權(即只願意陸資參股)，所以中資收購民營銀行之可能性也不大。值得耽憂的是，數年或十數年後「台灣版金融海嘯」襲台，屆時會有便宜貨可撿，北京或許也會以援台爲名注資收購輕易控制台灣的金融(後述)。

(二)對股市(證券市場)

中資來台對台股應屬短期利多，長期即將如外資(QFII)一樣利弊參半，但中資若帶上政治目的，即弊多於利是極其明顯的。外資(QFII)依過去十餘年之經驗，雖然進入我國股市之金額(淨匯入)至本(2009)年六月底已達1499億美元，但對提升我國股市之助力卻不大(註：這可由七、八年來指數一直在四千至九千點間徘徊的事實獲得引證)，反倒是在股市行情中加添了不少不穩定因素，拉大市場波動的幅度，使台股成爲國際投資機構(如MSCI)魚肉我國股民之絕佳場所。因之，中資之炒股當然也就難以避免，若有部分是操在北京之手，股市之成爲「殺戮戰場」應爲期不遠。但坦白言，這些問題非只中資，外資亦有，不足爲奇。中資之所以令人難以放心者，是它還會帶上政治目的收購股權，藉以搬運我國企業之關鍵技術，反過來打擊國內企業，阻斷台灣經濟命脈。

(三)對房市(不動產市場)

中資對台灣的房地產有無興趣？中國房地產大亨萬科集團董事長王石，來台考察市場後說了一句中肯的話：「台灣不會是中資的市場，台灣市場基本上已經飽和，競爭非常辛苦。」他認為台灣房市的陸客投資夢不是大家想像的美好，中資若拿錢到台灣去，一定是只看短期利益的投機來賺錢。

(四)對整體經濟

依當今政府對中資引進政策方向判斷，將來中資主要投資對象依序是：上市股票(求獲利外還有控制經營權之誘因)、媒體、電信、連鎖店等流通業、旅遊、中醫藥等，再來才是房地產。投資設廠從事製造、研發者即是鳳毛麟角，對我國產業之轉型、技術之提升幾無貢獻，反而會因中資對媒體、流通市場之投資，進一步激發國人逐鹿中原之「鴻圖」，對國內資本之形成產生負面之影響。總體而言，中資來台不若一九六〇至一九七〇年代之外資，對台經濟貢獻不大，投機性大於投資性，破壞性(如炒股)大於建設性。

二、開啓台灣版金融海嘯

(一)累積金融海嘯能量

當今政府對中國的「大開大放」、簽署「ECFA」與

「中資來台」三方合而爲一的激盪政策，正是未來金融海嘯能量之來源；而最近台灣經濟之發展，也正暗示這一海嘯能量正在累積之中。

1. 股市的無基反彈

雖然2009年第三季台股指數曾破7000點，台灣的景氣似在回春，但若觀察國內經濟之實際內涵，難免令人憂心。不論經濟成長或是出口年增率，台灣都是亞洲各國表現最差的國家。失業率冠於亞洲，台股截至七月底整體本益比高達63.52倍，與韓、港、新、泰等國之10倍20倍相比，其基本面顯已脫鈎；台股近期之榮景純粹是消息面及資金面之拉抬，支撐之結果能維持多久，誰都無法預料。

2. 高不可攀的房價

中資也是當今炒作房市的大好題材。2009年7月1日陸資投資房屋正式起跑，往後置產炒樓免再申報資金來源。據業者調查，今(2009)年上半年各大都會區房價已平均漲8.27%，台北市內湖區高至15.2%，大安區中古屋均價亦破50萬一坪大關。尋求小小的窩，對中產階級言已是一件夢碎於天方夜譚的事了；脫離了民間購買力的房價能維持多久？

3. 大開大放、ECFA必將帶來台灣產業的大遷移

執政的馬政權一上任就大開通往中國的所有大門，一

年多下來不但未能如預期增加國內之投資、提高廠商之競爭力，得到的結果反倒是產業更深一層的被淘空，競爭力持續下墜，原本與韓國相埒的出口量今(2009)年只剩韓國之一半(53.2%)，去(2008)年我國出口之排名再跌落兩名(第18名)，呈現「越與中國結合，台灣的經濟成長力道就越向下沉淪」的慘酷事實。但一年多來難堪的數據仍未使執政的馬團隊迷途知返，反而卯足全力衝刺ECFA(與中國之經濟合作架構安排)之簽署。中國亦爲此正在推動海西經濟特區，意在簽訂ECFA後立刻發揮吸納台灣經濟資源的功能。

不讓台灣與東南亞及鄰近國家簽署自由貿易協定(FTA)，是中國一向所堅持的對台經統策略，以此，在經濟上圍堵台灣(表面上以台灣非國家為理由)。簽署ECFA後，藉此迫使台灣的廠商不得不到中國生產，以Made in China出口，方能享受各國關稅之優惠。問題是，當所有的製造業都遷到中國之後，台灣還剩下什麼呢？

(二)大崩盤與大洗盤

跡象已經相當明顯，由「大開大放」、「ECFA」及「引進中資」三大政策所引領之台灣經濟，過去一年多來以及往後數年所將呈現的面貌是，「生產性投資資金持續外流至中國，投機性資金(中資)持續來台補位。」此種經濟模式明顯蘊蓄著一大危機，即台灣的製造業完全或幾已被淘空時，也是投機性資產賴以炒作的實質經濟日趨脆弱之時。也就是說，國內投資萎縮、工作機會日減、薪資所得負成長、民間消費停滯、整體經濟成長率落後，致實質經濟之成長無法支撐由投機性資金所堆砌出的金融高塔時，股市、房市就會開始崩盤。跌落的股價、崩盤的房市必使銀行債權(放款)之呆帳一夕暴增，銀行、保險公司之淨值迅速蒸發，外資即落荒而逃，一場台灣版金融海嘯隨之呼嘯而來，誰都無法阻擋。

去(2008)年的國際性金融海嘯，美國以23.7兆美元的代價挽救其崩潰，但大家仍不要忘記，此種救市措施之所以會產生效能，是因爲美國仍保有世界第一的製造業，它的產值二〇〇七年高達1兆6000億美元，是中國之2.5倍，占全球製造業的比重爲20%。台灣的製造業在幾被淘空的情形下，台灣政府實質上業已喪失克服台灣版金融海嘯之能力，其解決或許就要取決於北京了。若此，一場海嘯之後，台灣的金融產業就會完全控制在中國老闆之手，台灣也從此元氣大傷，淪落爲名符其實只是隸屬於「大中國」的邊陲海島，仰賴北京之鼻息而存。危言聳聽嗎？邊陲化定律「或克魯曼所說的軸心(hub)——輪輻(spoke)效應」會說明一切。

第十三章

在環境保護領域

【導讀】

劉斌碩：從地理環境觀點談起

陳重信：咱的台灣，環保何去何從

洪慶宜：積極參與公共事務，落實民主制度

在環境保護領域，一個台灣國民應該要：(1)認識台灣所處的天然環境，以了解台灣地理環境的承受能力；(2)也應該要能保護生活環境，以讓我們的子孫有清淨的水喝、有清潔的空氣呼吸；(3)要調整價值觀，節制慾望，以防地球陷入災難，殃及全人類；(4)更要參與公共事務。

一、認識台灣所處的天然環境

劉斌碩教授在〈從地理環境觀點談起〉(2009)一文中指出：「地理環境也影響生活文化，進而影響區域和國家的發展。台灣國民透過對台灣地理環境智識的建立，進而了解自然環境因素在環境體系中的影響……才能減少生態與環境的問題……」

他解說：「台灣位於太平洋板塊與歐亞大陸板塊的交界處。由於褶曲運動劇烈，使台灣島的山勢十分陡峻，三千公尺以上的高峰林立。因而山地廣大、平原狹小。河川短小湍急，大量泥沙淤積。雖然多雨，但水資源經營管理困難。對水資源珍惜保育態度的建立，是台灣邁向安康國家的重要課題。」

「台灣所在地的花彩列島是地球上綿延最長的一串火山島嶼。因爲位在地殼的破碎帶上，所以火山和地震等地殼活動的現象特別活躍。……每年發生的有感地震超過百次，災害性的強震約5-10年一次。加上夏末秋初的颱風，經常造成嚴重坍方和土石流的災害。颱風的降水強度大，且降雨空間和時間分布不均，也經常造成水災。高溫熱的自然環境，也常有病媒蚊、流行疾病的蔓延。自然災害的了解與防備是重要的智識與環境課題。」

台灣精緻但脆弱的自然環境，加以人口增加過速，帶來過度的消耗和開發，……例如坡地的超限利用、產業道路的開闢、道路的拓寬、濫墾及土地利用的問題，都增加了天然災害的威脅。所以台灣國民必須了解如何讓這塊土地上的生命，包括人和動植物，都能與大自然共存共榮。因此，國民必須要有生態的知識，諸如森林、地形、河川、湖泊、濕地、河口海岸、海洋等等生態系，以了解台灣天然環境的承受能力。這些知識都是台灣追求永續發展及邁向安康國家的基本知識。

二、保護生活環境

除了對台灣天然環境的認識之外，台灣國民也必須要有保護生活環境的知識。聯合國對環境永續(Environmental Sustainability)的定義是：「讓我們的子孫有清淨的水可喝，有清潔的空氣可呼吸。」這就是環保的目標。

前環保署署長陳重信教授在〈咱的台灣，環保何去何從〉(2009)一文中指出，在1970-1980年代經濟掛帥時期，雖締造了經濟上的「台灣奇蹟」，但卻忽略了保護環境的重要。「1983年台南灣裡戴奧辛污染事件；1983年高雄林園中門村台灣阿米諾酸公司排放廢水造成環境污染；1986年乃是環保抗爭運動活動力最強的一年，該年相繼發生『反三晃』、『反杜邦』、『圍堵李長榮』三件激烈的自力救濟運動，加上宜蘭『反六輕』運動，讓台灣的環保意識更加高漲。……因接連發生多起重大公害污染事件，民眾環保意識抬頭，要求提高中央環保主管機關層級，乃於1987年8月22日由衛生署分出，成立內閣位階的行政院環境保護署。幸虧當時在野的民進黨及社運團體的強力結合，加上因主管機關位階提升，並增修相關法案及管制措施，使得重大公害糾紛在1990年之後明顯減少。公害糾紛激發的環保意識漸次擴散，環境品質的概念也已普遍受到重視。」

隨著環保意識的擴散，河川水質、垃圾處理、資源回收亦有改進，環境影響評估機制亦已強化。譬如：「2000年全台灣嚴重污染的河段爲12.1%，至2008年已降至4.2%。若以嘉義縣朴子溪的整治爲例，從2003年到2007

年，透過地方政府與地方環保團體、巡守隊的努力，目前已可成爲，群鳥聚居、魚兒活跳的觀光生態的河川。同樣，二仁溪出海口，在高雄縣茄定鄉地方及高屏溪都已從重污染水道，慢慢轉化成爲生態河川。」

但空氣品質則尚待改善；不良空氣等級之比例雖由1987年的17.0%改善至2008年的4.0%，但離目標的1.5%尚有一段距離。這是因爲：「……受到中國污染物、沙塵暴長程傳輸不斷的衝擊，……再加上二仟三佰萬的人口，竟然有超過二仟萬輛的汽、機車(機車就有1,400萬輛)。台灣總人口只有全球人口的百分之零點三五，但二氧化碳的排放量卻占全球排放量的百分之一。」顯然的，空氣品質與交通工具、生活習慣及價值觀有關。

台灣的經濟依賴對外貿易，若不嚴加控制二氧化碳的排放，台灣的產品可能會面臨先進國家如歐盟各國的制裁。污染的空氣、水質、河川、地下水以及廢棄物、垃圾的不當處理等等，不但會影響人類與動植物的健康與發育，也可能造成經濟上的損失。

所以，我們要保護生活環境，我們必須了解：環保的目標、台灣環境污染的情況、環境污染對動植物健康與台灣經濟的影響，及調整價值觀的必要性。

三、調整價值觀

幾百年來人類都在試圖克服自然環境，創造更多更刺激的享受；近幾十年有更多的國家加入這種現代化或工業化的行列。這個工業化的速度與普及性，已經接近或即將超過地球所能承受的極限；影響所及，一些危及人類健康與生存的跡象已逐漸出現，諸如能源短缺、溫室效應、海洋污染、核廢料儲藏等等。就以溫室效應而言，溫暖化的影響會使海平面上升，增加海水倒灌機會，減少陸地使用面積，對淺海養殖業生態將產生衝擊，若大氣中二氧化碳濃度增加，將會影響農作物的質與量，也會增高人體致病的機率。這些跡象已令聯合國急於尋求對策。

眞正的對策應該是在兩個層面調整其價值觀：社會整體與個人。以社會整體而言，2008年4月蘇花高速公路開發案的退回，是調整價值觀的好例子；1999年提出蘇花高開發案，於2008年基於生態與環境的考慮撤回開發原案，經過多年環保意識的催化，價值觀由「經濟開發」調整爲「生態平衡」。以個人而言，我們的價值觀也應從「全面的物質追求」調整爲「物質與精神的平衡追求」，節省能源的消費、降低污染源，轉而追求心靈與人文的提升與滿足。

四、參與公共事務

洪慶宜教授在〈積極參與公共事務，落實民主制度〉(2009)一文中，首先指陳台灣民主制度內含的脆弱。他說：「台灣自解嚴後，在政治參與面有大幅民主躍進的表象，但民主的內涵似乎並未厚植在生活之中，大多數民眾在日常遇到問題，會以嘗試請託民代或民選首長來解決，對政府行政的操縱可說是僅僅透過選舉手段來參與。民眾過度依賴選舉及菁英，致使政府運作走向人治，未在制度面上積極設計經常性的民眾參與機制，當公共行政執行時未先普遍傾聽地方需求及運用在地智慧，施政效率也往往無法符合民意期盼。」

他再以環保的工作爲例，強調公共參與對台灣社會的重要性。他說：「要使原就污染情形嚴重的河川進行改善，需有效控制污染源，在環境管理面上，必須加強事業水污染源管制，喝止不法偷排；在工程面上，必須加速公共污水下水道建設。但因河川污染根本成因在國人對這項自然、公共資源的冷漠，除了這些傳統上公部門應採取的河川污染整治策略外，須提升民眾對河川環境的關切以確保環境管理面及工程面的作爲。例如對經費龐大、耗時較久的公共污水下水道工程而言，民眾關心河川的意志將可確保工程預算的優先編列、排解土地取得的困難及忍受施工時的不便……。而要控制因農業肥料、街道清潔等造成的非點源污染，就需要改變流域內民眾的生活習慣，也或將對部分民眾權益產生衝擊。故若缺乏民眾參與做爲基礎，將無法在流域內推動這一項革命性工程。」

他呼籲關懷台灣前途的知識分子：「應以各自專業爲基礎來出發、引導及促進台灣民眾參與該專業的公共議題談論，啓蒙國人獨立思考與判斷、關切公共事務，提升國人做爲國家主人的自信，珍惜民主的價值，以期朝建立理想國度邁進。」

延伸閱讀

《台灣生態史話十五講》，陳玉峰，前衛出版社，1999。
《台灣的地形景觀》，王鑫，渡假出版社，1997。
《台灣的地理》，吳進喜，玉山社，2004。

從地理環境觀點談起 / 劉斌碩

台灣位於歐亞大陸外緣，花彩列島的中段，太平洋盆地的西段要衝，連接全世界最大的海洋與陸地，位控國際海運及貿易的樞紐。因為台灣特殊的地理位置，造成幾百年來東西海權勢力在台灣交會，台灣人民因而經歷數百年外來殖民政權的統治。地理環境也影響生活文化，進而影響區域和國家的發展。台灣國民透過對台灣地理環境智識的建立，進而了解自然環境因素在環境體系中的影響。經由人民與環境長期的互動關係(Human Land Relationship)，來產

劉斌碩

畢業於國立台灣大學地理環境資源學系，加州大學河濱校區地理學博士。現任紐澤西州威廉彼得遜州立大學教授、紐澤西州環境保護廳2個研究計劃負責人。曾任孟菲斯州立大學教授數年、孟菲斯市都市規劃委員會委員及跨220個縣市的，密西西比河谷地空間資訊中心委員、美國疾病管制中心全面撲滅梅毒計劃的諮詢顧問。專長：應用地理資訊系統做自然災害的危機處理、都市發展的預測與管理、發展環境危機指標、環境變遷的監視、發展災害預估模式及經濟地理。*Dr. Liu has authored or co-authored 19 referred and 33 conference articles.*

生與土地血脈相連的情感及孕育台灣人民的國家意識。如此才能減少生態與環境的問題，成爲台灣邁向永續經營正常而安康的國家的動力。

(一)台灣特殊的地理位置

台灣位於東北亞和東南亞間海、空交通必經之地，台灣海峽是歐、亞航線必經的孔道，連接了日本群島、朝鮮半島、中國沿岸和東南亞地區。是日本到南洋的中間轉運站，也處於中國進出國際海洋航路的門戶。位於此四方交會的地理位置，自古多方勢力意圖染指。16、17世紀以來，荷蘭人、西班牙人、漢人、日本人等都曾經以台灣爲據點，做爲亞洲及全球貿易的基地。

第二次世界大戰以後，以美國爲首的民主國家以東亞島弧爲防堵共產極權擴散的前哨防線，台灣位於此島鏈自日本到印尼的中間要害部位，也是此天然防線的中樞，戰略地位極其重要，由此可控制東亞的制海權並總攬全局。而且台灣距離中國最近，可掌控中國沿海的出入口，箝制中國鄰近海域的交通咽喉，進爲攻掠共產極權的跳板，因此台灣是全世界民主國家的重要戰略據點。台灣邁向一個正常而安康的民主國家，正符合西太平洋及全球民主國家的利益。

由於台灣的特殊地理位置，從16世紀第一波全球化開始，台灣老早就被送上國際貿易舞台。昔日台灣的蔗糖、樟腦和茶暢銷全世界；而今日台灣則是世界第三大資訊硬體生產國，僅次於美國和日本。在筆記型電腦、監視器、主機板、掃描器、伺服器、LCD監視器等多項資訊產品方面，台灣的生產量居世界之冠，占有超過一半的世界市場。近年來台灣在高科技產業的傑出表現，例如筆記型電腦由台灣直接出貨至全世界的生產模式(Taiwan-Direct-Shipment)和晶圓代工(IC Foundry)，在全球分工的高科技產業生產與運籌中，占有舉足輕重的地位。台灣應繼續善用地理及產業的優勢，使台灣發展成爲一個全球運籌中心的綠色矽島。

(二)台灣特殊的自然地理環境

台灣位於太平洋板塊與歐亞大陸板塊的交界處。由於褶曲運動劇烈，使台灣島的山勢十分陡峻，三千公尺以上的高峰林立。因而山地廣大，平原狹小，河川短小湍急，大量泥沙淤積，雖然多雨，但水資源經營管理困難。對水資源珍惜保育態度的建立，是台灣邁向安康國家的重要課題。

台灣所在地的花彩列島是地球上綿延最長的一串火山島嶼，因爲位在地殼的破碎帶上，所以火山和地震等地殼活動的現象特別活躍。因爲地震頻繁，每年發生的有感地震超過百次，災害性的強震約5-10年一次；加上夏末秋初的颱風，經常造成嚴重坍方和土石流的災害。颱風的降水強度大，且降雨空間和時間分布不均，也經常造成水災。

高溫熱的自然環境也常有病媒蚊、流行疾病的蔓延。自然災害的了解與防備是重要的智識與環境課題。

因位於板塊的交錯處，且台灣海域受到黑潮、南中國海洋流及沿岸流的影響，使台灣的生物特別多樣豐富。加上坡度陡峭的高山、丘陵、台地及下切極深的河川，造就了台灣豐富的動植物生態。例如台灣原生種的蝴蝶與蘭花種類之多，名列世界前茅。加上台灣卓越的農業生物技術，造就了世界最先進的台灣蘭花育種技術。

(三)環境的問題

台灣精緻複雜而脆弱的海島自然環境，因爲人口增加過速，帶來過度的消耗和開發，環境問題自然產生。人爲過度的開發也是大量崩塌地和土石流的形成主要原因，例如坡地的超限利用、產業道路的開闢、道路的拓寬、濫墾及土地利用的問題，都增加了天然災害的威脅。

要台灣永續發展(Sustainable Development)，台灣國民就不能不建立智識與素養來了解如何讓這塊土地上的生命，包括人和動植物，都能與大自然共存共榮、永續發展。國民能充實生態知識關於森林、地形、河川、湖泊、濕地、河口海岸、海洋等等生態系。而對於環境的知識，關於污染造成環境負荷的問題例如空氣、水質、河川、地下水、廢棄物及垃圾的處理等等，都是台灣的永續發展及邁向安康國家的重要基礎。

咱的台灣，環保何去何從

／陳重信

聯合國對環境永續(Environmental Sustainability)有一個非常簡單的定義，也就是說：「如何讓我們的子孫有清淨的水可喝(clean water to drink)，清潔的空氣可呼吸(clean air for breathing)。」台灣從2000年政黨輪替到今天，爲了求得經濟及環境永續的發展，費盡心力極力欲取得平衡，但也造就了環保活力，在產業結構方面也不斷調整，以環保高科技爲主的科學園區不斷設立。水保方面，以河川水質之改進，2000年全台嚴重污染河段爲12.1%，至2008年已降至4.2%。若以嘉義縣朴子溪的整治爲例，從2003年到2007

陳重信

1967年台灣台北醫學院藥學士、1968年美國哥倫比亞大學藥學院碩士班、1974年美國紐約市立大學生化博士、1989年美國哈佛大學公共衛生學院公衛碩士。現任：台北醫學大學講座教授。曾任：台灣環保署署長、立法委員、美國環保署資深科學家。專長：決策分析、環境健康管理、風險管理及溝通。

年，透過地方政府與地方環保團體、巡守隊的努力，目前已可成爲，群鳥聚居、魚兒活跳的觀光生態的河川。同樣，二仁溪出海口，在高雄縣茄定鄉地方及高屏溪都已從重污染水道，慢慢轉化成爲生態河川。空氣品質方面，很不幸，台灣因位居海島，緊鄰中國，受到中國污染物、沙塵暴長程傳輸不斷的衝擊，空氣品質不良率由1999年之5.1%，只減至2008年爲4.2%。再加上二仟三佰萬的人口，竟然有超過二仟萬輛的汽、機車(機車就有1,400萬輛)。

台灣總人口只有全球人口的百分之零點三五，但二氧化碳的排放量卻占全球排放量的百分之一。尤其，更諷刺的是，台中火力發電廠二氧化碳的排放量，竟然奪全球之冠，在全球發電廠二氧化碳的排放名列第一。台灣靠出口維持生計，若不嚴加控制二氧化碳的排放，台灣生產製造的產品總有一天會面臨先進國家如歐盟各國的制裁。從2000-2008的八年中，在產業結構方面，高耗能、高污染的傳統產業，百分之六十已漸漸外移，對遺留者，透過先進技術、環境評估，嚴加控管。例如最典型的二大投資開發案，台塑的台鋼及中油的國光石化開發計劃，均被要求進入二階環評，加上多面向的健康風險評估，就是希望藉此嚴加控管的最佳例子。而對生態及環境極具爭議性的蘇花高速公路開發案，更在2008年4月底被完全退回，整個爭議超過9年的開發案就此歸零。否定蘇花高的開發，此舉又可讓國民黨執政時期，也就是在1999年921大地震之後才數天，爲了次年選舉考量，便匆忙提出、未經審慎嚴謹科學調查921大地震，對花東脆弱地質是否有任何衝擊之環境影響評估說明書。否決了蘇花高的開發，讓全民有機會冷靜去重新思考，這項開發政策對花東永續發展是否眞的有其必要性?!

(一)台灣的環境意識歷程

1. 經濟掛帥時期

1970-1980年代經濟起飛，締造出眾所矚目的「台灣奇蹟」。但因國民黨執政時期只重視經濟發展，忽略保護環境的重要，當時公共污水下水道普及率不到3%(2008年為18.53%)；垃圾妥善處理率僅有0.8%(2008年為99%)；空氣品質不良率的比例高達17%(2008年大約4.2%)；重要河川嚴重污染比率亦高達15%(2008年僅餘4.2%)。挺經濟發展成就了少數高耗能、高污染的企業，雲林離島六輕工業區的建設是一個典型例子。這些企業對地方的所謂回饋，就是讓雲林縣成爲全台灣最窮、癌症比例最高的縣，並讓絕大多數六輕附近的周遭民眾承受高污染所帶來的病痛，若加上猛抽地下水做爲工業用水，造成地層下陷及生態災禍，令人心痛。

2. 惡土上的自救抗爭(1980-87的台灣)

1983年台南灣裡戴奧辛污染事件；1983年高雄林園中

門村台灣阿米諾酸公司排放廢水造成環境污染；1986年乃是環保抗爭運動活動力最強的一年，該年相繼發生「反三晃」、「反杜邦」、「圍堵李長榮」三件激烈的自力救濟運動，加上宜蘭「反六輕」運動，讓台灣的環保意識更加高漲。1986年1月2日高屏地區發生西施舌中毒死亡事件，4月又因二仁溪上游很多廠商用酸來清洗廢五金，使得廢五金裏的銅融解隨著溪水流到海裏，造成高雄縣茄定鄉沿海的蛤蜊以及牡蠣變成綠色而大量死亡。

3. 環保意識成形，環保署成立(1987年)

因接連發生多起重大公害污染事件，民眾環保意識抬頭，要求提高中央環保主管機關層級，乃於1987年8月22日由衛生署分出，成立內閣位階的行政院環境保護署。幸虧當時在野的民進黨及社運團體的強力結合，加上因主管機關位階提升，並增修相關法案及管制措施，使得重大公害糾紛在1990年之後明顯減少。公害糾紛激發的環保意識漸次擴散，環境品質的概念也已普遍受到重視。台灣的人民應該感謝當年投身參與促進環保意識抬頭的社運人士，有了這些人不眠不休的投入，才有環保署的成立。但可悲的是，台灣社會卻存在很不正常的社會公義，這可從負責照顧2300萬人環境健康的環保署年度預算只約80億，竟然遠不及只照顧70多萬榮民的退輔會，有超過1300多億的預算，相差近17倍。

(二)回首2000-2008這八年做了什麼

1. 垃圾零廢棄處理目標，以垃圾美學將垃圾變黃金；廢棄物變資源

過去八年民進黨執政時期，將垃圾處理由過去的「掩埋爲主」調整爲以「焚化爲主、掩埋爲輔」之政策，嗣後再調整爲進步之「源頭減量、資源回收爲優先」之政策，取消興建10座民有焚化廠、完成全國五十五處河川行水區垃圾棄置場全部封閉，杜絕垃圾污染河川。不但解決了國民黨幾十年來常見的垃圾大戰問題，有效的減廢暨回收優先政策，使再利用之廢棄物垃圾變黃金，最終更創造出傲視國際、全球名列前茅之資源回收率，遠超過台灣民眾認知的進步大國如美、日等國家。

2. 空氣污染防制

台灣空氣品質指標屬不良等級之比例，由1987年之17.0%，改善至2008年的4%上下，加上中國沙塵暴長程傳輸污染物如汞、戴奧辛、眞菌類等等的衝擊，空氣品質不良率離達成目標1.5%仍相距甚遠。此外，更由單純之外在環境轉爲更加關注內部空氣對人體健康之影響，陸續提出室內空氣品質建議值及極力促進室內空氣品質法的通過。

3. 水污染防治政策

台灣有49座污水處理廠，大都只做一級處理便流放深海。更遺憾的是，地方縣市缺乏長期投資地下接管的意願，至2008年仍有10縣市接管率等於零。台灣公共污水下水道普及率嚴重偏低，遠不及日、韓、馬來西亞甚多，因此造成家戶廢水直接排入河川，估計60%以上河川污水是從民生污水，因此，家庭污水已成爲全台灣最大污染源。

徵收水污染防治基金、推動高高屏河川生態治河生態、分階段訂定放流水標準、分批列管重要事業等政策，也都對台灣河川重生整治扮演重要角色。

4. 強化環境影響評估(環評)機制

經建政策或一般開發行爲，在法定範圍內必須做環評以確保民眾健康及生態保護。環評被環保運動人士視爲能阻擋不良開發行爲的最後一道關卡，因此，檢討修正環境影響評估制度，就專業化、效率化、單純化、法制化，以及加強政策環評溝通功能等五大原則，必須嚴加謹守。尤其在加強跨部會溝通協調，在重大開發案進行環境影響評估審查前，應就開發政策之必要性，尤其重大開發案必須先在行政院永續會，由行政院長召集進行跨部會之溝通協調。確屬必須開發者再進行環境影響評估，尤其重大的經建開發行爲，必須先做政策環評取得社會共識，才來做技術及專業性的環評，以免浪費行政資源及社會成本。

5. 另類的台灣奇蹟：全世界名列前茅的資源回收

(1)有了資源回收，平均每人每日垃圾清運量2000年約1.14公斤，逐年降至2008年爲0.53公斤，垃圾回收率由2000年9.8%增加至2008年41%，已超越美國及日本，在全世界名列前茅，更產生超過1000億年產值。單單塑膠瓶PET bottles每年回收45億只，所節省的能量可供八成的台北縣一個月的發電量。

(2)爲了減少工業廢棄物及耗能減碳，2002年起執行南、北共五大環保科技園區推動計畫，建立環保科技生態鏈結，超過300億年產值。

(3)廚餘回收可養豬、施肥及發電。廚餘回收量由2001年底之每日80公噸，提升至2007年9月底之1855公噸，相當於可節省興建兩座日處理量900公噸之垃圾焚化廠。

(4)2007年完成大型垃圾焚化廠興建，共興建26座大型垃圾焚化廠，容量足夠處理所有垃圾及一般事業廢棄物。至今，超過9成垃圾進入焚化，以彌補掩埋土地不足的困境。

(5)2007年11月號《讀者文摘》對亞洲的垃圾危機作了深入探討，同時對台灣在廢棄物處理政策，從末端處理轉變爲「源頭減量」及「資源回收」，給予極高的評價。此外，2007年12月2日，美國《華盛頓郵報》刊出一位來台學習中文的Julia Ross讀者的投書，盛讚台灣在垃圾分類與資源回收的經驗非常值得稱許。

6. 拓展環境外交

過去2000-2008年中間，台灣以環境議題開展多方的國際合作關係，以環境議題做為外交手段頗富創意。

(1)2005年與日本簽署「有害廢棄物越境轉移雙邊協定」，係台灣與巴塞爾公約締約國家簽訂相關雙邊協定的首例。

(2)與美國簽署「台美環保技術合作協定」，已經第16年，並在台灣鹿林山由台、美合作設置一個國際背景監測站，於2006年至2008年，均測出中國的汞、銅、砷等重金屬長程傳輸(LRT, Long Range Transport)污染到台灣。2010年3月21日，中國發生入春以來最強的沙塵暴，除影響中國亦波及日本、南韓及台灣。全台懸浮微粒濃度，每立方公尺超過1000微克之測站達南北多處破表。沙塵抵達台灣時，不僅有高濃度沙粒、多種眞菌種類、戴奧辛、持久性有機污染物(POP)，大氣汞濃度在沙塵期間的濃度遠高於非沙塵期間。沙塵抵達台灣時，當日或往後幾天的急診人數會比同年同月的平均急診人數多，且在抵達後的第三、四天，急診人數達到高峰期。

2007年，日本及韓國曾經提供金援希望中國改善沙塵暴及空氣污染，並要求中國公開沙塵暴路徑的資訊以做科學研究，但被中國以國家機密爲由拒絕提供，令日本相當無奈。2008年2月，日本環境大臣鴨下一郎在對媒體談話時便以：「關於沙塵暴，我不太瞭解(相關資訊)怎麼可以，而且爲什麼會被視爲國家機密。空氣是不分國界的，沙塵暴也會飛越國界，我認爲資訊共享相當重要。」但中國仍堅持共同研究成果不對外公開。

(3)台灣與南太平洋友邦優先在「建立國家間環境保護長期對話機制」，「推展環境資源管理、海洋污染管制、廢棄物處理及永續發展之技術交流與經驗分享」，及「強化因應氣候變遷之能力建構，發展推動衝擊調適合作計畫」三領域合作，並於此基礎上倡議「世界環境組織」(World Environment Organization)之實現。

(4)繼續與歐盟、加拿大等國家國際合作之事實，可幫助台灣環境外交走入國際。

(三)展望未來

國土規劃、能源管理及水資源管理失調是台灣目前最令人詬病的地方。

1. 能源管理

台灣超過百分之九十八的能源爲進口能源(煤及石油)，對清淨能源、太陽能、風力等發電亦就是再生能源(renewable energy)發展非常緩慢，尤其高耗能的燃煤發電及石化工業又會產生鉅量的溫室氣體。若過度依賴進口能源，就國家安全及經濟發展而言極爲不利。節能與提高能源使用效率不彰。雖然2009年通過了再生能源條例，但能源價格政策未能反映各項社會成本，無法鼓勵綠色能源的投資比例最令人頭痛。

2. 水資源管理

台灣雨水充沛、山高水急，若善加運用，可使供應民生用水及工業用水綽綽有餘。不幸的是，台灣有大約49處污水處理廠，大都只做一級處理便給予放流至河川或深海。以台北八里污水處理廠及高雄中洲污水處理廠爲例，每天排放掉百萬噸以上的淡水，這些珍貴的淡水，若能仿效新加坡的五級處理，不僅可用在工業所需，南水北送或北水南送，甚至可成爲瓶裝飲用水外銷中東及歐洲。加上能源價格(水、電)政策受政治影響實屬偏低，比起日本、歐美各國，造成工業及民生用電、用水都不知節省及節制，實在可惜。無法在水資源管理政策永續發展、大刀闊斧，力除台灣名列缺水國家前茅的惡名，政府要負很大的責任。

3. 國土規劃：人定勝天或與自然共生？

2009年8月8日，莫拉克颱風澈底暴露台灣在國土復育嚴重失衡、脆弱的一面。台灣是受極端氣候變遷影響風險係數最高的國家之一，天然災害頻繁，加上缺乏長期國土復育的規劃，迷信人定勝天、水土保持不良，又與河川爭地，終於造就了小林村滅村等的悲劇。

(四)結論

台灣要走向正常國家，國民必須認知保護這塊土地的決心，不只在國家安全或經濟發展而已，在文化及環境優先的價值觀也需深入心底。因此，此文旨在以環保行政的經驗，綜括並回顧台灣的過去及現在更展望未來，尤其比較兩黨執政，對環境保護及經濟發展的優先次序一目瞭然，台灣人民有權也有足夠的智慧，去選擇及判斷誰可以保護台灣這塊土地，誰就有執政的優先權。

積極參與公共事務，落實民主制度／洪慶宜

(一)薄弱的土地觀念

台灣自解嚴後，在政治參與面有大幅民主躍進的表象，但民主的內涵似乎並未厚植在生活之中，大多數民眾在日常遇到問題，會以嘗試請託民代或民選首長來解決，對政府行政的操縱可說是僅僅透過選舉手段來參與。民眾過度依賴選舉及菁英，致使政府運作走向人治，未在制度面上積極設計經常性的民眾參與機制，當公共行政執行時

洪慶宜

美國Rutgers University環境科學博士。目前任教於長榮大學職業安全衛生學系，曾任職於行政院環保署，擔任淡水河污染整治專案環境工程師職務。2001年起協助環保署推動民眾參與水環境復育工作，聯合台南縣、台南市、高雄縣的社區、學校，以巡守、提供在地經驗、監督、環境教育等方式，建立民眾參與河川污染整治的機制。將此民眾參與模式與經驗，推廣到其他各縣市經營民間守護河川力量。曾擔任台灣教授協會南區召集人，協助台教會舉辦「八田與一紀念活動——追尋嘉南大圳之父的文化資產足跡」等。

未先普遍傾聽地方需求及運用在地智慧，施政效率也往往無法符合民意期盼。而也因爲選舉的結果，將決定無上的政治權力，過分緊繃及投資的選舉除造成各種選舉亂象(買票、抹黑、鋪張浪費)之外，當選的民意代表問政時也以樁腳、地方服務做爲第一考量，致使依民主制度運行的「選賢與能」，無法帶領社會向上提升，不但選舉時對民眾在社會、環保、建設上的諾言無法兌現，更不用說去努力解決國家定位問題。

過去數十年，台灣社會一味追求經濟及工業發展，然而這個過程卻犧牲了許多台灣寶貴的自然資源，環境品質、生態多樣性也大幅下降。原本在人口密集、發展中小企業的大環境下，要同時保有環境品質本就不易，但過去政府長期環保基本設施建設落後，又使社會瀰漫追求近利及物化的價值觀，是無可推諉的人爲因素。由台灣西半部各河川污染的程度就可以看到，過去政府對土地的不負責任，也可以反思「愛台灣」口號的落實程度，過去河川長期的嚴重污染狀況，也代表住民薄弱的土地觀念。「在什麼樣的河川旁邊，就住著什麼樣的人。」如果大多數的國人都漠視自己的環境權力受到侵害，不願意挺身保護安身樂命的鄉土，也無怪乎選舉時不合邏輯的投票行爲。

(二)環保需有民衆的參與

要使原就污染情形嚴重的河川進行改善，需有效控制污染源，在環境管理面上，必須加強事業水污染源管制，喝止不法偷排；在工程面上，必須加速公共污水下水道建設。但因河川污染根本成因在國人對這項自然、公共資源的冷漠，除了這些傳統上公部門應採取的河川污染整治策略外，須提升民眾對河川環境的關切，以確保環境管理面及工程面的作爲。例如對經費龐大、耗時較久的公共污水下水道工程而言，民眾關心河川的意志將可確保工程預算的優先編列、排解土地取得的困難及忍受施工時的不便；又如稽查事業實面對的廠商遊說、民意關說、暗管偷排等，則可透過營造河川守護主流民意，而使環保稽查獲得較大執法空間。而要控制因農業肥料、街道清潔等造成的非點源污染，就需要改變流域內民眾的生活習慣，也或將對部分民眾權益產生衝擊。故若缺乏民眾參與做爲基礎，將無法在流域內推動這一項革命性工程。

(三)公共行政有賴知識分子的多方投入

公共行政由下而上的政策形成，已是世界潮流之一，要建立正常國家，就不能再像過去做一個默默的承受者。推動民間參與河川守護運動，就是要讓民主深化到日常公共議題的參與，這樣的思考在過去是沒有的。在政治解嚴全面普選，需更傾聽人民聲音的大環境下，政府主動邀請民間參與關懷、建言、監督的做法，已逐漸往建立公民社會的理想前進。當關懷台灣前途的知識分子思考再出發的策略時，應考量建立一個理想國度，除要追求獨立建國的目標外，國土的內涵、國人的修養也應同時建立，此有賴知識分子的多方投入，於政治議題之外，亦多方參與推動文化、教育、環保等扎根工作，協助國人由日常生活著手體驗、演練民主體制，逐步參與建立理想國度的工作。我們應以各自專業爲基礎來出發、引導及促進台灣民眾參與該專業的公共議題談論，啓蒙國人獨立思考與判斷、關切公共事務，提升國人做爲國家主人的自信、珍惜民主的價值，以期朝建立理想國度邁進。

第十四章
在科技領域
【導讀】

紀國鐘：台灣科技產業之成就與發展趨勢
吳岸明：從太空看台灣
黃界清：能源科技與台灣
廖述宗、莊佳穎：生物科技是台灣經濟成長的致勝關鍵
陳錦生：生物科技的倫理素養

在科技領域，我們應該要了解台灣科技發展的成就與成就的因素、科技發展與國家經濟安全的關連性、科技發展對環保的重要性，及台灣未來發展的重點科技。科技、經濟發展與環境保護是相互關連的；透過對科技發展的了解，我們會更有效率的利用我們的資源、保護我們的生活空間，追求永續的經濟發展，帶領台灣邁向安康的國家。正如透過對台灣文化的了解建立對台灣民族的信心，也希望透過對科技發展的了解，增強台灣國民對台灣未來的信心。

一、台灣科技發展的成就

台灣科技的成就是令人佩服的。據世界經濟論壇(WEF)「2007-2008年全球競爭力報告」，台灣產業聚落發展指標(state of cluster development)2008年排名居全球第一，被譽爲全球創新產業聚落發展典範之一。經建會說，產業群聚一向

爲台灣產業的競爭優勢，也是創新力及生產力的主要動力來源，國內產業聚落除高科技產業聚落表現優異外，整合工藝、在地文化及美學元素的傳統產業也展現競爭利基(niche)。例如：台北擁有數位內容、陶瓷產業聚落；新竹有光碟片、汽車、玻璃聚落；台中有自行車、精密機械、樂器聚落；彰化有織襪、自行車聚落等。從擁有資訊科技產業群體的竹科接連中科，並與擁有光電、積體電路、生技產業群體的南科連成一氣，在台灣西部已經形成一個科技走廊。紀國鐘教授在〈台灣科技產業之成就與發展趨勢〉(2009)中指出，台灣的積體電路產業：「……已建立完整的中衛體系，眞正達到群聚效應，這些都在過去20年內建立。目前台灣的積體電路製程技術已經在領先群的5名內，而台灣的產品的確如*Time*雜誌所說的，在世界供應鏈中具有不可或缺的地位。」

台灣國民自2000年以來至今(2009年)已在美國累積了4萬9000件的專利，在所有國家中排名第四。這些發明專利反映出台灣研發創新的能力，也爲未來的經濟發展奠定了堅實的基礎。在2006年，台灣排名世界第一的產品有下列各項：筆記型電腦、大尺寸TFT-LCD面板、電腦液晶監視器、晶圓代工(Foundry)、主機板、IC封裝、伺服器、無線區域網路設備(WLAN)、映像管監視器(CRT Monitor)、電纜線數據機(Cable Modern)、潛水衣等27項；排名世界第二的產品有：發光二極體(LED.)、自行車等七項；排名世界第三的產品有：尼龍纖維及PU合成皮(Polyurethane Synthetic Leather)

二項。

此外，導航設備產業(GPS)及雷射防僞技術也是傲視全球。2005和2006年成功發射福爾摩沙二號、三號科學衛星，不但觀照全國氣候生態變化，提前預防天然災變，也使台灣成爲世界最主要的氣象資料中心。國家太空中心資深研究員吳岸明博士，在〈從太空看台灣〉(2009)一文中指出：「福衛一號於1999年1月27日發射，使我國成爲世界上第33個衛星擁有國。……我國太空計畫緣起於零組件工業已發展至相當成熟的階段，系統工程的做法具備了有利的條件。太空系統品質需求高、整合性廣及具前瞻性，透過太空計畫系統工程做法之執行，將促進我國產業邁向高品質、高附加價值及國際化的境界。」

二、台灣科技發展成就的因素

爲何台灣能有如此輝煌的科技產業成就？紀國鐘教授認爲，過去20年台灣科技產業的成就所導致的經濟奇蹟：「……全賴台灣人的勇於冒險的創業精神及勤巧、講誠信的本質。另外，教育的普及與水準的提升，加上海外歸國學人與國內資本家結合的力量都是成功的要素。」換句話說，台灣科技產業的成就是歸功於台灣人勇於冒險的創業精神、良好的教育水準、誠信勤勞奮鬥的民族性，以及相互的支援合作。我們對台灣應該要有信心，台灣人有極強的適應力、有高度的活力，也有不拘舊的創意，只要我們發揮團隊的精神，我們會有自主而輝煌的明天。

三、台灣科技發展與經濟安全的關連性

在第十二章〈在經濟領域〉的討論中，陳博志教授解釋國際要素價格均等化定理(Factor Price Equalization Theorem)。他指出在兩個國家有密切的經貿往來時，兩國同樣能力的勞工、工資將會彼此拉近，趨於相等。譬如說，台灣的經濟發展與國民所得原本高於中國，但假若台灣想藉中國廣大的市場與廉價勞工獲取利潤，而與中國有密切的經貿往來時，中國的工資會快速提高，而台灣的工資的提升會相對的緩慢，甚或下滑或降低就業機會。這就是國際要素價格均等化定理的效應。當一個高工資的小經濟體(如台灣)，與一個低工資的大經濟體(如中國)有密切的經貿往來時，這種效應就更明顯。

爲了防止台灣掉入這種困境，台灣不能貪圖小額近利，將經濟發展寄望於其他國家的低工資，而是應該發展科技產業，研發新的產品，永遠比其他國家的產品領先一步。要達到這樣的境界，我們就要重視科技的發展，以科技開拓台灣的經濟發展、確保台灣的經濟安全。

四、科技發展對環保的重要性

世界各國的經濟開發已經觸及大自然所能承受的極

限；經濟的永續發展、傳統能源的短缺、地球暖化、環境的污染都在挑戰人類的智慧。黃界清教授在〈能源科技與台灣〉(2009)一文中指出：「目前世界能源的比例，傳統能源(石油、煤炭、天然氣)占60到80%、原子能源(核子分裂、核子熔合)占10到20%、再生能源(水力、風力、太陽、海洋、地熱、生質能源)占10到20%。能源主要用來發電、交通、工業及冷氣熱氣等等。……但是，利用燃燒煤炭或者天然氣來發電，與利用燃燒汽油來開汽車或者飛機的共同缺點是，它們都會排放出大量的二氧化碳與二氧化氮，造成環境污染與地球暖化的反效果。……全世界各先進國，為了解決傳統能源短缺與環境污染等等難題，都提出節約能源減少燒炭、提升能源轉化效率，以及開發新能源等各種方法策略。」能源之外，經濟開發所造成的大自然的反撲，也造成水資源的短缺與水質污染危害健康、超量建築與山崩石流等等，這些問題都須科技的發展以求解決之道，才能有永續的經濟發展；台灣地小人多，更須科技來保護環境。

五、台灣未來發展的重點科技

也許我們不能指出那類科技對台灣的未來最重要，但本章的供稿人指出對台灣經濟發展不可忽視的三項科技：資訊科技、能源科技與生物科技。

資訊及其周邊科技產業在近幾十年來，是增進各項產業效率的動力；它所帶給台灣的經濟效益是不可忽視的。

台灣在這方面已奠立堅實的基礎，是全世界資訊科技領先群的一員，應該持續發展資訊科技以推動其他產業。

至於能源科技的開發，台灣能源用量90%以上是傳統能源，爲了解決能源短缺與環境污染等問題，台灣應思考如何減少二氧化碳、如何利用各種再生能源、如何有效開發生質燃料能源、有效開發風力與海洋發電、有效開發太陽光能發電。台灣地小人多，能源科技可讓台灣在能源、經濟、環保三項可能相互衝突的議題中取得平衡發展。

生物科技與其延伸出的醫學科技，都是未來台灣經濟發展最有助力的科技。一九八七年諾貝爾經濟學獎得主，美國麻省理工學院教授羅伯特・索洛(Robert Solow)曾指出，現代經濟成長的主要動力是科學與技術，而非資本與勞力。廖述宗教授及芝加哥大學研究員莊佳穎在〈生物科技是台灣經濟成長的致勝關鍵——「生物科技」需要創新的基礎研究、民主、道德與誠實〉(2009)一文中說，索洛的：「這項經濟成長理論已在許多成功發展生物科技的歐洲小國中獲得驗證，而此理論特別適用於不論人力與國家資源均有限的國家，台灣就是一個例子。……許多生物科技已經被運用於藥物研發、醫療相關產業革新、食物生產量提升，甚至是外太空世界的探索。」

陳錦生教授在〈生物科技的倫理素養〉(2009)一文中說：「廿一世紀是生物科技的世紀。」該文除了指出生物科技的成就之外，更關心以適當的倫理學來指導生物科技的發展；譬如說，以生物科技來：「改造植物可以，改造動物不可以；改造動物可以，改造人不可以；改造人不可以，但用在治療可以。……既然可以治療疾病(改造體細胞)，爲什麼不能用來改良下一代的人種(改造生殖細胞)？到底界限何在？」需要倫理學的規範。

六、台灣國民對科技發展應有的認知

1.台灣的科技產業有輝煌的成就；這成就應歸功於台灣人勇於冒險的創業精神、良好的教育水準、誠信勤勞奮鬥的民族性、相互的支援合作，以及適應趨勢的科技政策。

2.科技能開拓台灣的經濟發展、確保台灣的經濟優勢，避免被大經濟體併吞。台灣不能貪圖小額近利，將經濟發展寄望於其他國家的低工資，而是應該發展科技產業、研發新的產品，永遠和其他國家的產品保持一段距離，確保台灣的經濟安全。

3.不可忽視資訊科技、能源科技與生物科技對台灣未來發展的重要性。

4.台灣國國民必須要有正確的能源智識來監督政府單位，放棄耗費能源與破壞環境的產業，尋求永續發展的能源科技政策；並要有生物科技倫理智識，來監督產業界尊重公義、公平與個人自主性的原則。因此，台灣國國民不要誤以爲國家的科技發展與個人無關，而必須要有公民參與的素養與知識。

5.從科技層面看，台灣國國民對台灣的科技發展與經濟發展應該要有信心；我們曾有輝煌的科技產業成就，我們也有堅實的底子，擁有繼續領先的條件。

延伸閱讀

《打開潘朵拉的盒子？——基因科技的人文議題》，王汎森、戴華策劃，時報文教基金會叢書，2001。

《台灣21世紀國家總目標》，群策會企劃，玉山社，2003。

《台灣政經發展策略》，陳添壽，黎明文化事業股份有限公司，1996。

《我家也有桃莉羊——生物科技大事記》，吳惠國、楊英英，幼獅文化，2000。

《幸福台灣．幸福經濟：謝長廷不變的承諾》，謝長廷，播種者文化股份有限公司，2008。

《後人類未來——基因工程的人性浩劫》，法蘭西斯．福山(Francis Fukuyama)著，杜默譯，時報出版，2002。

《第7及8次全國科學技術會議實錄》，2005／2009，行政院國家科學委員會彙編。

台灣科技產業之成就與發展趨勢／紀國鐘

(一)經濟轉型與美、日接軌的科技產業

1895年台灣被割讓成爲日本的殖民地，也開啓了台灣的現代化。西洋教育體系的建立，使得台灣人受到正規教育，能讀報紙、能與世界通商，而西方衛生體系之實現使得健康知識普及、傳染病減少、社會生產力大幅提升。鐵路、公路及工業建設，使得台灣成爲一個完整的經濟社會生活獨立個體，一個現代化的島國規模已然成形。二次大

紀國鐘

美國耶魯大學工程與應用科學所博士、國立台灣師範大學物理系學士。現職：國立中央大學光電系講座教授。經歷：行政院國科會副主委、行政院研究發展考核委員會副主委、國立中央大學光電科學研究中心主任、工研院光電所光電材料與元件組組長、美國貝爾實驗室研究員、美國紐約科學院院士。學術獎項：EDMA台灣電子材料與元件協會傑出貢獻獎、經濟部科專計畫成果優良獎、十大傑出工程師獎、美國貝爾實驗室傑出貢獻獎，登錄於美國科技名人錄。期刊論文157篇、研討會論文104篇、專利6篇。

戰後國民黨接收台灣又被迫退出中國，更促使台灣走上獨立發展之路。過去114年台灣基本上被建立爲自立不需依賴宗主國之國家。

日據時代，它被賦予日本進入南洋的前進基地之地位，而蔣家統治時期又被強迫承擔反攻中國大陸之責，從未有民主發展的機會，基本上在政治及經濟上是殖民地位。1988年李登輝成爲第一個台灣人總統，至今(2009)剛好21年。台灣眞正獲得自由成長的機會，政治上逐步建立自主的自由民主社會；經濟上逐漸轉型與美、日接軌的科技產業發展。

(二)台灣科技產業的新世紀

1980年新竹科學園區創立，開啓台灣科技產業的新世紀，但眞正主導台灣經濟的成長的，仍然是依賴日本技術從事生產給日本商社的中小企業上面。當時台灣依賴的是高工、專科級的技術人員，幫日本的商社提供後端技術人力及生產產品，沒有設計商品及市場品牌概念，還不算代工的層次，但已學到國際分工及日本人要求品質的精神。台灣的高科技產業一直到1985年，大量海外歸國學人回到園區創業才算開始，當時流傳的笑話是科學園區生產毫微“米”，所以有些家庭主婦就買高科技公司的股票，因爲蓬萊米是台灣最好的產品，毫微米一定更好。其中成功的典範是台灣積體電路公司。台積電的最大貢獻不是他有比美、日等積體電路大廠更好的技術(聯華電子早就成立，並生產積體電路，但技術水準無法與美、日公司競爭，總是落後3至5年)，而是它的經營模式創新，晶圓代工，全心投入晶圓製程，服務全球積體電路設計廠商。這些設計廠商小巧靈活，但無法與垂直整合的如Intel、IBM、HP等大公司競爭。但與台灣代工廠合作後，局勢完全改觀，由於台積電的成功，使得高科技產業集資異常容易，當時交通銀行變成了創投業的領導者。園區成了創業天堂，工研院及各主要大學研究所畢業生，只要有個想法，就三五成群紛紛創業去了，這也是造成年輕人留在國內讀研究所，畢業到園區就業的成長模式，並埋下留學潮斷層的隱憂。

由於積體電路晶圓代工生產的成功，台灣也進入DRAM記憶體及各種家電晶片組的生產，時至今天，積體電路產業從零到12吋廠領先全球，這個成就是1990年代世界產業領袖無法預見的。因爲一個12吋晶圓廠，它所需要的資金約在千億台幣，所需技術、人才及周邊支援產業如高純度氣體、化學品、生產母機、無塵室設計、器材、光罩、電腦輔助設計、封裝、量測等，目前台灣都已建立完整的中衛體系，眞正達到群聚效應，這些都在過去20年內建立。目前台灣的積體電路製程技術已經在領先群的5名內，而台灣的產品的確如*Time*雜誌所說的，在世界供應鏈中具有不可或缺的地位，如果台灣大地震或風災水災，全世界都會關心台灣的生產何時能恢復正常，這是積體電路成功的故事。

另外，還有發光二極體(LED.)產業，由封裝廠到今天元件廠、磊晶廠的成功，可以提供全球各式各樣LED及藍光、白光照明到太陽光電池產品(made in Taiwan品牌)，已然穩居世界第二，只在日本之後。其他如筆記型電腦、光碟片、薄膜液晶顯示器、汽車零組件、自行車、遊艇等製造，都行銷全世界，市占率舉足輕重。而高科技的農業改良技術，水果、蘭花都是我們引以爲傲的成就。生物科技及醫療照護台灣都有極大的發展利基(niche)，最近氣候暖化所帶來的再生能源更提供了我國全新的機會，台灣能源百分之九十九輸入，全球爭奪石化能源及逐步建立二氧化碳的交易，讓台灣的再生能源潛能獲得新的生命。如太陽能、太陽光電池、風力、地熱發電、海洋能、生質能源等，都可讓我們的能源安全及自主獲得實質的提升，更可建立本土能源產業根留台灣，主要的電子及傳統產業不需逐水草而居，棄國內年輕人於不顧之地步。

(三)所有努力應以國家安全及經濟安全為先

過去20年台灣的經濟奇蹟，全賴台灣人的勇於冒險的創業精神及勤巧、講誠信的本質。另外，教育的普及與水準的提升，加上海外歸國學人與國內資本家結合的力量都是成功的要素。但是在全球化及中國的世界工廠成形的環境下，台灣面臨新一波的嚴酷挑戰，台灣如果要突破困境，絕不是往中國尋求廉價勞工，並以低成本、低品質的產品去國際上，追逐低利潤市場，這些都不是已開發的台灣可以生存的方法。台灣應該對已建立的科技產業社會及科技人才有信心，才是正確的認知。一個國家的現代化及基礎軟硬體建設(如交通、民主制度等)，不是百年無法成就。台灣製造能力及企業誠信度，都是我們國人努力所得的資產，全世界都肯定，接下來的挑戰雖然嚴峻，只要我們相信自己的應變能力加上不斷的研發創新，一定可以走出自己的路來。

總而言之，過去一百年台灣的經濟與民主已獨立發展成爲已開發之國家，未來我們自己要有信心認清自己的優劣勢，正確定位台灣並提出願景。第一優先認同台灣、承擔當家作主的責任。所有努力應以國家安全及經濟安全爲先，強化台灣本土化產業生根及國際接軌、全球佈局，將是未來台灣成功的唯一法門。發展產業不能光靠到落後國家減低成本，而喪失國際競爭力。創新研發行銷美、日、歐等先進市場，獲取高利潤，才能穩住台灣產業基盤，再創台灣人的新成就。讓我們的努力眞正能提升人類生活的品質，讓台灣對世界的未來作出貢獻。

從太空看台灣／吳岸明

(一)美麗的山河是否依舊蒼翠

本人在台灣從事航太工作已三十年，現在幾乎每天隨著衛星觀看全世界。看到世界上海岸線有各種線條，有的平直得就像刀切的一樣，也有像秤錘形狀。有的河流像彩帶、湖泊像花朵、火山口像抽象畫、冰川像鋼索、珊瑚礁像翡翠，水災有時還再發生火災，地震災區出現堰塞湖。當衛星下傳台灣的影像，我們會特別注意台北盆地、西部走廊、濁水溪、日月潭、高雄港、恆春半島、台東縱谷

吳岸明

台灣大學機械工程博士。現任國家太空中心資深研究員。曾任工研院研究員、中科院副研究員、清華大學兼任副教授、文化學院兼任講師。2007年以衛星影像處理系統自主研發成果，榮獲行政院傑出科技貢獻獎，並獲選為國際宇航科學院(IAA)工程科學類通信院士。

等，每次總要看看美麗的山河是否依舊蒼翠或者有任何異狀。國土會遭受戰爭破壞，天然災害、人爲災害同樣會使山河變色。最近莫拉克颱風造成八八水災，南台灣遭受空前重創，從衛星影像看到村落活埋、斷橋破堤、農田淹沒、房屋倒塌，實在令人非常震驚與痛心。

人類的太空發展從史潑尼克號發射至今已52年，阿波羅11號登月至今已40年。太空活動從點火、升空、繞行地球，以至於觀測任務，必須整合化學、力學、電學、控制、材料、通訊、電腦、軟體、光學、天文、大氣科學、地球科學、太空科學等領域，堪稱一門大學問。從冷戰時期的美蘇太空競賽、太空梭、太空站，到最近中國崛起送人到太空，美國的重返月球、送人到火星，還有太空旅遊業的興起，這一波一波的太空事件中，台灣並沒有缺席。

(二)我國的太空計畫

台灣的太空計畫始於1991年，至今發射三次衛星任務，福衛一號、二號、三號，其中福衛三號爲六顆衛星所組成並一起發射之星系任務。

福衛一號於1999年1月27日發射，使我國成爲世界上第33個衛星擁有國，主要任務無電離層量測、海洋觀測、通訊實驗。福衛二號具備每日再訪(Daily Revisit)特性，展現舉世無雙的廣域、緊急、動態、極限四種獨特取像能力。極限取像使得福衛二號拍攝到位於南緯90度，南極科學觀測站的第一張高解析衛星影像，同時也證明福衛二號，是當今世上唯一可以每日對全球任何地區取像的遙測衛星。福衛三號爲6顆微衛星星系，接收GPS訊號穿透大氣(稱作掩星，Occultation)之折射率以測量大氣性質，屬衛星氣象、雷達氣象、觀天氣象、數值氣象之綜合先進技術。福衛三號掩星量測平均每天有2500多點，此遠多於現有地面探空量測的900多點，特別是在海面與極區的分布亦相當均勻，被譽爲全世界最穩定精準的太空溫度計。

我國太空計畫緣起於零組件工業已發展至相當成熟的階段，系統工程的做法具備了有利的條件。太空系統品質需求高、整合性廣及具前瞻性，透過太空計畫系統工程做法之執行，將促進我國產業邁向高品質、高附加價值及國際化的境界。衛星因爲太空環境、飛行系統、自動操作、超高品質等要求，相對於一般裝備，必須研發人力三倍、測試時程三倍、元件材料三倍、系統整合三倍。加上其他費用，衛星成本約爲一般裝備的一百倍。舉例來說，一部在地面使用的電腦成本約十萬元，放在衛星裡則成本約一千萬元。太空科技也是國力的一環，但這方面因先進國家的輸出管制，技術不易從國外引進，因此自力發展便變得別無選擇。

(三)國家的意志、人民的決心、團隊的精神必須發揮出來

從太空看台灣，個人的感想有下列三點。

第一點是增量(Increment)。我們活在這個時代，只能在這個時代的既有基礎上建設、改造、適應。我們所能做的大多只是相對於既有的增量，很多事不必另起爐灶，也不可能從頭開始。有些設施必須重新建置，也要採用新科技以拋開傳統包袱。台灣目前不可能登月、建太空梭，但可以發展小衛星或星系用來監測災害與環境，同時發展一些當代的太空新科技。

第二點是參與(Participation)。我們走進國際社會踏入新領域，就有機會扮演自己的角色然後有所貢獻，在國際上占有一席之地。也只有透過積極參與，才有可能學習外國技術以及歷練系統整合。

第三點是特色(Specialty)。要建立自己的特色，台灣有其獨特的歷史、地理、文化，這就形成我們先天的特色，熱情、活力、創意、適應力。另外，國家的意志、人民的決心、團隊的精神必須發揮出來，以開拓生存的空間以及未來的出路。

能源科技與台灣／黃界清

目前，人類在能源方面面對兩大問題。第一、傳統能源漸漸用完，急需尋找新能源。第二、傳統發電技術與交通工具漸漸破壞環境，急需尋找新技術。首先，本文將比較各種傳統能源用在相關的發電技術與交通工具，與其造成環境污染及地球暖化的反效果；其次，介紹如何利用新科技，使傳統能源變成乾淨無污染的發電技術與交通工具；接著，比較各種新的再生能源，與其用來發電的相關技術及優缺點；最後建議，新科技的研發，將使傳統能源

黃界清

台灣高雄鳥松人，台大機械系畢業，美國M.I.T.機械博士。自1980任教於Texas A&M University。目前為機械系傑出教授與講座教授，主要研究為使用在航空或發電方面，高效率低污染燃氣渦輪機的熱傳與冷卻技術。獲2002年美國機械工程協會熱傳紀念獎、2004年美國航空太空協會熱物理獎、2004年國際旋轉機械熱傳獎。曾任台灣同鄉會Boston分會理事、College Station分會會長、Texas A&M University台灣同學會指導教授(1986-91, 1994-95, 1997-99, 2009-)、北美洲台灣人教授協會Houston分會會長、總會會長。

與新能源，共同解決人類未來能源短缺與環境污染暖化問題。本文從能源科技的觀點，來探討台灣國國民應有的素養與智識，讓綠色能源與經濟環保三大議題，取得平衡永續發展，以助台灣邁向安康的國家。

(一)比較各種傳統能源

目前世界能源的比例，傳統能源(石油、煤炭、天然氣)占60到80%、原子能源(核子分裂、核子熔合)占10到20%、再生能源(水力、風力、太陽、海洋、地熱、生質能源)占10到20%。能源主要用來發電、交通、工業及冷氣熱氣等等。傳統能源必須經過一套能源轉換設備，才能用來發電或做爲交通工具。例如，火力發電就是利用燃燒煤炭，使高壓鍋爐內的水變成高壓高溫水蒸氣，來推動蒸氣渦輪機，再來轉動發電機來發電。或者，利用燃燒天然氣變成高壓高溫燃燒氣，來推動燃氣渦輪機，再來轉動發電機來發電。

同樣道理，汽車等交通工具，就是利用燃燒汽油變成高壓高溫燃燒氣，來推動汽缸內燃機，再來轉動車軸與車輪來運行；飛機也是利用燃燒高級汽油變成高壓高溫燃燒氣，來推動燃氣渦輪機，再利用噴射出來燃氣的反推力來飛行。但是，利用燃燒煤炭或者天然氣來發電，與利用燃燒汽油來開汽車或者飛機的共同缺點是，它們都會排放出大量的二氧化碳與二氧化氮，造成環境污染與地球暖化的反效果。

(二)利用新科技以降低污染

全世界各先進國，爲了解決傳統能源短缺與環境污染等等難題，都提出節約能源減少燒炭、提升能源轉化效率，以及開發新能源等各種方法策略。尤其，一般認爲二氧化碳是造成環境污染、溫室效應、地球暖化的來源。於是，大力研發如何來控制與減少二氧化碳的排放量是當務之急。先從最大件的燃煤火力發電來看，就有在煤炭燃燒前的處理(煤炭氣化技術)與燃燒後的處理(二氧化碳的捕獲封存技術)兩種方案。所謂的二氧化碳捕獲封存技術，就是把煤炭在燃燒後，利用各種物理或化學方法來捕獲排放出來的二氧化碳，然後再用壓縮機把它輸送到山地底下或海水底下，永久封存起來而不會造成污染。所謂的煤炭氣化技術，就是把煤炭輸送到有水蒸氣的煤炭氣化爐，利用控制氣化爐內水蒸氣的溫度與壓力，使氣化爐內的煤炭氣化(並沒有燃燒)而變成含有氫氣的混合氣。利用燃燒這種含有氫氣的混合氣來推動混合氣渦輪機來發電，二氧化碳的排放量就會大量減少。如果再進一步把氫氣從混合氣分離出來，直接利用燃燒氫氣來推動氫氣渦輪機來發電，二氧化碳的排放量接近於零，就會達到零污染效果。這就是最先進、最乾淨無污染的氫氣渦輪機發電技術。可是這些減少二氧化碳的技術，增加了發電設備的成本費用。

再從汽車等最大件的交通工具來看，爲了解決石油短缺危機，就有開發燃料電池與生質燃料能源來代替傳統汽油等新科技出現。所謂的燃料電池新發電技術，就是利用氫氣與空氣中的氧氣，經過適當的觸媒與電化作用而產生電流與熱水。小型低溫的燃料電池所產生的電，可以用來轉動車輪來運行；大型高溫的燃料電池所產生的電，可以當作是小型發電廠來用。因爲燃料電池沒有經過燃燒程序所以沒有產生二氧化碳，沒有環境污染與地球暖化的惡果。但是，燃料電池必需品的氫氣從那裡製造出來呢？因爲由電解水可以產生氫氣，但效率太低、太貴不實用。前面提到利用煤炭氣化技術來製造氫氣與混合氣，是目前正在開發的新科技。再來，所謂的生質燃料代替能源新科技，就是利用控制生質能源的溫度與壓力，經過適當的觸媒與發酵作用，再蒸餾而釀造出生質酒精與柴油來代替汽油。因爲沒有經過燃燒程序，所以也沒有產生二氧化碳的問題。一般生質燃料能源包括油脂藻類酒精、小麥纖維素酒精、甘蔗玉米乙醇、甜菜油菜柴油、大豆向日葵柴油等等。但是，生質燃料能源的開發與利用，必須考慮到與農產食物需求平衡發展。目前，燃料電池與生質燃料能源都比傳統汽油貴。

(三)新的再生能源

接著，來探討與比較各種再生能源發電的技術及優缺點。首先，傳統的水力發電，利用水壩的水沖能力來推動水渦輪機，轉動發電機來發電(優點是無污染，缺點是水力來源有限)；其次，原子能發電，利用核子分裂放出能量，使核子反應爐內高壓的水變成高壓高溫水蒸氣，來推動蒸氣渦輪機，轉動發電機來發電(優點是發電效率高，缺點是核安全與廢料污染處理)；再來，風力發電，利用陸地上或離岸海面上風速能力來推動風輪機，轉動發電機來發電(優點是無污染，缺點是風力來源不穩不好控制)；再下來，太陽能發電，利用曲面鏡來聚焦太陽熱能，使放在曲面鏡下面管子內的水(或者氨)，變成水蒸氣(或氨蒸氣)來推動蒸氣渦輪機，轉動發電機來發電(優點是無污染，缺點是發電效率低)。

或者，利用太陽光電板(或者太陽光電池)來收集太陽光能，透過太陽光子與矽薄膜板(或者晶薄膜板)的光電作用而產生電流(優點是無污染，缺點是太貴發電效率太低)；還有，地熱發電，利用地下高壓熱水或水蒸氣直接來推動蒸氣渦輪機，轉動發電機來發電(優點是無污染，缺點是地熱來源有限)；最後，海水溫差發電，利用海水水面與深水下面的溫差，使鍋爐內的水變成水蒸氣來推動蒸氣渦輪機，轉動發電機來發電，或者利用海浪、潮汐、洋流來推動水渦輪機，轉動發電機來發電(優點是無污染，缺點是來源不穩發電效率低)。

(四)了解在能源、經濟、環保取得平衡發展的重要性

台灣進口90%以上傳統能源，爲了解決能源短缺與地球暖化等等難題，台灣國國民應有節約能源的基本素養，

以及如何減少二氧化碳與各種再生能源的科技智識。台灣國國民必須向歐美先進國家學習，探討他們在能源經濟環保三大議題，如何取得平衡發展的策略與願景。台灣地小人多，如何有效開發生質燃料能源；加上地震頻繁，是否過多依靠核能發電，必須審慎考量處理。以台灣的特殊地理環境，有利開發風力與海洋發電，加上台灣的電腦產業基礎，發展最先進的太陽光能發電，讓綠色再生能源科技取得經濟與環保平衡發展。台灣國國民必須有健康的能源智識來監督政府單位，放棄耗費能源與破壞環境的產業，努力爲子孫立下永續發展的能源科技政策，使台灣成爲人人羨慕的「東方瑞士」，把台灣國建立成爲「小而美」安康的國家。

Biotech Success, a Dominant Factor for Taiwan's Economy Growth, is Dependent on Creative Basic Research, Democracy, Ethics and Honesty

／廖述宗

Robert Solow (1986 Nobel Laureate) of MIT correctly predicted in the 50's that progress in science and technology and not increases in labor or capital was the dominant factor that could make a modern economy grow. His conclusion was clearly illustrated by the very successful development of bio-technologies in small European countries. This idea is especially pertinent for economic growth in nations with limited manpower and national resources, such as Taiwan.

In this new century, biological and medical technologies

廖述宗

國立台灣大學農業化學系學士，國立台灣大學農業化學研究所碩士，美國芝加哥大學博士。現任美國芝加哥大學癌症研究所、生物化學暨分子生物學科等教授。北美洲台灣人教授協會首屆會長。美國 ARCH Venture Limited Partnership 公司科技顧問。Anagen Therapeutics Inc.董事長。台灣中央研究院院士、美國藝術與科學研究院院士。

are becoming the most promising foundation for economic growth in many advanced as well as developing nations. Many bio-technologies have been and will be utilized in drug discovery, development of medical devices, enhancement of food production, and even in man's journey to explore space. These new technologies are made possible by innovative discoveries and require a strong commitment by a nation, its people and its government, to greatly improve education in basic sciences and promote fundamental research.

Gary Becker. a 1992 Nobel laureate from the University of Chicago, noted that most economists agree that government should support mainly basic but not applied research. He said that increases in basic research usually lead to increases in spending by private companies in promising areas of applied research by piggy-backing on advances in basic knowledge. As an example of the importance of basic research, Becker indicated that basic research that lead to a 1% drop in the death rate would be worth almost one half of a trillion dollars to the U. S. economy.

In Taiwan, the government has been responsible for both basic research and applied technology development. Industries get into play only at the very late stage of development or import mature technologies that are often short-lived or that can be translocated to other less developed countries or overtaken by newer technologies. Many low-tech industries that do not require the support of fundamental basic research or that are more labor-dependent can easily be taken over or transplanted to China.

Sci-Tech and Bio-Tech developments also need a mature democratic environment for optimal development. Some predicted that economic growth might turn Communist China toward democracy. I am not very optimistic about this view. Economic expansion under the communist dictatorial rule is actually damaging China. Both government officials and the private sectors are focusing on money making for themselves and corruption can be seen everywhere. Blinded by money, dictatorial governments often ignore more important issues such as social justice, human rights and morality. There are serious indications of such problems in China. For example, one of the two largest rivers in China, the 'Yellow River' hardly has enough water to run its usual course to the sea. A large area of northern China may become uninhabitable and large migrations to south may be needed. China's Capital, Peijing, is seeing more sand storms. Even Seattle is receiving 'Sand Rain' that originated from China. China, one of the largest land nations, is now short of trees and is importing trees from Borneo and other parts of South Asia.

Rushing into money making also creates immoral money

making tactics. Chinese have discovered many precious herbal medicines, but recently, Chinese herbs have been often found to contain Western medicines. To deceive buyers, herb producers inject Western medicines into herb plants before harvest to increase their apparent efficacy. Recent reports are also very alarming. Many thousand tons of oil and fats are recycled from sewage and even used as food-oils. Cancer causing dye is used to make egg yokes reddish to attract consumers. Melamine is added to protein products to falsely raise the measured protein content to attract higher prices. Melamine containing feeds have killed many pets and led to the sacrifice of millions of chickens. These are not isolated incidents and they are covered up and not dealt with effectively by the Chinese government or industry. Contaminated food ingredients from China are everywhere in the world, waiting to be exposed by consuming countries as the causes of the mysterious death of many thousand people in various countries. This brings up very important issues that must be addressed in developing bio-technologies. They are the '4 E's': "Ethics, Equity, Ecology, and Environment". These cannot be promoted in non-democratic countries like China.

Taiwan had a very distinguished history of world-class Bio-Tech achievements in many fields before Chiang Kai-

Shek's Chinese Nationalist Party (KMT) occupied Taiwan at the end of the World War II. This distinction was not cultivated further by the dictatorial rule of the KMT that governed Taiwan under marshal law for 38 years. The KMT falsely established various funds and facilities for BioTech development during the last 4 decades, but almost all of the money disappeared mysteriously without any meaningful result. An attempt for a reform during the recent democratization was short-lived and not successful.

Many Taiwanese scientists trained in the U.S. have returned to Taiwan and are assisting biomedical science education and research. To develop sound BioTech in Taiwan, it is very important to understand that a tree without roots never bears fruit. Innovative research and creative discovery are keys for initiating new roots from which new BioTech trees can grow and flourish. Scientists with a strong love of Taiwan can heartily cultivate these trees. This is the time for us to "Chia Kuei Chi Pai Chiu Taw", meaning: "If you eat fruit, you must be thankful and bow to the root of the tree". As a newly developed democratic country, Taiwan is ready for Bio-Tech dependent economic development.

It is also very important to have the proper attitude for making a business successful. Ray Kroc, the founding manager of MacDonald's, taught his managers that a "Killer

Instinct" is very important. He emphasized that you must be vicious in killing competitors quickly. I read this about 30 years ago and since then, I have not once visited a MacDonald's restaurant. Ms. Chin-ning Chu, who was born in China, went to Taiwan and then to the U. S. She published the best seller, "Thick Face, Black Heart" and taught businesspersons to practice "deception without deceit". I totally disagree with Kroc and Chu's advice. Viciousness and deception may work in the short run, but honesty will support a long business relationship and success for all.

My supreme motto for doing science or any business is "Be creative, not competitive". I was not aware of any similar emphasis in books related to business education but, more recently, I discovered a Harvard Business School Press' publication "Blue Ocean Strategy", authored by W. Chan Kim and Renee Mauborgne. They teach how to create uncontested market space and make competition irrelevant. Finally I would like to quote Kenneth Groom: "Success is a journey not a destination". This teaches us how we succeed is just as important as the success we seek. It also teaches us that we are making contributions on the way to success and we may not see the destination but others may ultimately reach the destination and bring the benefit for all.

生物科技是台灣經濟成長的致勝關鍵

「生物科技」需要創新的基礎研究、民主、道德與誠實／廖述宗 莊佳穎

一九八七年諾貝爾經濟學獎得主，美國麻省理工學院教授羅伯特・索洛(Robert Solow)曾指出，現代經濟成長的主要因素爲科學與技術的進步，而非倚賴資本與勞動力。這項經濟成長理論，已在許多成功發展生物科技的歐洲小國中獲得驗證，而此理論特別適用於不論人力與國家資源均有限的國家，台灣就是一個例子。在這嶄新的世紀，不論在已開發或開發中國家，生物與醫學科技都成爲助長經濟最有展望的基礎，許多生物科技已經被運用於藥物研發、

廖述宗

國立台灣大學農業化學系學士，國立台灣大學農業化學研究所碩士，美國芝加哥大學博士。現任美國芝加哥大學癌症研究所、生物化學暨分子生物學科等教授。北美洲台灣人教授協會首屆會長。美國 ARCH Venture Limited Partnership 公司科技顧問。Anagen Therapeutics Inc.董事長。台灣中央研究院院士、美國藝術與科學研究院院士。

莊佳穎

國立台灣大學農業化學系學士。國立台灣大學微生物與生化學研究所碩士。美國凱斯西儲大學營養化學與代謝碩士。美國芝加哥大學 Ben May Cancer Institute 研究技術員。

醫療相關產業革新、食物生產量提升，甚至是外太空世界的探索。

西元一九九二年諾貝爾經濟學獎得主，美國芝加哥大學教授蓋瑞・貝克(Gary Becker)提出，大部分經濟學家贊同政府，應協助拓展基礎科學研究而非應用科技的說法。他認爲基礎研究的蓬勃發展，可刺激私人企業利用此一優勢，並進一步投資於應用層面的研究。貝克舉例指出：人口死亡率若經由基礎研究降低百分之一，此價値同等於近五千億的美元。

台灣的政府向來同時負責推動基礎與應用科學研究的發展，而業界只在技術發展的最後階段才參與開發，或是直接由國外進口已成熟的技術。這些技術往往只能短期使用或被轉移至經濟較落後的國家，或是被新技術所取代。欠缺科學研究根基或以勞動力爲主的低科技產業，相當容易被轉移至中國。

科技與生技產業，同時需要在健全成熟的民主環境下才能穩定發展。許多人預測經由經濟成長的衝擊，中國將由共產集權國家轉型爲民主國家，然而我個人對此觀點甚不樂觀，共產極權下的經濟膨脹事實上可能對中國有害。中國不論是政府機關或私營部門大多僅專注於擴增私人利益，貪污舞弊事充斥。極權統治往往忽視人權、道德規範與社會公義等議題。在金錢私利的矇蔽下，中國政府爲了經濟發展不惜犧牲原有的自然生態，例如黃河流域的生態已被破壞殆盡，幾近斷流。爲此中國也將面臨北方廣大區域沙漠化而不適居住，首都北京等地飽受沙塵暴之苦的代價。

過度重視利益追求將使企業道德淪喪。近年來，許多珍貴的中藥藥材被檢驗出摻雜西藥；數千萬噸的油脂由回收廢水中重新萃取販售，甚至被包裝爲食用油以大肆圖利；加入致癌染劑於假冒紅心鴨蛋圖利；添加毒性甚高的三聚氰胺於食品中以造成蛋白質含量較高的假象，造成數百萬中國嬰幼兒和美加寵物死亡或腎結石。這些事件並非獨立事件，因爲中國政府與企業試圖淹滅與隱匿更多類似的案件。這些事件深深提醒我們發展生物科技的"4E"原則：道德(Ethics)、公正(Equity)、生態(Ecology)與環境(Environment)。欠缺民主法治的中國社會，這些原則是完全不會被重視的。

台灣在蔣介石領導的國民黨政府接管之前，曾於生物科技領域擁有不少世界知名的成就與記錄，然而這些優勢在極權政府實施三十八年的戒嚴裡，並未獲得進一步培育或發揚。國民黨政府在執政多年期間虛設許多發展生物科技的機構，然而不僅沒有任何建樹，經費亦經常離奇消失。經由民主交接的民進黨政府雖有意改革，但因執政時間太短而功敗垂成。

有許多在美國受過專業訓練的科學家，已陸續返回台灣並投入生醫科學的教育與研究。爲了在台灣發展健全的生物科技，我們必須先體悟沒有深根的樹木是無法孕育果實的觀念。創新的研究與嶄新的發現是促進樹根發芽的關鍵，而深愛台灣這片土地的科學家則可栽培撫育這些大樹的成長與茁壯。這該是我們「呷果實，拜樹頭」的時刻，意味當我們在恣意享受甜美的果實時，千萬不可數典忘祖、不可忘懷樹根的偉大。身爲一個新興的民主國家，台灣已準備好以生物科技做爲經濟發展的重點。

採取正當的態度也是經營成功產業的要素之一。市場上有許多提倡惡性競爭經營模式：曾是麥當勞資金經理人的雷・克羅克(Ray Kroc)，教導旗下經營者必須擁有殺手的本能(Killer Instinct)，他指出經營者必須惡意地迅速扼殺競爭者；在中國出生，旅居美國的暢銷作家朱津寧，在其作品《新厚黑學》(*Thick Face; Black Heart*) 提出商人理應「詐而不欺」。克羅克與朱津寧如此惡意與欺瞞的策略，或許能導致短期的獲利，但誠實的態度終究才是企業永續經營與成功的關鍵。

無論在處理科學或其他事務時，我們研究室總秉持「保持創新，而非著重競爭」(Be creative, not competitive) 的座右銘，此與《藍海策略》(*Blue Ocean Strategy*) 一書中教導如何創造開發全新而非競爭性的市場空間，有異曲同工之妙。著名的芝加哥大學心理學教授 Mihaly Csikszentmihalyi，亦於著作*Good Business: Leadership, Flow, and the Making of Meaning*強調獨特性與創造力的重要，若應用此概念於產業開發管理上，將會有很大的助益。Kenneth Groom 曾說道：「成功只是旅途，並非最終目的地。」(Success is a Journey not a Destination.)這句話教導我們眞正重要的是努力的過程，而且人不應以一時的成功就自滿而放棄繼續努力。即便在我們這一代人看不到最後的成功，只要有後人繼續交棒，那終有一日會達成最終目標。

生物科技的倫理素養／陳錦生

廿一世紀是生物科技的世紀。我們生活週遭到處充斥生物科技產品，食、衣、住、行無一能脫離生技的陰影。趨勢大師約翰奈斯比(John Naisbitt)在他的《兩千年大趨勢》(*Megatrends 2000*)一書中這樣說：「你也許不懂生物科技，但你不能不知道它的最新發展，否則你就是縱容別人以上帝自居。基因改造過的生物會不會破壞自然生態？將來會不會有人頭馬之類的怪物出現？人類憑什麼干預生命的奧秘過程？科學家會不會唯利是圖，濫用科技？你推卸不了道義責任。」的確，生物科技發展迅速，快到我們無法想

陳錦生

現任長榮大學校長、生物科技系教授。曾任台灣省瘧疾研究所技士、台灣省傳染病研究所技正，東海大學生物系教授、系主任、研發處執行長及圖書館館長。中興大學昆蟲系學士、台大植病系碩士、博士，美國加州大學博士後研究。在社會服務方面：現任台灣YMCA協會理事長、台中YMCA理事長、台中大墩社區大學校長。

像，科學家們樂觀地期待「美麗新世界」的來臨，而倫理學家則憂心忡忡，深怕新科技變成了「潘朵拉的盒子」，帶來災難而無法駕馭。

(一)生物科技的成就

在醫學方面，利用基因工程技術，可生產像胰島素、B肝疫苗、生長激素、干擾素等傳統方法不易獲得的藥品。而基因檢驗，則可以快速診斷疾病，或調配個人專屬用藥。利用DNA的分析，可用於親子鑑定、刑案偵辦或保育類生物之鑑定等。在農業方面，基因轉殖的作物，兼具抗病、抗蟲、抗凍的「超級蕃茄」；可在沙漠生長的抗乾旱作物；改良營養價値的作物、蔬果，如：在植物基因中加入動物的基因，使消費者有「吃豆如吃肉」的感覺。事實上，許許多多的基因食品包括黃豆、小麥、玉米及蕃茄，都已悄悄地在市場上銷售。家畜的品種亦經基因工程改良，使肉的品質、營養成分可按科學家的藍圖調配。另一方面，1997年，英國「桃麗羊」(Dolly)的誕生，更使得科學家們對「複製人」(Human cloning)躍躍欲試。而2000年6月26日，美國總統柯林頓和英國首相布萊爾共同宣布，人類基因體(Human genome)序列草圖解碼完成，也同時意謂著「後基因體時代」的來臨。

(二)倫理學的思考

當新品種的作物產生時，人們興高采烈，以爲又是一次新的「綠色革命」時代來臨。但基因改造的食品安全性仍舊存疑時，消費者有沒有選擇的權利？當「桃麗羊」複製成功的時候，大眾開始警覺到，下一步將是人類本身的問題了。改造植物可以，改造動物不可以；改造動物可以，改造人不可以；改造人不可以，但用在治療可以。接下來要問的是：既然可以治療疾病(改造體細胞)，爲什麼不能用來改良下一代的人種(改造生殖細胞)？到底界限何在？《侏儸紀公園》有一句話：「神造恐龍，神毀滅恐龍。然後神造人，人卻製造恐龍，恐龍毀滅人類。」值得我們省思。

對於人類基因的研究，到底誰有權擁有你基因？可以想像的是：政府、軍隊、學校、雇主、保險公司等。過去曾有報導，花蓮縣秀林鄉的原住民，一年被抽好幾次血，美其名健檢或公衛研究，其實是研究他們的特異基因。被研究者未得到合理的告知同意(informed consent)過程，甚至於基因被盜取或被申請專利而不自知。當人體基因組解讀出來後，倫理學家已預測到基因商業化、基因隱私權、基因歧視與基因濫用等問題。

(三)結語

無可諱言的，生物科技必須耗費大量的金錢，因此取得這種科技研發成果的機會必然不均等。窮人和富人機會不均，窮國和富國也機會不均。所謂「基因族」的優勢族群有更好的機會利用昂貴的技術，而資源較少的「自然族」則愈趨劣勢。如此不但將造成新的族群問題，社會公義原則亦將蕩然無存。科技進步神速，但人的倫理卻跟不上時代。生物科技，可以是魔鬼，也可以是上帝。如何從倫理思考的原則，做到符合公義、公平、尊重個人自主性的原則，將是未來主要的課題。

第十五章
在國防外交領域
【導讀】

林哲夫：柔性國力
蔡明憲：了解國防與外交的目標
蘇進強：台海安全是亞太區域和平的保障
賴怡忠：從國際外交的觀點
楊黃美幸：新時代外交工作之體認及實踐

一、國民對國防與外交應有的認知

「在經濟領域」一章的討論中，我們指出一個國家的政府必須捍衛國家安全與經濟安全。國家安全意指國家主權的獨立、領土的完整及人民生命財產的保障。研究國家安全的林哲夫博士在其〈柔性國力〉(2009)一文中指出，用於捍衛國家安全的國力有剛性與柔性二種。剛性國力屬於政府權責(國民固有支援的責任，如服兵役，但多不在本文討論範圍之內)；柔性國力則須有民間的參與，它包括外交、文化、教育、人道救援及災難救濟等。

曾任國防部長的蔡明憲博士在其〈了解國防與外交的目標〉(2009)一文中解說：「國防做爲國家安全的後盾，外交則是改善國家關係的協商藝術。外交的目的就是在解決國家之間的紛爭，避免產生衝突以及任何不理性的對抗。從更積極的面向來看，外交也可以促進國家之間的和諧，並擴大台灣的實質國際活動空間，以形成共識進而營造全球一家的氛圍。」了解國防與外交的目標之後，我們會比較容易了解國民對國防與外交的責任。

也許對於一般人民來說，可能認爲國防與外交是軍人與外交人員的專業，與一般國民扯不上關係。但在民主化的社會中，國際事務不應被少數人壟斷，因爲決策在少數人專斷下容易犯錯，蔣介石的專斷，堅持「漢賊不兩立」而退出聯合國就是最好的例子。

因此，台灣國民對國防與外交應有以下的認知：應該了解對台灣國防與外交構成威脅的來源、台灣的應變目標與策略、了解世界局勢的重要與途徑，以及如何從事國民外交。

二、對台灣國防與外交構成威脅的來源

曾任國家安全會議諮詢委員的蘇進強先生，在其〈台海安全是亞太區域和平的保障〉(2009)一文中指出：「台灣國民，必須清楚了解自己國家在國際間所扮演的戰略角色與威脅來源。……(台灣)在地緣戰略上東制西太平洋海域，西扼台灣海峽、南抑巴士海峽、北支東中國海域，……在交通運輸上，台灣位居亞太航運的樞紐位置，是歐、亞、美洲各國進出太平洋西岸的樞紐，更是中國走向太平洋與各國往來的通衢要衝。

「因而，台灣面對的威脅來源始終來自於對岸的中國，由於台灣特殊的地緣戰略價值，更使得中國不放棄武

力犯台的野心。中國做爲一個陸海兼具的國家，在改革開放後的經濟快速發展，整體綜合國力向上提升，也因而對外貿易往來產生巨大需求，使得維護海上通道的安全，在中國國家安全戰略中的重要性日益提升。因而中國對台灣的戰略需求異常迫切，主要原因在於一旦奪取台灣做爲海上屏障，將使中國輕易進出西太平洋第一島鏈，進可攻、退可守，更全面提升對台灣海峽以及周邊太平洋海道的控制能力，以及掌握週邊全部地緣戰略優勢。近年來，中國國防經費每年皆以兩位數的速度成長，……可以說，中國的軍事威脅已從亞太區域擴展至全球。」

除了外在的因素之外，我們也要注意威脅到台灣國家安全與人的安全(Human Security)之各種內在的因素，譬如說，簽訂喪失國家主權的協約、備忘錄等，制定有違國家與人身安全的政策。關於這個議題，「在政治領域」一章中有更詳細的討論。

三、台灣的應變目標與策略

了解對台灣國防與外交構成威脅的來源之後，我們可以更容易了解台灣的應變目標與策略。蔡明憲前部長指出，在國防方面，我們要：「落實全民國防及總體防衛理念。國防事務不僅是政府相關單位的職責，更是所有人民應該關心的切身議題。許多先進國家在其國民義務教育中即強調全民國防的理念，意義就在於深化全民總體防衛的積極概念，讓國防的根本精神普遍根植於社會所有層面。……全民總體防衛的概念就是建立堅實的全民心防，共同保衛國家安全。因此，建立可長可久的全民防衛機制將是確保台灣國家安全的必要條件。其中，落實全民國防的理念與全民總體防衛的構想必須從教育深耕，正如同北歐國家的國防教育，在生活中灌輸國家安全的理念，……。」

在外交方面，他指出，我們要：「推動全民外交理念。現代外交的概念已經與過去大不相同，傳統的外交給人一種非常嚴肅且生硬的氣氛，然而現代的外交強調軟實力(Soft Power)的推展以及全民外交的展現。所謂的全民外交就是透過國民直接與他國人民的互動與交往，以增進兩國情誼，這樣的交流方式讓外交成爲一種全民運動，普及於社會各個層面。」同時，我們也要了解現代：「外交並非侷限於傳統的政治議題與軍事協議，更大層面擴及了經濟、文化、社會、藝術乃至於體育的交流，所以我們應該要培養新的眼光看待外交的新思維，從每一位國民做起落實全民外交，以國家尊嚴、對等與互惠的原則，增進國家的利益與國際友誼。」

四、了解世界局勢的重要與途徑

賴怡忠教授在〈從國際外交的觀點〉(2009)一文中闡釋：「全世界任何一個國家都是世界島的一環，……對於世界局勢的掌握都屬極端重要。唯有能夠掌握世界局勢發展的潮流，才能預見未來的機會與挑戰。對台灣來說，由於台灣本身處於世界戰略的關鍵通道，台灣發展所需的資源與機會也極端仰賴外在環境，本身能主導的部分非常有限，因此……對世界局勢精確掌握與分析的能力，就顯得更重要。

「由於分析能力需要一個清楚的世界觀，這個世界觀是建立在對自身歷史與世界關連性的整體理解上。在台灣六易其主的殖民歷史中，外來者多以殖民母國的世界觀形塑台灣人民的世界觀，導致台灣人民在失去自我認同後，也同樣失去建構台灣自我的世界定位之能力，使台灣……在全世界出現的是一個面目模糊、沒有中心價値的外交思考，周邊國家不知如何期待台灣的角色，台灣人民也將錯就錯的將急功近利視爲對外作爲的常態，長此以往，導致台灣因自我區域定位不明，因不被區域國家視爲一個可靠的交往對象而被邊緣化。因此台灣邊緣化除了國際政治因素，缺乏主體世界觀是更根本的原因。」

「爲了建立對世界史的掌握，可先對過去七千年來文明的主要發展軌跡的追尋開始，掌握這些文明遞嬗的直線發展，其次是注意它們之間的互動過程與其影響，並需觀照在同一時間時，不同地區的發展有何異同、相互之間有沒有關連性等，由政治發展、經濟演進，以及科技的散播等面向進行初步掌握。」所以，他說：「世界史與台灣史是掌握台灣國際外交實踐的基礎知識。」

五、民間外交之體認與實踐

楊黃美幸在〈新時代外交工作之體認及實踐〉(2009)一文中闡述民間外交的重要，並鼓勵台灣國民積極參與國民外交，如聯合國的非政府組織。她說：「國際上對台灣的歷史、政治及社會之了解還是非常貧乏而且誤解，台灣非常需要擴大在國際上的影響。在目前錯綜複雜的國際環境中，民間外交顯得格外重要，民間的解釋、民間的爭辯，在一些敏感問題上效果往往比官方的渠道更爲有效。通過民間外交手段向國際社會行銷台灣，傳遞和諧理念，是值得認眞思考的戰略。」

具體的行動可以是：「積極參與聯合國中的非政府組織(NGOs)，……從環保、勞工、婦女、醫療、人道、安全、兒童福利到國家安全等等皆有著力之處，加入NGOs後，更要積極參與，讓世界看見台灣的實力，並且針對台灣的國家安全與參與國際組織等議題進行遊說、參與研議議題或成爲發言人，進而爭取在NGOs組織中的重要職位，如理監事等職位，如此才能發揮更大的影響力，……。唯有積極參與才能產生影響。」再有：「身爲e世代的台灣人，我們應善加利用網路空間，……透過網際網路的傳播，讓更多人認識台灣、讓世界瞭解台灣是一個主權獨立且民主的先進國家。」

「台灣人不僅要關注自己的議題，亦須關心國際上主流社會所關心的議題，尤其與我們鄰近的緬甸、西藏、維吾爾人等之人權及文化受侵害問題、人口被稀釋問題，皆應高度關心並予以協助，唯具有『人飢己飢』的精神，也才能期待他人對台灣的關心。」

六、結語

1.不要以為國防與外交是國家的業務而與我無關；國防與外交影響國家主權、國家安全、國民的人身安全，我們要積極參與，不容決策在少數人專斷下犯錯。

2.要了解對台灣國防與外交構成威脅的來源：外在的與內在的。

3.要了解台灣整體對威脅所擬的應變目標與策略，以便有所遵循。

4.要對世界局勢有精確的掌握與分析的能力；對自身歷史與世界關連性有整體的理解。

5.要積極參與國民外交。

延伸閱讀

《四年期國防總檢討》，國防部，2009。

《台灣人四百年史》，史明，1980。

《台灣國際政治史》，戴天昭著，李明峻譯，前衛，2002。

《民主化台灣新國家安全觀》，陳明通等，先覺出版，2005。

《全民國防與國家安全》，台灣國家和平安全研究協會策劃，前衛，2002。

《全球化下的台海安全》，蘇進強，揚智出版，2003。
《圖解世界史》(上、下)，小松田直著，黃秋鳳譯，易博士文化出版，2005。
《圖解世界近現代史》，宮崎正勝著，黃秋鳳譯，易博士文化出版，2007。

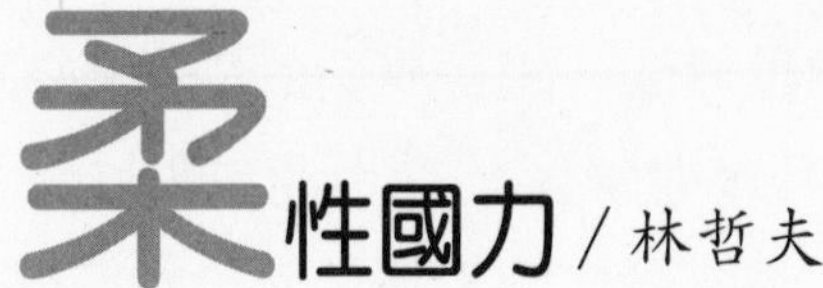

柔性國力／林哲夫

(一)國民應有的素養與智識，可從「知己」開始

要任何人提筆描述當一個正常國家主人翁，公民應有的素養、學識及所塑造的生活形象，是不甚容易，因其將牽扯到理念、定義及門檻等的問題。這些問題，更會因時空及政治、社會、經濟、文化等的變遷而有所改變。

台灣依據國際法及慣例具備著齊全的國家條件：主權、領土、人民及有能力參與世界事務的政府——能構成

林哲夫

羅東人。師大畢業、多倫多大學核子物理博士。曾執教於安省菜爾遜大學近三十年。其間，在加拿大，曾任台灣自決聯盟、台灣人權委員會、台灣獨立建國聯盟加拿大本部及加拿大台灣公共事務協會等負責人。台灣城鄉宣道會(TURM)之訓練班創辦人。第三屆立法委員任內，極力推動多軌外交、全民國防及公民防衛。曾任台灣國家和平安全研究協會理事長。

一個正常國泰民安的國家。卻因歷史上的一些不幸因素及遭遇、強鄰霸權文攻武嚇，導致目前惡劣的困境。

台灣是一個海洋國家，新生民主、社會開放、文化多元。台灣國民應有健全的世界觀。國民應有的素養與智識可從「知己」開始。先坦誠地學習認識台灣的歷史、國際地位、多元族群中祖先長久居住的美麗島——台灣的經過、我們的共同集體記憶，從正常國家營建的角度辨別其優劣點、長短處，與各種既存的政治、社會、文化及生態等問題。知己的項目也應該包括威脅到台灣國家安全，與人的安全(Human Security)之內在及外在的各種因素，即應延伸培育識別潛在敵國的剖析能力及是非觀。

(二)國民的素養與智識形成柔性國力

國家安全牽涉到國家的主權、領土的完整及人民的生命財產的安全。一國的國力雖有剛性及柔性(soft power) 的兩大股，卻都由政府以國家立法預算程序，來推動策略、戰術及辦法的擬定及執行，例如2000年經立法院通過的國防法規定軍隊國家化及全民國防。而人的安全是民間團體策畫，由政府提供經費並輔導，以顧全此兩種有密切互補性的安全策略及措施。

民主國家的政府為民有、民治及民享，應為促成此類相關政策立法，且致力依法治理國家，確保國家安全與人的安全。一般國民除上述知己知彼的意願及能力以外，也應具備一些較具體的素養與智識，謹列舉如下以資參考。

剛性國力屬於政府權責，不在此短文範圍之內。柔性國力的內涵，可分爲外交、文化、教育及人道救援、災難救濟四大類。文化涵蓋藝術、音樂、文學及大眾性文化。而人道救援及災難救濟，除個人捐款外，參與的機會不多。

台灣的義務教育已普及到12年的高三，而進大專的升學率也很可觀。遺憾的是各級的一般通識教育內涵尚未整全，例如公民課程、生命教育、安全教育、人權教育、生態教育、台灣史地教育、母語教育、多元文化教育、溝通能力的培育等均尚嫌不夠透澈，且推行不力。

要成爲能被他國人尊重所應有之教養，最起碼的要件是對鄉土國家的認同，與愛國愛民的心及言行，也該是做人的常情。做人應致力培養坦誠、有同理心、慈心、關心生態、珍惜各種資源、勤儉的生活習慣。政治理念上，信仰民主、自由、人權、和平、公義、多元文化、永續發展等普世價値觀，並有意願參加行動行列以期實踐。才可能藉正規與非正規教育機會進修、攝取、把握、培育、充實學識、提升才能、養育傾聽及溝通能力、審美能力。尊重他人意見及價値觀的習慣。

(三)國民外交可累積柔性國力

如一國的國民已普遍地有上述的素養、學識及才能，俗語所說的「外交是內政的延伸」，就較容易藉以談論多軌外交了。外交與國防兩策略均與國家安全及人的安全有息息的相關性。兩者間確有其互補性，如一國成功的外交策略，就能大量地減少國防策略所需高昂的財力、物力及人力負擔及消耗，而所節省的資源則可轉用於公民社會的營建，充實其內涵，並鞏固深化民主及法治的體制。

外交上的多軌性是指官方的第一軌道，與其他多軌中的非官方國民外交，例如經貿外交、學術外交、外援外交、體育外交、生態外交、觀光旅遊外交、宗教外交、賞鳥外交等。早期歐洲安全合作會議在冷戰尚熾熱的八〇年代，跨越貫穿鐵幕扮演了著名的軌道外交，資助了冷戰的早退。這些國民外交的場所，在國內外均可，目前每年來台的外賓可以百萬計，有官員、商人、科技人員、觀光客、留學生，甚至外籍新娘都可能是國民外交的好對象。藉台灣人的良好素養、學識、有禮貌善待客人、開放性的風度、基本的溝通能力與台灣四季悅人的氣候、優美的風景、豐富安全的美食、特殊的原住民及客家文化，大有發揮國民外交的空間及資本。

(四)為求社會轉型國民應具備之工具

能滋長新生民主國家台灣克服其國內外困境，一般國民應具備四套有助於社會轉型之工具的基本素養及組訓：鞏固民主爭取人權的授受權力(empowerment)，藉衝突的解決、處理、預防、轉型來營建和諧多元公民社會的中性第三者(third party neutral)，改造組織的開放空間技巧(Open space technology)，和對武裝國防有互補性的非暴力公民防衛(civilian-based defense)。如此四套工具能經教育及健全的組訓計畫及實施，將使民主的台灣對任何的外敵成爲無法被征服並統治的國家。當然我們亦可將此四套工具編進對外援助救濟企畫，來達到自助以助人，並分享台灣的經驗。

了解國防與外交的目標／蔡明憲

台灣做為一個主權獨立的國家，其戰略總目標包含三個面向：首先是確保台海安全，避免發生軍事衝突；其次是捍衛國家主權，維持台灣的領土完整；最後則是保障台灣人民的生命與財產安全，確保安居樂業且穩定和諧的社會。

國防做為國家安全的後盾，外交則是改善國家關係的協商藝術。外交的目的就是在解決國家之間的紛爭，避免產生衝突以及任何不理性的對抗。從更積極的面向來看，外交也可以促進國家之間的和諧，並擴大台灣的實質國際

蔡明憲

畢業於國立台灣大學法律學系，並取得美國威斯康辛大學企管碩士及美國加州西部法學院法學博士。現任國防政策與戰略研究學會理事長；國立台中技術學院、大同大學兼任法學教授。曾任國防部長、國家安全會議副秘書長、駐美代表處副代表及立法委員、國大代表等職。

活動空間，以形成共識進而營造全球一家的氛圍。

(一)台灣國防政策的重要目標與作為

1. 落實全民國防及總體防衛理念

國防事務不僅是政府相關單位的職責，更是所有人民應該關心的切身議題。許多先進國家在其國民義務教育中即強調全民國防的理念，意義就在於深化全民總體防衛的積極概念，讓國防的根本精神普遍根植於社會所有層面。由於科技與通訊的進步，傳統的國家安全觀念已經過時。這是一個全球化的時代，國家安全也應該要有全球化的思維。隨著時代進步，現代國防已經成爲公民社會中不可或缺的必要認知，全民總體防衛的概念就是建立堅實的全民心防，共同保衛國家安全。

2. 強化精實而有防衛台灣能力的國軍

任何國家的長治久安必然仰賴安全無虞的國家防衛能量。台灣做爲一個主權獨立的國家，歷經政治民主化的過程，已逐步邁向成熟民主且經濟繁榮的國家。精實的國軍防衛力量提供社會發展的堅實後盾，讓台灣可以無安全憂慮地追求更進步的公民社會，以及更加成熟穩定的民主政體。

3. 健全危機處理應變機制

現今對國家安全的威脅來源已逐漸多元，除了軍事威脅之外，地震、颱風等天然災害也對國家安全造成嚴重的危害。因此，建立一套健全的危機處理機制也是國軍重要的任務之一，唯有如此，才能眞正確保台灣社會的安定以及人民生命財產的保障。

4. 募徵並行的兵役制度

兵役制度的改革必須考量國家安全情勢以及執行層面的現實條件。現階段看來，台灣尚無推行全募兵制的充分條件，無論是預算的需求、招募人員的素質、國家戰力的評估以及兩岸的情勢變化等，都未達到全募兵制的成熟條件。因此募徵並行才是最適合現階段台灣國情的兵役制度。

5. 推展區域安全軍事合作

一個國家的安全往往涉及許多週邊國家的利益，台灣位居亞太國家的樞紐位置，其戰略價值與意義自然受到高度矚目。因此，台灣應該積極推行與美、日及東協等亞太盟國建立區域軍事安全網絡的可能性，藉由亞太區域的集體力量，維護台海的和平。

因此，建立可長可久的全民防衛機制將是確保台灣國家安全的必要條件。其中，落實全民國防的理念與全民總體防衛的構想必須從教育深耕，正如同北歐國家的國防教育，在生活中灌輸國家安全的理念，如此才能眞正確保台灣的國家主權以及社會的安定與人民的福祉。

(二)台灣外交政策的重要目標與作為

1. 鞏固及深化邦交國關係

做爲一個主權獨立的國家，台灣應該持續維持邦交國的正式關係。然而，我們不應該執著於邦交國數量的迷思。重要的是，如何透過這些友邦進而推展我國實質的國家利益。外交是一門協商的藝術，國際友誼需要經營與維持，台灣才不致成爲國際孤兒。

2. 增進與無邦交國實質關係

雖然目前的國際現實處境致使台灣並未獲得多數國家的正式承認，然而由於我國厚實的經濟實力，以及成熟穩健的民主成就，讓台灣時時成爲受到世界矚目的焦點。因此，許多與台灣保持高度經貿交流的國家，仍然透過互設(經文)代表處的形式維持溝通交流的管道，持續增進與無邦交國的實質關係，也是台灣外交的必要出路。

3. 擴大參與國際組織

隨著國際組織在國際社會扮演越來越重要的角色，台灣也積極設法參與國際組織及其活動。這幾年我們可以看到外交部的積極推動，不論是聯合國(UN)、世界衛生組織(WHO)或東協國家組織(ASEAN)，台灣透過許多管道，遊說對我友好之盟邦，希望成爲國際組織的正式成員國，未來我國也將持續推動這項任務。

4. 推動全民外交理念

現代外交的概念已經與過去大不相同，傳統的外交給人一種非常嚴肅且生硬的氣氛，然而現代的外交強調軟實力(Soft Power)的推展以及全民外交的展現。所謂的全民外交就是透過國民直接與他國人民的互動與交往，以增進兩國情誼，這樣的交流方式讓外交成爲一種全民運動，普及於社會各個層面。

5. 加強為民服務項目

舉凡國人在海外的生命安危到經商人士與當地國的投資糾紛，外交部都扮演一個積極協助國人的服務角色。未來我們也應加強爲民服務的事項，不僅讓在台灣的外國人士可以對台灣留下良好印象，也讓台灣人民在國外的生活可以無憂無慮，這也是政府加強爲民服務的重要環節。

顯然，外交並非侷限於傳統的政治議題與軍事協議，更大層面擴及了經濟、文化、社會、藝術乃至於體育的交流，所以我們應該要培養新的眼光看待外交的新思維，從每一位國民做起，落實全民外交，以國家尊嚴、對等與互惠的原則，增進國家的利益與國際友誼。

台海安全是亞太區域和平的保障／蘇進強

(一)了解自己國家在國際間所扮演的戰略角色

做爲一個現代台灣國民，必須清楚了解自己國家在國際間所扮演的戰略角色與威脅來源。事實上，從全球地理的角度而言，台灣地處歐亞大陸與太平洋的交匯處，銜接東北亞南端及東南亞、南海海域北端的要域，在地緣戰略上東制西太平洋海域、西扼台灣海峽、南抑巴士海峽、北支東中國海域，簡單說，從地緣政治的角度視之，就是陸

蘇進強

陸軍官校、三軍大學戰略研究所畢業，經歷部隊教官、參謀、指揮官。曾任民間智庫國策研究中心研究員，現為南華大學和平與戰略研究中心主任，並先後擔任過國家安全會議諮詢委員、文化總會秘書長、台灣團結聯盟黨主席、《台灣時報》社長，歷經黨政軍文化要職。著有《全球化下的台海安全》等多本軍事專書，及《楊桃樹》等文學著作三十餘本。

權與海權兩大權力的對抗支點。不僅如此，在交通運輸上，台灣位居亞太航運的樞紐位置，是歐、亞、美洲各國進出太平洋西岸的樞紐，更是中國走向太平洋與各國往來的通衢要衝。

因而，台灣面對的威脅來源始終來自於對岸的中國，由於台灣特殊的地緣戰略價值，更使得中國不放棄武力犯台的野心。中國做爲一個陸海兼具的國家，在改革開放後的經濟快速發展，整體綜合國力向上提升，也因而對外貿易往來產生巨大需求，使得維護海上通道的安全，在中國國家安全戰略中的重要性日益提升。因而中國對台灣的戰略需求異常迫切，主要原因在於一旦奪取台灣做爲海上屏障，將使中國輕易進出西太平洋第一島鏈，進可攻、退可守，更全面提升對台灣海峽以及周邊太平洋海道的控制能力，以及掌握周邊全部地緣戰略優勢。

(二)對台灣威脅的來源

近年來，中國國防經費每年皆以兩位數的速度成長，在軍事現代化的變革下，舉凡空中作戰、制海能力與登陸突襲的攻擊能力大幅提升，且人民解放軍的人數高達二百五十萬人以上，此不含具有作戰能力百萬武警系統，故其兵力人數實爲全球第一，但因中國領土廣闊，故而分布七大軍區，海軍則有三大艦隊，目前正積極建設航空母艦，藉此展現其海上實力，以「反介入」美軍進入台海及亞太周邊海域，其稱霸亞太地區的企圖亦不言可喻。在空軍方面，則有一千六百多架戰鬥機，及各式空中預警機、加油機、運輸機等，但因訓練品質不佳，故而在夜間升空戰鬥的能力較美、日及我國空軍差距甚大。值得注意的是，對台海直接威脅的就有高達四十四萬解放軍地面部隊，其中，中國更以高達一千三百枚的短、中程飛彈對準全台灣。可以說，中國的軍事威脅已從亞太區域擴展至全球。不過，若與美國軍力相較，中國軍力數量雖大，但戰力卻仍落後美軍二十年以上。

面對中國與日俱增的武力威脅，我國自二〇〇二年通過國防二法後，整體國防組織架構已確立軍政、軍令以及軍備部門的專業分工。然在國防戰略上，因政黨的輪替，從國民黨時期的「防衛固守、有效嚇阻」到民進黨時期的「有效嚇阻、防衛固守」，再回到現今的「防衛固守、有效嚇阻」。但無論如何，面對中國的武力威脅，台灣的國防始終必須維持有效嚇阻兵力的目標絕對不會改變，各種強化三軍聯合作戰，以及現代聯合「指、管、通、資、情、監、偵」(C4ISR)力量的提升，甚至是以小搏大的「非對稱武力」建構，都是當務之急的建軍目標。

(三)如何務實面對威脅

依據我國《四年期國防總檢討》的公布，目前我國兵力結構現況，整體國軍總員額爲二十七萬五千餘人，以陸軍聯兵旅、海軍艦隊及空軍聯隊爲主要編組架構，其他還有聯勤、後備、憲兵、國防部直屬作戰部隊。在陸軍方面，目前有三個軍團指揮部、一個航特指揮部(下轄二個航空旅、一個特戰指揮部)、四個防衛指揮部、七個地區指揮部以及七個聯兵旅(三個機步旅、四個裝甲旅)；海軍艦隊方面，區分艦隊指揮部(下轄二個驅逐艦隊、二個巡防艦隊、兩棲勤務艦隊、特業艦隊、基隆級艦戰隊、潛艦戰隊、航空指揮部、海洋監偵指揮部、岸置反艦飛彈大隊及反艦飛彈快艇大隊)及陸戰指揮部(下轄三個陸戰旅及四個大隊)；空軍聯隊方面，包括空軍作戰指揮部(下轄戰管聯隊、通航資聯隊及氣象聯隊)、五個戰術戰鬥機聯隊及二個混合聯隊、松山基地指揮部、防空砲兵指揮部；在聯勤方面，有聯合後勤支援指揮部(轄七個地區支援指揮部)以及兵整中心、二個基地勤務場和儲備中心；在後備方面，共有三個地區後備指揮部、二十一個縣市後備指揮部、八個新訓旅、三個後備訓練中心，此外，戰時可編成地面後備部隊、勤務後備部隊、政戰後備部隊及海軍艦岸後備隊；在憲兵方面則有四個憲兵指揮部；國防部直屬作戰部隊則有飛彈指揮部及資電作戰指揮部。

未來，國軍將進行新一波的兵力結構調整，然而，任何的兵力規劃調整，都必須考量整體國家安全局勢以及總體資源的分配。在全球化的今日，任何軍事衝突都不爲世人所認同與接受，但我國面對中國的武力威脅卻無日無之，因此，如何務實面對威脅、制定前瞻性國防政策以及建構具現代化的有效嚇阻兵力，才是保障台灣國家發展、維護台海安全、鞏固亞太區域和平的國家使命。

從國際外交的觀點／賴怡忠

(一)台灣史與世界史的智識是必備的

世界史與台灣史是掌握台灣國際外交實踐的基礎知識。全世界任何一個國家都是世界島的一環，不管是爲了生存，還是爲了進一步發展，對於世界局勢的掌握都屬極端重要。唯有能夠掌握世界局勢發展的潮流，才能預見未來的機會與挑戰。對台灣來說，由於台灣本身處於世界戰略的關鍵通道，台灣發展所需的資源與機會也極端仰賴外在環境，本身能主導的部分非常有限，因此與其他國家

賴怡忠

出生於台灣台北，美國維琴尼亞理工學院博士(Virginia Tech)，康乃爾大學訪問研究員，民進黨駐美代表處主任、台灣駐日本經濟文化代表處代表室主任、台灣智庫國際事務部主任、民進黨中國事務部主任、民進黨國際事務部主任、「台灣–印度協會」秘書長等職，現任教於馬偕護校，也是台灣智庫執行委員。

比起來，對世界局勢精確掌握與分析的能力，就顯得更重要，也是台灣能否成爲正常國家的重中之重。對於世界局勢能否給予精確與有系統的分析，需瞭解世界史。

由於分析能力需要一個清楚的世界觀，這個世界觀是建立在對自身歷史與世界關連性的整體理解上。在台灣六易其主的殖民歷史中，外來者多以殖民母國的世界觀形塑台灣人民的世界觀，導致台灣人民在失去自我認同後，也同樣失去建構台灣自我的世界定位之能力，使台灣不僅在亞太區域，同時在全世界出現的是一個面目模糊、沒有中心價值的外交思考，周邊國家不知如何期待台灣的角色。台灣人民也將錯就錯的將急功近利視爲對外作爲的常態，長此以往，導致台灣因自我區域定位不明，因不被區域國家視爲一個可靠的交往對象而被邊緣化。因此台灣邊緣化除了國際政治因素，缺乏主體世界觀是更根本的原因。

對於一般人民來說，可能認爲國際事務是國安或外交人員的專業，但在民主化與全球化的社會中，不僅國際事務不再被少數人壟斷，同時也不能交給少數專業人員處理。這是因爲決策在少數人專斷下容易犯錯，同時這些錯誤會因民主社會的形式，要求未參與決策的民眾也要負責。

如果社會一般民眾都擁有這些基本知識，不僅可更有效監督國家的國際事務處理，更可在全球化時代，透過個人的影響力幫助改變，更重要的一點，是對於任何希望自我提升，能夠「站高看遠、想深做實」，並找出自身價值定位與涵養高貴心靈的台灣子民，台灣史與世界史的智識是其中的必備。

(二)需將台灣史放在世界史的背景下來理解

爲了建立對世界史的掌握，可先對過去七千年來文明的主要發展軌跡的追尋開始，掌握這些文明遞嬗的直線發展，其次是注意它們之間的互動過程與其影響，並需觀照在同一時間時，不同地區的發展有何異同、相互之間有沒有關連性等，由政治發展、經濟演進，以及科技的散播等面向進行初步掌握。

對於台灣史方面，由於台灣歷史在過去都是根據殖民者的主觀認知所編寫，特別是在現代的台灣史，中國中心論的思想貫穿主流的歷史教學與論述，因此需注意其觀點是否呼應台灣主體性，還是將台灣視爲中國(或其他國家)的邊陲。

但除了對於台灣中心史觀的自我警惕外，還需將台灣史放在世界史的背景下來理解。由於台灣在世界史是先做爲東亞史的一部分，繼而在大航海時代以海上重要據點進入西方國家的戰略想像中，因此建立台灣史的世界史觀照，一方面需要對台灣發生重大事件時，在東亞及其他地方的演進爲何，同時對這些影響台灣發展重大事件，也需瞭解是否有外在於台灣的國際因素影響。例如，爲何葡萄牙、西班牙、荷蘭、英國等歐洲海上強權從十七世紀到十九世紀，幾乎無一例外都涉足台灣？鄭經建國的東寧王國其東亞地緣政治關係如何？美國培利黑船逼迫日本開國後，是否也對台灣出現任何興趣？為何日本與大清帝國有關朝鮮半島主導權的帝國主義戰爭，會導致與戰爭毫無關係的台灣其國際地位之轉變？為何世界著名的地緣戰略史家史畢曼(Nicholas Spykman)會提出誰握有台灣誰就掌握亞太，進而控制世界的主張？為何從大航海時代以來，台灣經濟發展速度較快都是其發展沿著東北亞－東南亞的南北軸線，而不是與亞洲大陸整合的東西軸線？美國為何在歷史上曾有多次放棄台灣的紀錄？

實際上這些問題不僅有史學意義，更有著現代的觀照意義。東寧王國的覆亡，與其同時和亞陸強權的大清帝國，及稱霸當時東亞航線的荷蘭海洋勢力等兩大力量對抗，有密切關係。在有關台灣是否需要中國為其經濟發展腹地的爭論上，除了單純的經濟與政治評估外，實際上也需瞭解台灣經濟發展的歷史軸線，並瞭解為何會以這個特殊軸線進行，其內在的經濟邏輯對於今天的台灣會提供什麼線索等？美國對台灣有何戰略意圖？而其承諾的強度又為何？美國對台灣今天狀況所扮演的角色為何？

(三)台灣主體性的史觀與地緣戰略觀還在發展階段

這些問題有其專業性，但並非對一般人遙不可及。由於台灣主體性的史觀與地緣戰略觀還在發展階段，反而更需要有興趣的人士共同關心。對於有興趣的社會人士來說，建議在台灣史方面研讀史明所著《台灣人四百年史》，以及戴天昭著、李明峻翻譯的《台灣國際政治史》。史明的巨著以馬克斯經濟分析爲理解歷史發展的基礎，同時重點在台灣社會的進展上，而不是以占領台灣殖民政權爲斷代與論述的源頭。戴天昭的國際政治史，對於理解台灣在國際政治的角色有非常重要的參考價值。這兩本雖然分量極大，但不論在觀點還是在取材的史料與分析上，都十分值得推薦，是幫助理解台灣史與世界關係的重要書籍。即使沒有時間唸完，做爲案頭的參考書也價值匪淺。

在世界史上，由於題材眾多、蒐羅也廣，爲了方便直接上手，建議以專精於知識整理的日本人的工作爲入門書，特別是小松田直著、黃秋鳳翻譯的《圖解世界史》(上、下)，以及宮崎正勝著，也是黃秋鳳翻譯的《圖解世界近現代史》(都由「易博士文化」出版)。這兩本書以漫畫爲主鎖定高中生爲對象，但其知識內容的深度卻遠過於此。

新時代外交工作之體認及實踐／楊黃美幸

(一)民間外交的重要

台灣需不需要做外交工作？

台灣是一個主權獨立的國家。但台灣要從一個事實獨立的國家(De Facto Independence Country)成爲被大多數國家承認的法理上獨立的國家(De Jure Independence Country)。這也就是十九世紀俄國的批判現實主義作家契訶夫所說的：「自己的命運，必須由自己創造！」

楊黃美幸

生於東京，成長於台南市。東海大學畢業，美國復旦大學社會學碩士。為首位女性紐約台灣同鄉會會長及全美同鄉會會長。曾應邀出席美國眾議院外交委員會亞太小組，兩次作證「台灣民主化癥結」及「台海兩岸關係」聽證會。曾任民進黨外交部主任、財務執行長、外交部研設會主委以及僑委會副委員長等職務。主導民進黨成為亞洲自由民主聯盟(CALD)的創始員。現為台灣民主基金會副執行長，亦為國際組織UNPO(1991年成立，目前有58個會員)「無代表國家及民族組織」之副主席。編著*Taiwan's Expanding Role in the International Arena*。

依據1933年《蒙特維多國家權利義務公約》(Montevideo Convention on Rights and Duties of States)第一條規定，國家做爲國際法人應具備以下條件：一、固定的人口；二、明確的領土；三、有效的政府；四、與他國交往的能力。事實證明台灣的確是一獨立的國家。且依該公約第三條規定，國家的存在不必仰賴其他國家的承認，即使未獲承認，台灣人民也有權利保衛台灣主權獨立與領土完整。與越多個國家有著正常的外交關係，會讓台灣在國際的舞台上享有更多應有的權利，與更多表現台灣的機會，所以爭取更多國家對我國的承認，仍是在外交上值得繼續努力的地方。

台灣在國際上已經舉足輕重了，但是國際上對台灣的歷史、政治及社會之了解還是非常貧乏而且誤解，台灣非常需要擴大在國際上的影響。在目前錯綜複雜的國際環境中，民間外交顯得格外重要；民間的解釋、民間的爭辯，在一些敏感問題上效果往往比官方的渠道更爲有效。通過民間外交手段向國際社會行銷台灣，傳遞和諧理念，是值得認眞思考的戰略。

(二)善用網路

手機及無線網路的應用與延伸，使我們的消息非常靈通，它改變我們生活的習慣、改變我們對社會的看法，也改變我們與全世界聯絡的方式，這就是我們今天所看到的社會。迫於國際現勢的無奈，台灣有時候會被以不光明、不正當的手段，換了身分、換了名稱，身爲e世代的台灣人，我們應善加利用網路空間，關心台灣的國際地位問題，尤其中國網軍常擅自更改或混淆台灣地位問題，發現網路資訊有誤導則應直接向站方提出更正或向媒體提出說明，以個人力量爲台灣發聲，透過網際網路的傳播，讓更多人認識台灣，讓世界瞭解台灣是一個主權獨立且民主的先進國家。例如You tube上面就有許多傑作，Face book也可以成爲宣傳利器。

(三)積極參與聯合國的非政府組織

同時，依個人興趣積極參與聯合國中的非政府組織(Non-Government Organizations, NGOs)，也是協助台灣拓展外交空間的有利方法。台灣人民教育水準很高，可以參與的議題也很多，從環保、勞工、婦女、醫療、人道、安全、兒童福利到國家安全等等皆有著力之處。加入NGOs之後，更要積極參與，讓世界看見台灣的實力，並且針對台灣的國家安全與參與國際組織等議題進行遊說、參與研議議題或成爲發言人，進而爭取在NGOs組織中的重要職位，如理監事等職位，如此才能發揮更大的影響力而非只是一位旁觀者或聆聽者。唯有積極參與才能產生影響。

(四)與當地國會議員保持良好聯繫

海外台灣僑胞關心台灣的主權問題，應與當地國會議員保持良好聯繫、交換意見，進而為台灣爭取更多權益，支持國會議員於國會中提出台灣相關議題討論，增加台灣在國際社會的曝光度，將台灣推向國際舞台。台美人所支持的Formosa Association for Public Affairs(FAPA)便是一個很成功的例子。

(五)台灣人要以螞蟻雄兵的方式創造自己的命運

外交絕非只是外交人員能勝任的工作，身為台灣的一分子，我們每個人的微小能力都能幫助世界更進一步認識台灣，假以時日，我們會發現，當初走的每一小步路，都是外交馬拉松上不可或缺的一大步。

因為要邁向正常國家，必須建立以台灣為主體的思考；要邁向正常國家，也必須建立以台灣為主權國家的思考，尊重「台灣應該思考如何建立一個更合乎台灣現狀的憲法」的意見。這樣的建構論，應該是以台灣二千三百萬人為共同體的思考。但是如何將長期受外來統治之教育、傳播及文化洗腦的台灣人救出來，進而支持台灣成為一個我們安身立命的國家，仍然需要我們每一個人的不斷努力。

台灣人不僅要關注自己的議題，亦須關心國際上主流社會所關心的議題，尤其與我們鄰近的緬甸、西藏、維吾爾人等之人權及文化受侵害問題、人口被稀釋問題，皆應高度關心並予以協助，唯具有「人飢己飢」的精神，也才能期待他人對台灣的關心。

致謝

這個計畫之能夠順利完成，是得助於眾多的參與者與贊助者。

假若沒有這麼多位撰稿人，這個計畫就沒有多大意義。在65位撰稿人之中，有30位在答應撰稿之前從未與我見過面，有20位到現在定稿時還未見過一次面，而他們肯在繁忙的工作中抽空撰稿，無非是對台灣未來的關心與我產生共振。在2008年10月初北美洲台灣人教授協會，新舊會長劉斌碩教授與黃界清教授了解本計畫的目的之後，就透過理事會決議對本計畫給予支持；隨後，時任台灣教授協會會長的蔡丁貴教授也轉來台教會的支持。這兩個協會的出面支持對日後撰稿人的邀請幫助很大，幾乎所有在台灣的撰稿人都是透過台教會成員的推薦。筆者旅居國外，缺少台灣國內人脈，撰稿人的推薦是最需要幫忙的工作。

2008年10月中旬，這二個協會至少16位的會員在網路上有歷時三、四天的討論，討論本計畫的目的與策略，其中戴正德教授建議對本計畫的名稱稍加修改；考慮之後，我將它從「研擬台灣國民應有的素養與智識」，更改成「研擬台灣國民應有的素養與智識——以助台灣邁向正常而安康的國家」。這十幾位朋友的討論，讓本計畫新的名稱更能清晰明白地顯出它的目的。(註：在出書之前，為簡潔，縮短成「台灣的品格：進步國民的素養與智識」)

除了上述直接參與本計畫的個人與團體，還有多位幕後的贊助者幫助我完成這個計畫。一位不願出名的旅美台僑，寄來美金$7,000用以支持本計畫，做爲支付稿費之用。再如台灣教授協會推薦撰稿人，但台教會不會幫我催稿，於是，理念相同的朋友寫e-mail、打電話向被推薦但遲遲未答應供稿，又正好是他們認識的好友，鼓勵他們快答應供稿。也有朋友和我討論收到的稿件，幫我了解他那一行的專業問題，如在藝術領域的問題。我的牽手不止提供我一個不要我操心的家、校對我的文稿，也要即時解決我的電腦問題。可以想像的，這個歷時一年多，又有多人參與的計畫，是有很多人幫我處理不少的狀況、給我建議、幫我打氣。我無法一一列出他／她們的名字，因爲一定會漏掉不少人。

對這些直接參與的及在幕後贊助的朋友，我誠摯的向您們致謝。對台灣教授協會及北美洲台灣人教授協會的支持，我致謝，也將捐出本書初版所得的版稅給這二個團體。

李學圖

於美國華盛頓州2010.03.18

福爾摩沙紀事

From Far Formosa

馬偕台灣回憶錄

19世紀台灣的風土人情重現

百年前傳奇宣教英雄眼中的台灣

前衛出版
AVANGUARD

台灣經典寶庫

譯自1895年馬偕 著 《From Far Formosa》

台灣
經典寶庫
Classic Taiwan

陳冠學 一生代表作

一本觀照台灣大地之美 20世紀絕無僅有的散文傑作

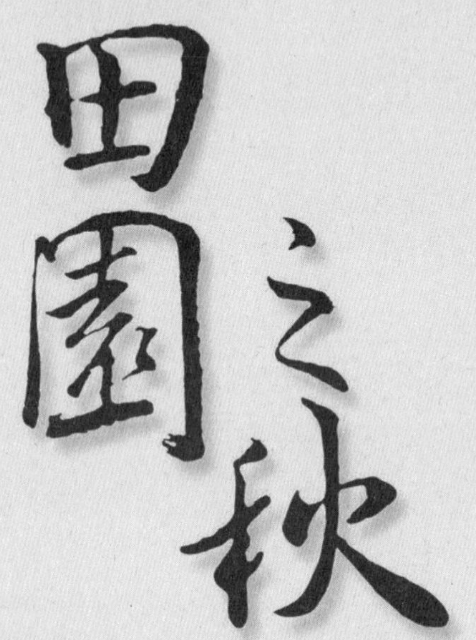

陳冠學是台灣最有實力獲諾貝爾文學獎的作家……
我去天國時，《田園之秋》是我最想帶入棺材的五本書之一

—— 知名媒體人、文學家 汪笨湖

中國時報散文推薦獎/吳三連文藝獎散文獎/台灣新文學貢獻獎
《讀者文摘》精彩摘刊/台灣文學經典名著30入選

■【前衛特訊】

一個來自加拿大，短小精悍，活力充沛；一個來自蘇格蘭，高頭大馬，豪氣千雲。兩個異鄉人，卻是台灣的恩情人，大大地改變了台灣的歷史。本社「台灣經典寶庫」繼推出北台灣宣教巨擘馬偕回憶錄後，接下來就是鼎足南台灣的甘爲霖台灣筆記了！

甘爲霖原著｜林弘宣 許雅琦 陳佩馨 譯｜阮宗興 校註

一個卸下尊貴蘇格蘭人和「**白領教士**」身分的「**紅毛番**」
近身接觸的台灣漢人社會和內山原民地界的眞實紀事。

《素描福爾摩沙：甘爲霖台灣筆記》
Sketches From Formosa

書號FC03

擺在讀者眼前的這本著作，就是親炙這位傳奇宣教師的宣教、奉獻、探訪、學術等面向的最佳途徑。甘牧師以五十則或長或短的筆記，記錄了他在台灣宣教46年的所思所見、所悲所喜。當中，有吃老鼠肉、喝猴子湯、馬鈴薯配蟲、倒栽蔥跌落深溝等趣事，有白水溪大夜襲、麟洛平原遭追捕、彰化城遇險、埔里社被霧番追擊等險事，也有漢學老師偷蠟燭、嘉義城擲石大戰、取國姓爺「聖水」反日、溪邊撿到人腦糕等怪事。

甘牧師不僅僅記錄他在各地傳教的實況，筆墨更觸及廣泛的社會現象、輿論、謠言，同時也帶有深厚的歷史感。以〈開拓澎湖群島〉這則筆記爲例，甘牧師不只是紀錄他在當地的傳教經過，更交待當時澎湖群島的地理、景觀、人口、經濟、教育與傳聞，然後將時光回溯到17世紀的荷蘭佔領時期，澎湖當地的局勢，接著是描寫19世紀末的法軍入侵始末，以及甘牧師親耳聽見澎湖居民對孤拔將軍的讚美「伊真好膽！」等，用簡潔準確的文字，帶領讀者一覽台灣歷史的變異風貌。

不管你是不是基督徒，只要你對古早味的福爾摩沙感興趣，就能循著甘牧師爲教會、艱苦人、青暝人、平埔族奔波近半世紀的足跡，一道神遊清領末、日治初最真實的台灣庶民社會。來吧！來感應一下地老天荒之下，你於歷史塵煙之中可能的迴身位置吧！

台灣經典寶庫4

封藏百餘年文獻
重現台灣

Formosa and Its Inhabitants

密西根大學教授
J. B. Steere（史蒂瑞）原著
美麗島受刑人 林弘宣 譯
中研院院士 李壬癸 校註
2009.12 前衛出版 312頁 定價 300元

本書以其翔實記錄，有助於我們瞭解19世紀下半、日本人治台之前台灣島民的實際狀況，對於台灣的史學、人類學、博物學都有很高的參考價值。

——中研院院士 李壬癸

◎本書英文原稿於1878年即已完成，卻一直被封存在密西根大學的博物館，直到最近，才被密大教授和中研院院士李壬癸挖掘出來。本書是首度問世的漢譯本，特請李壬癸院士親自校註，並搜羅近百張反映當時台灣狀況的珍貴相片及版畫，具有相當高的可讀性。

◎1873年，Steere親身踏查台灣，走訪各地平埔族、福佬人、客家人及部分高山族，以生動趣味的筆調，記述19世紀下半的台灣原貌，及史上西洋人在台灣的探險紀事，為後世留下這部不朽的珍貴經典。

國家圖書館出版品預行編目資料

台灣的品格：進步國民的素養與智識／李學圖編著.
--初版.--台北市：前衛，2010.10
480面；15×21公分

ISBN 978-957-801-652-1（平裝）

1. 公民教育　2. 品格　3. 人文素養

528.3　　99015076

台灣的品格：進步國民的素養與智識

編 著 者　李學圖
責任編輯　陳淑燕
美術編輯　宸遠彩藝
出 版 者　台灣本鋪：前衛出版社
10468 台北市中山區農安街153號4F之3
Tel：02-2586-5708　Fax：02-2586-3758
郵撥帳號：05625551
e-mail：a4791@ms15.hinet.net
http://www.avanguard.com.tw
日本本鋪：黃文雄事務所
e-mail：humiozimu@hotmail.com
〒160-0008 日本東京都新宿區三榮町9番地
Tel：03-33564717　Fax：03-33554186
出版總監　林文欽　黃文雄
法律顧問　南國春秋法律事務所林峰正律師
總 經 銷　紅螞蟻圖書有限公司
台北市內湖舊宗路二段121巷28、32號4樓
Tel：02-2795-3656　Fax：02-2795-4100
出版日期　2010年10月初版一刷

定　　價　新台幣500元

Printed in Taiwan　ISBN 978-957-801-652-1